序言

20年前，我有幸陪同时任全国人民代表大会常务委员会副委员长、中国民主建国会中央委员会主席成思危，时任中国人民政治协商会议全国委员会副主席、中国民主建国会中央委员会常务副主席张榕明等领导一起去温州、宁波、台州、杭州考察民营银行的经营发展情况。

10年前，我又陪同成思危先生前往湘西调研农村金融问题。在此期间，成思危先生在行车上听取了湘西长行村镇银行首任董事长、行长陈富华同志关于湘西长行村镇银行经营发展情况的汇报。当时他对湘西长行村镇银行率先设立地市级村镇银行的做法予以充分肯定，对湘西长行村镇银行创新支持贫困地区小微企业发展的模式给予高度赞许，鼓励陈富华进一步探索、总结村镇银行在金融扶贫、“支农支小”、支持新农村建设等方面的经验及模式，并表示在条件成熟时会将湘西长行村镇银行作为在金融、经济等相关领域创新的试验田和示范点。经过10余年的发展，湘西长行村镇银行已经发展成为湖南省下辖机构数量多、业务辐射范围广、资产规模大的村镇银行之一，是全国百强村镇银行。

秉承成思危先生的指示，2个月前，陈富华将《村镇银行发展的理论思考与实践探索》一书的初稿给了我。该书主要依照“理论基础—实践总结—发展展望”的总体思路，分为谋划、行动、创新、展望四个篇章，为读者全面梳理了村镇银行发展的理论思考与实践探索。

本书以谋划开篇，从金融深化、普惠金融、金融共生发展、金融创

新等理论着手，阐述了我国村镇银行发展的理论依据，并借此阐明了村镇银行是推进金融深化的重要环节，是践行普惠金融的样板工程，是金融共生发展的基本保障，是推进金融创新的重要补充，并进一步指明了我国村镇银行应着力提升农村金融供给水平，切实贯彻脱贫攻坚战略部署，牢记促进县域经济健康发展的战略使命，坚守村镇银行“支农支小”的功能定位。

本书行动篇基于湘西长行村镇银行的自身实践，从设立、管理、成长、发展等角度全方位归纳、总结了湘西长行村镇银行10余年的发展奋斗轨迹。为顺应政策导向、满足市场需求、支持贫困地区经济发展而设立的湘西长行村镇银行不断规范自身管理体制，不断扩大自身规模与提高经营绩效，在实现自身发展的过程中致力于推动湘西自治州内农村地区的经济发展，投身县域的脱贫攻坚、公益活动及“支农支小”事业。本篇展现了湘西长行村镇银行在自身不断成长、壮大的过程中所承载的社会使命与责任担当。

本书创新篇总结了湘西长行村镇银行在产品模式、经营模式、管理模式三个方面的探索与创新。湘西长行村镇银行创新性地探索出了基于“互助五兴贷”“助保贷”“惠农担－特色贷”“惠农养老贷”“工程贷”的五大主要贷款模式，通过政府增信、创新抵押担保品的形式创新信贷机制，有效缓解了农户及小微企业融资难、融资贵的问题，助力湘西脱贫攻坚及地区经济发展。同时，湘西长行村镇银行紧紧围绕“民族银行”“草根银行”“绿色银行”的定位，始终坚持本土化发展，采用了“双主双优”战略与“一链两圈三集群”模式，探索出了“联络员”模式；湘西长行村镇银行通过持续推进金融科技转型、差异化的金融服务样板及特色化营销，致力于扩大当地金融服务的覆盖面，为当地小微企业及地区特色化发展提供了金融支持。在管理模式创新方面，湘西长行村镇银行实行了“三维立体”的人力资源管理模式、“三道防线”主导的风险管理模式，实现了银行自身的稳健可持续发展。

基于村镇银行发展的理论探索及湘西长行村镇银行的自身实践经验，

Theoretical Thinking and Practical Exploration on the Development of Village Banks

村镇银行发展的理论思考与实践探索

陈富华◎著

中国财富出版社有限公司

图书在版编目（CIP）数据

村镇银行发展的理论思考与实践探索 / 陈富华著 . — 北京：中国财富出版社有限公司，2021.10

ISBN 978-7-5047-7560-3

Ⅰ . ①村… Ⅱ . ①陈… Ⅲ . ①村镇银行—银行发展—研究—中国 Ⅳ . ① F832.35

中国版本图书馆 CIP 数据核字（2021）第 216459 号

策划编辑	张彩霞　杜　亮	**责任编辑**	张红燕　王蓓佳	**版权编辑**	李　洋
责任印制	尚立业	**责任校对**	卓闪闪	**责任发行**	董　倩

出版发行	中国财富出版社有限公司		
社　　址	北京市丰台区南四环西路 188 号 5 区 20 楼	**邮政编码**	100070
电　　话	010-52227588 转 2098（发行部）		010-52227588 转 321（总编室）
	010-52227566（24 小时读者服务）		010-52227588 转 305（质检部）
网　　址	http://www.cfpress.com.cn	**排　　版**	君阅天下
经　　销	新华书店	**印　　刷**	北京九州迅驰传媒文化有限公司
书　　号	ISBN 978-7-5047-7560-3 / F・3361		
开　　本	710mm × 1000mm　1/16	**版　　次**	2022 年 2 月第 1 版
印　　张	16	**印　　次**	2022 年 2 月第 1 次印刷
字　　数	246 千字	**定　　价**	48.00 元

版权所有・侵权必究・印装差错・负责调换

本书展望篇分析了在乡村振兴全面推进、金融科技加快布局等新发展格局下的村镇银行发展的新机遇，剖析了村镇银行由于自身条件制约及农村地区农业效益不高、农村基础设施与环境建设存在短板、乡村治理体系不完善和治理能力相对较弱、外部营商环境有待改善等发展制约所带来的新挑战。进入新发展阶段，面对新发展理念、新发展格局，本书提出了村镇银行未来改革发展的总体思路、实现路径及主要措施等，为村镇银行未来的发展提供了参考。

总体来看，我认为本书有三个特征。第一，本书是系统介绍地市级村镇银行经营发展经验的图书，写作视角新颖，是对现有同类书籍的一个有益补充。第二，本书以金融深化理论、普惠金融理论、金融共生发展理论、金融创新理论为逻辑起点，明晰了村镇银行发展乃至农村金融发展的总体指导理论，对当前农村金融发展过程中产生的定位模糊不清的问题做了正面回应，具有一定的理论价值。第三，本书总结了湘西长行村镇银行在产品模式、经营模式和管理模式等领域的突破，并通过分析湘西长行村镇银行在发展中遇到的机遇和挑战，阐明了村镇银行在推动地区经济高质量发展、赋能乡村振兴及加强自身能力建设等诸多方面的探索成果，具有重要的实践价值与可操作性。

在信息革命和工业化融合发展的新经济时期，在“互联网＋金融”双向作用下的经济数字化转型的重要节点，在我国全面推进乡村振兴战略的启动之际，解决“钱从哪里来”的问题是确保经济成功转型、战略顺利实施的关键。金融活则经济活，金融是解决乡村振兴“钱从哪里来”问题的重要途径。农村金融发展仍面临定位不清、供需失衡、机构可持续发展能力不足、产品和服务同质化严重等问题，迫切需要推进农村多元化金融体系的构建。由此，村镇银行应主动扛起改善农村金融供给的重任，在推进乡村振兴过程中完成新使命、新任务、新要求，展现新担当、新作为、新形象，由支持新农村建设的先锋队转变为实施乡村振兴战略的主力军。在资源总量有限的情况下，村镇银行要想高质量服务乡村振兴战略，需要协调处理好“点与面”“远与近”“予与取”“走与回”

四对重要关系，瞄准乡村产业发展和基础设施建设等核心领域，助力农村地区构筑农村金融与乡村振兴的内生动力双向促进的良性循环，并最终消除城乡差距、区域差距及收入差距，实现习近平总书记指出的“乡村产业振兴、人才振兴、文化振兴、生态振兴、组织振兴，推动农业全面升级、农村全面进步、农民全面发展”。

赖明勇
湖南大学教授
中国人民政治协商会议湖南省委员会副主席
教育部长江学者特聘教授
2021 年 8 月

前　言

村镇银行是指经中国银行保险业监督管理委员会依据有关法律、法规批准，由境内外金融机构、境内非金融机构企业法人、境内自然人出资，在农村地区设立的主要为当地农民、农业和农村经济发展提供金融服务的银行业金融机构。作为我国农村金融体系的重要组成部分，村镇银行在激活农村金融市场、填补农村地区金融服务空白、改善县域金融服务以及补齐农村经济短板等方面发挥了重要作用。村镇银行似星星之火，让县域农村金融的发展呈现燎原之势。

湘西长行村镇银行是全国第一家地市级村镇银行，它的成立掀开了金融扶贫的新篇章，开启了村镇银行发展的新征程。湘西长行村镇银行成了湘西土家族苗族自治州（以下简称湘西州）经济社会发展的新动能、新主力。湘西长行村镇银行如一轮朝阳，冉冉升起，照耀了中国金融改革史、新型农村金融发展史和湘西州经济社会发展史。湘西长行村镇银行的成立吹响了精准扶贫的号角。一方面，村镇银行仅能设立在县域、乡镇的格局被彻底改变；另一方面，湘西州经历非法集资后近乎崩溃的信用体系得以恢复与健全。作为湘西州唯一一家州本级法人银行机构，湘西长行村镇银行成了支持湘西州美丽乡村建设、棚户区改造、农村电网改造、县医院和学校建设以及农户创业等方面的先锋队、主力军。自 2010 年成立以来，湘西长行村镇银行始终坚定“立足湘西、服务三农、服务中小、服务居民”的发展初心，始终坚守“民族银行”“草根银行”“绿色银行”的品牌特点，始终践行“一心一意谋发展，群策群力创标杆”的发展思路，以实际行动

助力湘西人民脱贫致富，践行农村金融在精准扶贫和乡村振兴战略中的重要使命，与湘西社会经济发展同频共振、休戚与共，奋力建设“湘西人自己的银行”，成为了湘西州极具活力的重要金融力量与源头活水，为中国村镇银行改革探索和创新发展积累了一定的实践经验。作为湘西长行村镇银行的首任董事长、行长，我有幸参与并主导了湘西长行村镇银行从筹建、开业、起步到发展的全过程，建立了湘西长行村镇银行在开业初期所需要的全部制度体系，搭建了湘西长行村镇银行在后续业务发展中的基本架构，将自己的农村情节、乡土情怀以及对普惠金融与银行管理的思考悉数倾注在湘西长行村镇银行的经营发展上。现在，我尝试以书本的形式记录湘西长行村镇银行的成长之旅，探索中国村镇银行的未来发展之路，以求农村金融的新源头活水源远流长、通江达海。

本书共分为四篇十九章，具体篇章安排如下。

第一篇，谋划篇。从理论的角度分析中国村镇银行的发展事实并阐述湘西长行村镇银行的战略使命和功能定位。第一章、第二章、第三章和第四章分别从金融深化、普惠金融、金融共生发展和金融创新四个视角阐述了我国村镇银行发展的理论依据；第五章分析了湘西长行村镇银行的战略使命和功能定位。

第二篇，行动篇。从湘西长行村镇银行的设立、管理、成长、发展等方面全方位剖析了湘西长行村镇银行的发展历程。第一章介绍了湘西长行村镇银行成立时所处的政策、行业和经济背景；第二章从规范管理的角度对湘西长行村镇银行的治理体系、股权结构、网点布局和人员结构进行了分析和探讨；第三章从发展规模、经营绩效的角度对如何做大做强村镇银行进行了阐述；第四章从助力脱贫攻坚、履行社会责任、促进县域经济发展三个角度总结了湘西长行村镇银行融入湘西、助力湘西经济与社会发展的方式与路径。

第三篇，创新篇。阐述了湘西长行村镇银行成立 10 余年在产品模式、经营模式与管理模式三方面的创新。第一章介绍了湘西长行村镇银行在产品模式上的创新，重点针对运作模式、贷后风险管理、模式关键、案

例运用和模式点评五个模块进行了描述；第二章从服务模式创新、金融科技转型发展以及筹融资模式创新三方面出发，阐述了湘西长行村镇银行如何在经营模式上突破既有框架，大胆创新；第三章从“三维立体”的人力资源管理模式和“三道防线”主导的风险管理模式两个角度，描述了湘西长行村镇银行在管理模式上的探索与创新。

第四篇，展望篇。在分析湘西长行村镇银行发展中所面临的新机遇与新挑战的基础上，对村镇银行的未来发展的总体思路、实现路径、保障措施等方面进行了分析与展望。第一章介绍了湘西长行村镇银行在发展过程中遇到的新机遇以及新挑战；第二章阐述了村镇银行改革发展的总体思路，包括指导思想、总体要求、发展目标、发展重点和发展步骤；第三章分析了村镇银行助力地区经济高质量发展的实现路径；第四章分析了村镇银行持续推进乡村振兴的主要措施；第五章阐述了村镇银行实现数字化经营的建设路径；第六章分析了村镇银行加强自身能力建设的方法路径；第七章分析了村镇银行实现可持续发展的保障措施。

“十年栉风沐雨，十年春华秋实。”湘西长行村镇银行成立10余年来，在助力脱贫攻坚和经济社会发展上主动担当作为，特别是在兴产业、扶实体、稳就业、促发展、助脱贫等方面做出了突出的贡献。未来的道路上，湘西长行村镇银行将再接再厉、乘势而上，做到加强政银企合作、拓宽金融服务领域，全心投入农村金融的新发展，倾力踏上乡村振兴的新征程，凝心成为推动湘西州“十四五”新一轮高质量发展的新主力，继续创造下一个不凡的十年。同时，也祝福我国的村镇银行在支持乡村振兴战略中担当新主力、展现新作为、实现新发展。

目　录

CONTENTS

第一篇　谋划篇

第一章　村镇银行是推进金融深化的重要环节　/ 002

第一节　村镇银行发展对金融深化的重要性　/ 002

第二节　金融深化的内涵与特征　/ 003

第三节　发展村镇银行符合我国金融深化的发展逻辑　/ 004

第二章　村镇银行是践行普惠金融的样板工程　/ 009

第一节　普惠金融是村镇银行健康发展的核心要义　/ 009

第二节　普惠金融与普惠金融体系　/ 011

第三节　发展村镇银行符合我国普惠金融的发展逻辑　/ 015

第三章　村镇银行是金融共生发展的基本保障　/ 018

第一节　村镇银行与地方经济共生共荣的要素构成　/ 018

第二节　发展村镇银行符合促进金融经济协同的发展逻辑　/ 021

第四章　村镇银行是推进金融创新的重要补充　/ 025

第一节　金融创新是村镇银行发展的动力源泉　/ 025

第二节　金融创新的内涵与特征　/ 027

第三节　村镇银行在金融创新视角下的发展策略　/ 029

第五章　湘西长行村镇银行的战略使命与功能定位　/ 033

第一节　践行服务“三农”的战略使命　/ 033

第二节　坚守“支农支小”的功能定位　/ 035

第二篇　行动篇

第一章　村镇银行的顺势设立　/ 040

第一节　政策背景：培育村镇银行发展的政策陆续出台　/ 040

第二节　行业背景：我国村镇银行发展方兴未艾　/ 051

第三节　经济背景：湘西自治州经济发展亟需金融活水　/ 066

第二章　村镇银行的规范管理　/ 070

第一节　治理体系逐步完善　/ 070

第二节　股权结构趋于合理　/ 074

第三节　银行网点布局不断优化　/ 076

第四节　人员结构持续优化　/ 077

第三章　村镇银行的做大做强　/ 081

第一节　发展规模持续扩大　/ 081

第二节　经营绩效不断提高　/ 084

第四章　村镇银行的融合发展　/ 087

第一节　助力脱贫攻坚：大力支持湘西州新农村建设　/ 087

第二节　履行社会责任：积极参与各项公益活动　/ 088

第三节　促进县域经济发展：始终坚持与本土企业共同发展　/ 090

第三篇　创新篇

第一章　湘西长行村镇银行产品模式创新　/ 092

第一节　基于“互助五兴贷”的“银行 + 村委会 + 合作社 + 农户”模式　/ 092

第二节　基于“助保贷”的“银行 + 农业产业园 + 小微企业”模式　/ 095

第三节　基于“惠农担－特色贷”的“农信担 + 银行 + 特色企业 + 农户”模式　/ 097

第四节 基于“惠农养老贷”的“银行+政府+社保机构+贫困户”模式 / 099
第五节 基于“工程贷”的“应收账款质押+银行+特色企业+农户”模式 / 101
第二章 湘西长行村镇银行经营模式创新 / 104
第一节 服务模式创新 / 104
第二节 探索金融科技转型发展 / 115
第三节 筹融资模式创新 / 120
第三章 湘西长行村镇银行管理模式创新 / 124
第一节 “三维立体”的人力资源管理模式 / 124
第二节 “三道防线”主导的风险管理模式 / 132

第四篇 展望篇

第一章 湘西长行村镇银行发展的新机遇和新挑战 / 140
第一节 新发展格局下湘西长行村镇银行的发展机遇 / 140
第二节 乡村振兴全面推进背景下湘西长行村镇银行的发展机遇 / 147
第三节 金融科技加快布局背景下湘西长行村镇银行的发展机遇 / 152
第四节 湘西长行村镇银行发展的内部挑战 / 156
第五节 湘西长行村镇银行发展的外部挑战 / 162
第二章 村镇银行改革发展的总体思路 / 179
第一节 指导思想 / 179
第二节 总体要求 / 179
第三节 发展目标 / 181
第四节 发展重点 / 181
第五节 发展步骤 / 184

第三章　村镇银行助力地区经济高质量发展的实现路径　/ 188
第一节　发展科技金融，促进中小科技企业健康发展　/ 188
第二节　推进产业金融，助力打造先进的制造业高地　/ 190
第三节　发展绿色金融，推动地区经济绿色转型发展　/ 191
第四节　推动区域协调，加大民生建设金融支持力度　/ 193
第四章　村镇银行接续推进乡村振兴的主要措施　/ 195
第一节　赋能农业提质升级，助推乡村产业兴旺　/ 195
第二节　支持基础设施建设，打造生态宜居家园　/ 197
第三节　推动信用环境改善，服务乡风文明建设　/ 200
第四节　助力乡村多元共治，推动乡村有效治理　/ 203
第五节　对接农村金融需求，助力实现生活富裕　/ 207
第六节　聚焦乡村协同发展，推动三产融合发展　/ 210
第五章　村镇银行实现数字化经营的建设路径　/ 213
第一节　推进银行管理数字化　/ 213
第二节　推进产品服务数字化　/ 214
第三节　建立科技投入保障机制　/ 215
第六章　村镇银行加强自身能力建设的方法路径　/ 216
第一节　全方位拓宽市场渠道　/ 216
第二节　进一步深化内部管理　/ 220
第三节　进一步优化人才队伍　/ 221
第四节　探索多方式经营策略　/ 223
第五节　进一步强化风险管控　/ 225
第七章　村镇银行可持续发展的保障措施　/ 227
第一节　制定村镇银行可持续发展的政策保障　/ 227
第二节　创造村镇银行可持续发展的营商环境保障　/ 229
第三节　确保村镇银行可持续发展的监管保障　/ 230

参考文献　/ 232
后　记　/ 238

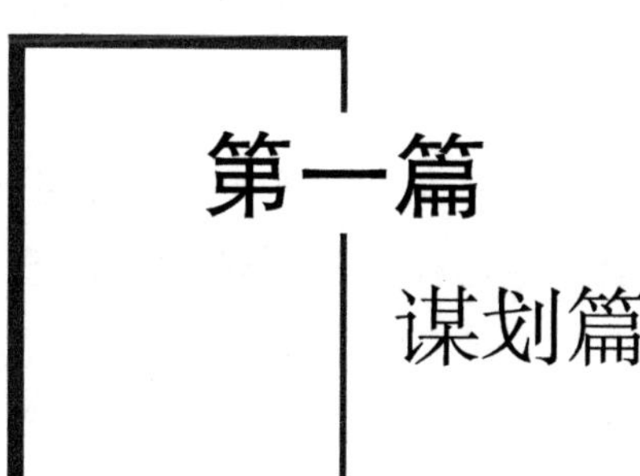

第一篇

谋划篇

第一章　村镇银行是推进金融深化的重要环节

第一节　村镇银行发展对金融深化的重要性

村镇银行是推进金融深化的重要环节。首先，村镇银行丰富了农户的金融服务选择。在村镇银行出现前，中国农村地区只有农村信用合作社（以下简称农村信用社）和中国邮政储蓄银行两种金融主体。随着农村地区的经济发展，这两种金融主体的金融服务无法满足农民越来越高的金融服务需求，因此建设村镇银行成为政府大力推动的目标。村镇银行的设立完善了农村金融服务组织体系，增强了金融中介作用，丰富了农村金融产品，给予了农户更多的金融服务选择。其次，村镇银行提高了农村金融资源的配置效率。村镇银行始终坚持以服务"三农"为主线，持续优化城乡金融资源配置，培育乡村发展新动能。由于具有准入门槛低、自主决策效率高和产权明晰等优势，村镇银行能够更好地满足当地的金融需求，起到抑制农村资金外流的作用，进而提高农村金融资源的配置效率。最后，村镇银行的设立促进了农村金融市场的良性竞争。村镇银行在农村金融市场中发挥了"鲇鱼效应"[①]，村镇银行在实现自身良好发展的同时，促使其他金融机构寻求改革方式以提高服务效率。村镇银行的民间资本入股模式赋予了农村金融改革新思路。作为打破金融业准入限制的重要载体，村镇银行将一部分农村金融服务作为实践的优先领域，直接给农村金融市场注入了活力，为实现金融深

① 鲇鱼效应（Catfish Effect）是指通过引入强者，激发弱者变强的一种效应。

化做出了重要贡献。

第二节　金融深化的内涵与特征

金融深化是指政府持续减少甚至取消对金融体系的过度干预，使利率和汇率可以真实反映资本市场和外汇市场的供求状况，使金融市场实现对社会资金的有效动员和配置，进而促进经济快速增长。金融深化产生的原因主要包括两个方面：一是金融深化可以缓解交易双方的信息不对称导致的市场运作效率低下的问题；二是金融深化可以优化资金配置，降低交易成本。以上两种作用也会推动经济的进一步增长。金融深化的过程是一个动态的过程，具体包括两个维度：一是金融广度，即金融机构数量的增长和规模的扩大；二是金融深度，即金融结构的优化和效率的提高。

金融深化理论主张金融市场自由发展，政府不过分干预其发展，让利率和汇率充分反映市场状况，并对通货膨胀实施有效干预。从这个角度来说，金融深化理论是在金融抑制理论的基础上发展起来的，更加强调政府对市场经济自我调整机制的信心，但金融抑制理论却是政府不当干预的负面典型。

在农村地区，金融深化的目标是消除金融抑制，提升金融服务能力。在很长的一段时间内，农村金融抑制的情况广泛存在。政府在市场中的权力过大。在市场中，政府拥有绝对的权力，并且在配置资源时，忽略农户等微观经济个体的主观能动性，只考虑整体经济的发展战略，具体表现为以下几点。一是政府拥有过大的市场决策权力并且对市场的管制与干预力度过大，导致市场利率和汇率发生严重扭曲，不能真实、准确地反映资金供求情况。比如，利率的降低是通过人为干预的方式实现的，银行的信贷配给也是在政策的强制下完成的，制约了经济发展。二是持有货币的收益较低，导致市场上的微观经济个体不再持有货币，转而以持有实物资产的形式进行内部积累，储蓄下降，投资减少，经济发展因此变得缓慢。由于利率的限制，实际存款利率也会呈现负数或者面临更多的不确定性，使得金融机构吸收储蓄的动力和能力都降低，同时金融机构提供贷款的能力也会受到储蓄减少的影响而降低，诸多的不确定性也增加了贷款的风险。三是农村金融机构的类型单一且民营成分较少，而国营金融机构在农村地区形成垄断，并且成为政府实现其发展战略的工具，造成了农村金融市场的低效率。四是受到金融抑制的影响，存贷利差变小，导致市场对贷款的需求过度增多。为了满足市场的贷款需求，政府不得已实行信贷配给，但是这种配给的直接后果是给部分政府官员提供了腐败的空间，既搅乱了金融市场的秩序，也不利于发展劳动密集型产业，还会带动资本密集型产业的发展，这与农村地区的发展方向背道而驰。因此，为了积极发挥金融对农村经济的促进作用，应当摒弃金融抑制政策，政府部门要减少对金融市场的管制及干预，促进农村金融市场的自由发展。

政府部门消除金融抑制的具体措施包括：放松对利率的管制，减少对金融机构的干预，积极引导优质民营资本参与商业银行的经营管理等。一系列的改革措施，可以促使货币余额增长和农村居民实际收入增加，同时可以激发私人与政府的储蓄意愿，进而拉动投资并增加就业，即实现金融深化的收入效应、储蓄效应、投资效应和就业效应。在这之中，银行作为农村金融体系中的主导，更应成为农村金融深化过程中改革的重点。

第三节　发展村镇银行符合我国金融深化的发展逻辑

一、村镇银行促进农村金融体系多元化发展

1. 村镇银行完善了农村金融组织体系

长期以来，相对于我国城市金融的快速有序发展，农村金融的发展并没有得到足够的重视。随着时间的推移，农村金融发展缓慢、结构散、效

率低等问题越发突出。为完善农村金融组织体系，我国以强制性制度变迁的改革模式，在农村地区较快地引入了银行、保险公司、证券公司等多种金融机构。这虽然在名义上实现了农村金融服务的全覆盖，但在农村地区设立网点的金融机构实际上仍以银行为主，保险公司、证券公司、担保公司等金融机构寥寥无几。更进一步，在处于支农主力军地位的各类农村合作金融机构中，农村信用社在长时间内占据着农村金融市场中实际的垄断地位。而作为农村合作金融机构的领头羊，农村信用社多年来由于体制陈旧、产权混乱、管理失当等原因，整体经营业绩不断下滑。虽然我国针对农村金融进行了多次改革，并且重点关注的就是农村信用社的改革，但是从结果来看，不管是规范农村股份合作制还是转换模式的改革方式，效果都不是很理想，农村信用社网点覆盖率低、金融产品单一、竞争不充分等问题依然严重。村镇银行的设立，在一定程度上改变了这一状况。作为新型农村金融机构，村镇银行在我国推进金融深化的过程中，打破了国有银行占据绝对垄断地位的局面，为农村金融市场注入了活水，完善了农村金融组织体系。

2. 村镇银行丰富了农村金融产品服务体系

农业作为我国相对弱质的产业，一直以来都面临着十分严峻的挑战。农业的稳健发展不能缺少农村金融的支持。随着乡村振兴战略的大力推进，农村融资规划、风险防控、对冲增值、决策咨询、绿色金融等多类型、综合性的金融服务需求也随之涌现。为实现乡村振兴，我国的农村金融市场迫切需要一个多样化、多层次、多类型的农村金融产品服务体系。然而，我国当前的农村金融产品服务体系仍以类型相似的基础信贷和结算业务为主，金融产品服务的创新力匮乏，金融市场活力不强，难以适应乡村振兴的新需求。同时，金融机构为了争夺某一类产品创新所带来的巨大利润，争相对产品进行模仿复制，推出一些名称各异但类型相似的金融产品，实为“新瓶老酒”的“伪创新”。村镇银行的设立，在一定程度上改变了这一状况。作为新型农村金融机构，村镇银行在经营管理上有机制灵活、决策链条短等优势，以安全性、流动性、效益性为经营原则，自主经营、自担风险、自负盈亏、自我约束，依法开展业务，不受任何单位和个人的干涉。此外，村镇银行作为服务“三农”的银行，在区域市场上具有信息优势，能够及时了解客户的金融需求，并高效推动业务的改革和创新来满足客户对多元化金融产品和服务的需求。同时，推动村镇银行的发展，能够促进金融主体的多元化，使得农户、小微企业等经济主体拥有更多投融资渠道的选择，盘活了广大农村地区的经济，有力推动了新农村建设，为农村金融输送了新鲜的血液，提高了农村金融市场的竞争活力，使农民和乡镇企业成为最大受益者。

二、村镇银行推动农村金融优化资源配置

村镇银行在进入农村金融市场后，能够有效地提高资源配置效率，打通间接融资渠道。村镇银行作为新型农村金融机构，具有天生的优势，具体表现在以下三点。一是发起条件宽松，成立门槛较低。政策规定，注册资本不低于 300 万元即可在县域内设立村镇银行。二是法人机构优势。作为独立的企业法人，村镇银行在经营上拥有独立的决策权，并且决策链条短、效率高，在业务开展上具有其他银行无法比拟的优势。三是产权明晰。村镇银行没有历史债务和遗留包袱，在经营发展上可以做到轻装上阵。村镇银行的股权结构决定了其即便不设置董事会、监事会，也能保证决策、执行、监督、经营管理四个方面合理的分工与制衡，形成了简单、高效、健全、合理的治理结构。基于以上优势，村镇银行在市场竞争中，以“支农支小”为经营目标进行资金配置。因此，村镇银行在资金投放的对象选择上具有多样性，只要是符合贷款资质的客户都能够获得贷款支持，特别是以往容易受到信贷约束的农户和小微企业。

现阶段我国正处于经济转型发展的重要时期，小微企业是国民经济中具有活力的主体，是实体经济稳定增长、科技创新快速发展与社会和谐稳定的根基，在吸纳就业、改善民生、促进创新等方面发挥着重要作用。毫无疑问，农村金融市场是一个有着巨大贷款需求的市场。现如今的农村除了种植业，其他产业也在逐渐兴起，而农民和个体企业想致富求发展需要

资金，但是“融资难、融资贵”的问题一直是小微企业发展的强大阻碍，村镇银行的发展能够满足小微企业的资金需求，将信贷资源配置到真正需要的领域上来，实现资源的优化配置。

村镇银行的发展抑制了农村资金外流，改善了农村金融市场的资源配置环境。前些年，随着金融体制改革的持续推进，许多国有商业银行缩减业务网点。农村地区银行网点数量的减少加剧了农村地区的金融排斥①，许多农村地区的居民很难享受到国有商业银行的金融服务。并且由于农村地区经济体量小、自身发展动能不足，金融机构为了追求利润最大化转而将吸储的资金投放到城市地区，出现了资金的“虹吸现象”。近年来，随着政策导向的变化，以村镇银行为代表的新型农村金融机构在农村设立。村镇银行的规模普遍较小，业务开展的范围存在地理限制，一般没有跨区域经营业务的能力和资格，其吸收的储蓄资金主要投向本地，在一定程度上抑制了资金外流的现象。村镇银行的推出增加了农村金融服务的网点数量，提高了农村居民接触金融服务的可能性，也使农户有更多机会选择正规金融机构提供的服务与产品，进而带来农户贷款占比的上升。同时，村镇银行的设立也使农村金融市场的竞争格局实现了变化与调整，农村金融机构贷款利率上浮的比例下降，针对农村地区的金融产品增多，从不同维度缓解了农村地区的金融排斥。

此外，村镇银行的设立使小额信贷机构合法化，可以有效地缓解农村的“灰色”金融现象，大量民间资本找到了投资渠道，填补了农村信用社和其他金融机构无法满足的小额信贷需求之空白，在一定程度上改善农村地区的民间非法借贷现象。与此同时，国有商业银行也重新回归农村市场，农村金融市场重新焕发活力，适应“三农”发展的多层次、广覆盖、可持续的农村金融体系逐步建立，金融资源配置的环境也被逐步优化，推动了资源配置效率的提高。

---

① 金融排斥是指在金融体系中人们缺少分享金融服务的一种状态，包括社会中的弱势群体缺少足够的途径或方法接近金融机构，以及在利用金融产品或金融服务方面存在诸多困难和障碍。

三、村镇银行有利于促进农村金融改革的思路创新

村镇银行的产权结构开启了民间资本参与商业银行管理的新篇章。与传统的金融机构不同，村镇银行的产权结构中包含主发起行、非银行金融机构以及自然人。民间资本的参与，有利于村镇银行拓展特色金融服务、完善公司内部治理以及提高风险防范能力。村镇银行的组建包含各种性质和规模的金融机构，如有政策性银行、中资银行、外资银行，此外，也有个人独资的企业和多人共同持股的股份制有限公司，这种多元化的股权结构有利于引导民间资本积极融入商业银行、优化商业银行的开放结构、扩大商业银行的开放领域，以开放的思路将内生金融与外生金融有效结合起来，通过体制外的增量改革倒逼体制内的存量改革，打通城市资金流向农村的渠道。

村镇银行能够推动建成契合农村金融市场需求的新机制。村镇银行设立的背景兼具政策性和商业性，从某种程度上来看它是一种微型社区银行，具有其他国有商业银行无法比拟的优势。例如，它能够基于银行所处地区的人缘、地缘优势获取“软信息”，以此降低服务成本并向客户提供精准的服务，同时也能提高落后地区的金融市场化程度。因此，发展村镇银行不仅仅能够丰富农村地区金融机构的类型，为农村金融市场增加资金投放，更能够突破农村地区原有的不合理的体制束缚，推动农村金融体制改革，创新农村金融发展模式以及产品服务，探索出一套符合农村金融市场需求的发展新机制。

第二章 村镇银行是践行普惠金融的样板工程

共同富裕是社会主义的本质规定和奋斗目标，而普惠金融（Inclusive Finance）的重点在于为以往被排斥在正规金融体系之外的贫困群体提供所需的金融服务，以推动共同富裕的实现。村镇银行的设立响应了国家普惠金融战略。村镇银行立足于欠发达地区，从事金融扶贫的伟大事业，同样恪守“服务小微”“服务三农”“服务偏远地区弱势群体”的根本宗旨。村镇银行依托于普惠金融理论，强化主动服务意识，为农户和农村地区小微企业提供全面的、创新性的金融服务，助力县域经济发展，奋力推进乡村振兴战略。

第一节 普惠金融是村镇银行健康发展的核心要义

村镇银行的设立不仅是普惠金融体系中“金融公平”理念在农村地区的具体实践，也对普惠金融体系的顺利构建起到了良好的助推作用。

普惠金融体系的提出从本质上来说源于传统正规金融机构在金融资源的配置上缺乏合理性。事实上，相较于城市地区，正规金融机构的金融排斥现象在农村金融市场中更为严重。资本的逐利性使农村金融市场中大量的金融资源被较为富裕的群体占据，以至于较为贫困的农户以及农村地区的小微企业没有能力以恰当的形式获得必要的金融服务，难以进入正规的金融体系。世界银行扶贫协商小组[①]的调查报告显示，在全世界范围内不具有银行账户的群体中有 50% 为农村社会群体，这些农村社会群体完全被

① the Consultative Group to Assist the Poor，简称 CGAP。

排斥在银行的大门之外，这种情况在我国的农村地区也普遍存在。我国农村普惠金融改革面临的问题主要有以下几点。一是从资金需求方来看，农村地区的资金需求多来自农户和小微企业，其很难在资本市场上利用直接融资的方式获得资金，只能选择向银行申请贷款。由于缺乏自有资金、财务制度不健全、抵质押物价值不足以及所需资金量较小等原因，这些农户和企业较难受到传统银行的青睐，资金需求难以得到满足，致使资金链条发生断裂，从而影响正常生产经营。二是从资金供给方来看，农村地区的银行业金融机构，既包含国有商业银行、股份制商业银行，也包括农村商业银行、农村信用社、村镇银行等地方法人金融机构，表面上形成了金融机构全覆盖的局面。但实际上，国有商业银行、股份制商业银行在县级以下的基层行政区域的网点较少，很多地方法人金融机构在农村地区获得的存款要高于投放的贷款，甚至存在农村地区资金被抽空的情况。三是从外部机制来看，农村地区的保险等风险分担机制不健全，一旦受到自然灾害或其他因素的影响，贷款的损失只能由农户或小微企业自己承担，这让银行发放贷款时更加谨慎。同时，农村金融市场的激励机制及监管约束不到位，很多商业银行缺乏开发农村信贷市场的动力。农村地区的资金配置不能完全依靠市场化的方式解决，急需政策性金融机构的支持，而我国针对农户和小微企业的政策性金融支持机制尚待完善。金融排斥不仅加重了低收入人群的财务负担，还使当地的资金运转效率有所降低，成为经济发展和社会前进的桎梏。立足于缓解金融排斥问题，普惠金融体系的目标就是追求金融公平，使金融资源得以合理配置。

村镇银行的设立使我国农村地区现有银行业金融机构覆盖率低、金融供给不足、金融服务缺位的现状得到了改善，同时也是普惠金融体系中“公平分配金融资源”这一核心要义的具体实践。一方面，根据中国银监会①颁布的《村镇银行管理暂行规定》的具体内容可知，村镇银行的服务对象以农户

① 中国银监会：中国银行业监督管理委员会，2018 年 3 月，国务院机构改革方案将中国银行业监督管理委员会和中国保险监督管理委员会的职责整合，组建中国银行保险监督管理委员会（简称中国银保监会或银保监会），不再保留中国银行业监督管理委员会。

和小微企业为主，这也正是普惠金融体系所关注的弱势群体。另一方面，村镇银行设立的根本宗旨就是让农户以及小微企业能够更好地利用金融资源，从而把被传统金融机构抛弃的农村群体纳入金融服务体系之中，实现普惠金融体系“公平分配金融资源”的核心要义，践行普惠金融战略。

第二节　普惠金融与普惠金融体系

一、普惠金融

1. 普惠金融的发展

普惠金融的概念是由小额信贷理论发展而来的，是当前全球经济发展的热点。普惠金融不仅涉及金融业态多样化和金融服务均等化，更与互联网等新技术带来的产业变革及社会重构相关。由于普惠金融的多样性，其基本概念形成于过去几十年不断的变化与演进中（见图 1–1）。小额信贷发展到了 20 世纪 90 年代，国际金融机构掀起了微型金融的浪潮，认为可以对低收入者提供贷款之外的金融服务，例如储蓄、保险。随着微型金融的发展，其服务成本过高、难以实现可持续发展等问题逐渐显现。于是联合国在国际小额信贷年[①]提出要建设普惠金融，首次明确了普惠金融的概念，并将构建普惠金融体系作为实现千年发展目标的重要途径：2013 年，第 20 届亚太经济合作组织财政部长会议将发展普惠金融作为促进公平和经济可持续增长的重要举措。2016 年 1 月，国务院印发《推进普惠金融发展规划（2016—2020 年）》，对普惠金融的具体内涵进行了界定：“普惠金融是指立足机会平等要求和商业可持续原则，以可负担的成本为有金融服务需求的社会各阶层和群体提供适当、有效的金融服务。小微企业、农民、城镇低收入人群、贫困人群和残疾人、老年人等特殊群体是当前我国

① 联合国为了促进千年发展目标的实现，将 2005 年定为国际小额信贷年（International Year of Microcredit）。

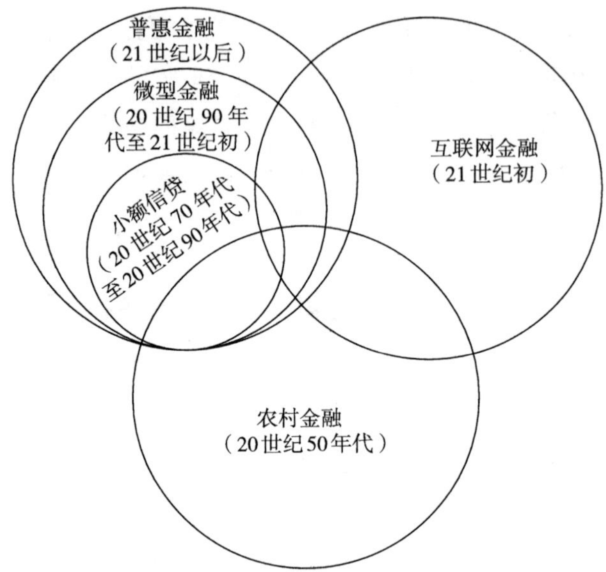

图 1–1　普惠金融的发展起源①

普惠金融重点服务对象。大力发展普惠金融，是我国全面建成小康社会的必然要求，有利于促进金融业可持续均衡发展，推动大众创业、万众创新，助推经济发展方式转型升级，增进社会公平和社会和谐。”

2. 普惠金融的特点

普惠金融的特点，具体包括以下五个方面的内容。第一，普惠金融强调“金融权是人权”。与生存权、自由权和财产权一样，每个人都应该享有金融权，以可以负担的成本获得公平合理的金融服务来参与社会经济活动。金融资源对于个体和企业来说都是不可或缺的稀缺资源，个体和企业都有权利获得平等的金融服务。第二，普惠金融要有广泛的服务对象。普惠金融强调的是“普惠性”，也就是机会平等，针对的是传统金融机构难以惠及的人群。这类群体主要包括两类：一类是财务状况较差的群体，另一类是居住地区较偏远的群体。金融要普惠社会的所有人群，不能忽视落后地区居民、农民以及小微企业等弱势群体的金融需求，也不能过分强调

① 秦昌宁，倪瑛．普惠金融研究进展与展望［J］．四川理工学院学报（社会科学版），2015（6）:66–76.

照顾穷人，社会群体中的每个人都有以合理的价格获取金融服务的权利。第三，普惠金融应当提供全面的金融服务。金融机构不仅要提供丰富的产品，还要提供多样化的金融服务。除了存贷款业务，金融机构还要提供包括投资、保险、国际汇兑等业务。与此同时，业务的开展离不开良好的基础设施，普惠金融应当不断推进金融领域的技术创新，以确保能够提供快捷、准确和安全的金融服务。第四，普惠金融目标的实现需要广泛参与的金融机构。普惠金融不仅仅是个别扶贫机构或是组织的工作，其目标的实现离不开各种各样的农村金融机构的参与。金融机构提供金融服务时，一方面，要做到创新，在风险可控的范围内尽可能提高产品的活力，使之能惠及更多弱势群体；另一方面，要注重为弱势群体提供尽可能多、具有针对性的融资渠道。只有各种金融机构以不同的形式参与，才能够为客户提供多样化的金融产品和多元化的金融服务。因此，传统金融机构的转型迫在眉睫，新型金融机构的培育与创新也同样重要。第五，普惠金融强调金融发展的可持续性。普惠金融强调为社会各个阶层公平地配置金融资源，促进金融市场建立更有活力的可持续发展体系。只有金融机构实现了可持续发展，普惠金融将更多的金融产品和服务提供给所有需要的人这一目标才能够实现。而要想实现金融机构的可持续发展，就要保证金融机构盈利的可持续性。普惠金融为金融业拓展新的业务空间和盈利空间，金融机构提供普惠服务并不回避利润的赚取，普惠金融的可持续性必定在经营效率提升的基础上保证合理的盈利。

二、普惠金融体系

普惠金融体系应该包含以下四个方面的内容（见图 1–2）。一是服务对象，普惠金融旨在以可负担的成本为社会上所有阶层的人群提供所需要的金融产品和服务。因为金融权与人权一样，是每个公民都应当享有的权利。但是农民、小微企业等群体更容易受到金融排斥，因此这部分群体是普惠金融的重点服务对象。普惠金融要“普惠”所有群体，重视发展中国家、农村地区、小微企业和贫困人群的需求，但不强调照顾弱势群体，要以合理的价格、灵活的金融服务面向所有人，逐步消除传统金融中存在的二元结构。二是服务内容，涉及金融机构创新和产品创新。普惠金融体系不仅包括商业银行和政策性银行，还包含其他的金融机构。例如村镇银行等新型农村金融机构，它们的出现很大程度上缓解了农村的金融排斥，激发了农村金融的活力，是普惠金融体系的重要组成部分。三是市场建设，普惠金融业务的开展以基础设施建设为前提，还涉及辅助机制建设。完善的基础设施能够降低金融机构的经营成本，提高服务效率，扩大普惠金融的服务广度和服务深度。基础设施的建设不仅包括硬件设施的建设，也涉及行业协会、审计、培训等方面的内容。四是监管机制，普惠金融体系的建设离不开宏观监管。我国普惠金融服务主体的监管法律制度体系主要由法律、行政法规、部门规章、司法解释、地方性法规规章、规范性文件组成。金融机构的宏观监管体系包括“一行两会”（中国人民银行、中国银行保险监督管理委员会和中国证券监督管理委员会）以及相关的法律法规。这些法律法规构成我国普惠金融服务主体监管法律制度的基本体系，从监管主体、市场准入、业务运行、市场退出四个方面调整普惠金融服务主体在不同市场阶段的行为，从而对其业务风险进行有效控制，使普惠金融实现可持续发展。

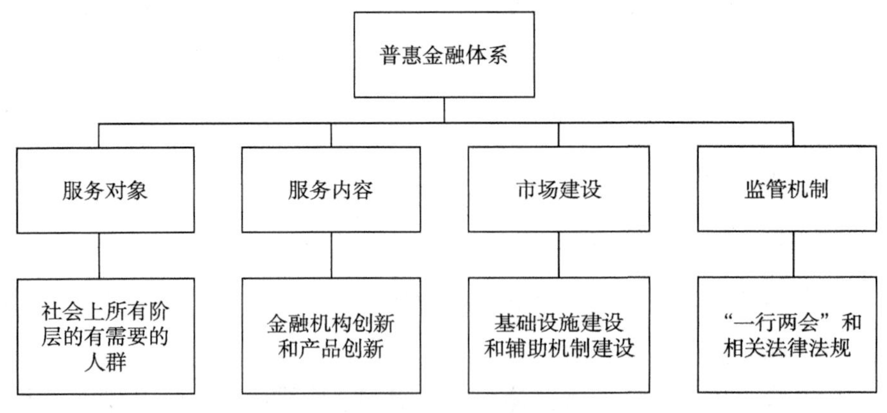

图 1-2　普惠金融体系

第三节　发展村镇银行符合我国普惠金融的发展逻辑

我国进入经济转型期后，农村经济结构的调整以及农业生产方式的转变对农村金融市场的服务供给提出了新的要求。在这一背景下，作为普惠金融体系具体实践的新型农村金融机构——村镇银行顺势诞生。为了更好地推动普惠金融体系的发展，缓解农村地区金融供给不足的问题，村镇银行的发展应始终坚持以下三点。

一是坚守市场定位，做实做深做透小微客户市场，成为农户及农村地区的小微企业等弱势群体的普惠银行。传统的农村金融机构出于规避信用风险的动机，倾向于将资金贷给信用状况良好的大型客户，从而将农户及农村地区的小微企业等弱势群体排斥在金融服务群体之外。基于此状况，有资金需求却不具备信贷抵押能力的农户及农村地区的小微企业不得不承担更大的风险，并且以更高的成本从非正规金融机构获取所需的金融资本与服务，这极有可能加剧农户及小微企业等弱势群体的贫困程度与脆弱性。在建设社会主义新农村与推进乡村振兴的政策背景下，国家提倡先富带动后富、城市帮扶农村、工业反哺农业，在适当的时机组建村镇银行，引导富余资本进入农村金融市场，为农户与当地小微企业提供更加便利有效的金融服务，促进农业产业的升级换代。由此可以看出，“帮扶”将是村镇银行经营的主旋律。普惠金融体系旨在让扶贫融资服务有机地融合到农村金融体系中去，使这些被“边缘化”的群体也能有机会享有金融资本与服务。因此，普惠金融体系下的村镇银行应始终坚守好自己的市场定位，成为普惠农村弱势群体的银行。

二是提升服务质效，致力于为农户及农村地区的小微企业等弱势群体提供全方位的金融服务。在普惠金融体系下，村镇银行所提供的金融服务不仅涉及传统的存贷款服务，更与时俱进地满足了农村经济主体对信息咨询、保险、结算、理财等金融产品和服务的多元化需求，使农户与农村地

区的小微企业也能享有与城镇地区经济主体同等的金融服务。没有好产品的推出，银行就没有生命力。村镇银行紧密贴合客户需求，推出适合农村中低收入人群的产品，主动与当地政府接洽合作，了解当地的农业生产政策与重点发展方向，从而把握当地的农村经济发展特征以及农户的金融需求特点，针对不同的群体开发相应的金融产品。除了传统的存贷款需求，村镇银行充分挖掘当地农户的理财需求，积极引导转变农民的消费理财观念。此外，村镇银行提供的金融服务与农业生产的特殊情况相适应，将金融服务与农户的生产、流通、采购等环节紧密结合，提升服务“三农”的专业程度，深入基层，提高信息的对称程度，了解、收集大量客户资料，降低对客户信息的不知情而导致的信贷风险。

三是强化创新意识，做好农村金融服务生力军。与大中型银行相比，村镇银行在利率和技术上没有优势。面对竞争激烈的金融市场环境，村镇银行必须“巧补短”，发挥法人机构灵活性的优势，快速、准确地找到切合当地农民实际需要的金融服务与产品，与当地经济“同频共振”，以差异化、特色化的金融服务满足当地的金融需求。村镇银行在“双循环”新发展格局下，坚持金融产品和服务创新，加快数字化转型，积极打造普惠、绿色、开放的金融科技服务体系，助力乡村振兴与脱贫攻坚有效衔接，实现高质量发展。

具体来说，首先，村镇银行做到了理论上的创新，培养金融机构公平对待农户以及农村地区小微企业等弱势群体的意识，积极主动为其提供服务。服务“三农”和农村地区的小微企业是村镇银行的基本定位，村镇银行应该立足于这个基本点，稳扎稳打，延长“服务‘三农’、服务小微企业”这块“木板”，形成金融市场上的“木桶效应”，才能够在日益激烈的市场竞争中占据一席之地。村镇银行应该结合自身特点，根据金融市场情况，为农户制定“私人定制”版金融服务，将经营理念贯彻经营实践中，不断发展优质客户群体，促进村镇银行持续发展。其次，村镇银行还不断推进产品和服务的创新，结合自身特点提供特色产品与服务，进行贷款方式的创新，用特色化、差异化的金融产品、服务助力农村地区的实体经济发展。

村镇银行要根据当地实体经济和地方特色，结合产业特点和结构，积极探索新模式、新产品，扎实开展“一村一策、一户一法”的精准扶贫，以客户为中心，为客户提供量身定制的解决方案。比如，某山区的山地适合种植竹子，当地以竹木制品为主要产业，村镇银行可根据竹木产品的生产经营特点和消费特点，推出“筷子贷”“竹席贷”等；又比如，某地区农民以养殖菌菇类农产品为主要产业，村镇银行可通过细分每类菌菇的特定生长周期，开发“金菇贷”“草菇贷”等。这些专门服务于某个产业甚至某个消费品种的贷款产品，能够做到精准服务，既能满足当地农民多元化的金融需求，又能助力发展一个产业、带动一方经济。最后，村镇银行根据自身定位在金融服务模式方面也有所创新。村镇银行要结合农村地区特点，针对“三农”与小微客户提供差异化的金融服务。农村地区金融基础薄弱，农村资金散、小、杂，因此村镇银行在此背景下既可以推出“村镇银行+保险公司+农户”“村镇银行+龙头企业+农户”“村镇银行+政府+农户”“村镇银行+合作社+社会组织+农户”的主体服务模式，也可以发展“农户+银行”“农户+银行+电商”的销售模式，通过服务模式的创新盘活农村地区金融，实现农村地区金融的集约化、高效化发展。

第三章　村镇银行是金融共生发展的基本保障

金融是经济发展的核心和重要保障，村镇银行作为农村金融体系的新兴主体，根植于农村地区，为实体经济注入了活水，推动城乡区域协调发展。在成长过程中，村镇银行既担负着促进地方经济发展的重要责任，同时也与地方经济共生共荣。地方经济的健康发展为村镇银行的可持续发展提供了保障，二者既是利益共同体，又是命运共同体。

第一节　村镇银行与地方经济共生共荣的要素构成

“共生”这一概念来源于生物学，随着经济的发展，这一概念逐渐被引入金融行业。金融共生是指银行与企业之间、银行与银行之间、银行与非银行金融机构之间在一定的共生环境中以一定的共生模式形成的相互依存的关系。根据金融共生理论，共生系统具体包括三个组成要素，分别是共生单元、共生模式和共生环境。金融共生单元包括资金供给方、资金需求方以及提供担保平等服务的第三方。金融共生模式是指金融共生单元通过利益纽带形成的可以长期维系的运作方式。金融共生环境是指金融共生单元所处的外部环境，包含政府环境、法律环境、人文环境等。共生单元是共生关系存在的物质基础，共生模式是共生关系存在的关键，共生环境是影响共生关系的外部因素。三个要素紧密联系，缺一不可。金融共生是金融深化的进一步发展，体现为相互独立的单位通过相互作用和影响实现更高的效益。金融共生理论是获得普遍认同的发展理念，对当前金融市场的发展具有重要指导意义。村镇银行作为一种新型农村金融机构，借鉴金

融共生理论，为金融生态系统增加新的元素。一方面，村镇银行要与金融系统已有的金融共生单元发展联系，建立共生关系，在金融发展的过程中实现互惠互利和优势互补，促进金融系统不断完善壮大；另一方面，村镇银行能够补充国有商业银行不具备的农村金融资源供给功能，能够有效地配置农村信贷资金，从而提升农村地区金融资源的使用效率，促进农村地区的经济发展。

对于村镇银行来说，其共生单元是其所服务的对象，是农村金融市场共生关系存在的物质基础。在金融共生理论下，村镇银行要维系良好的共生关系，需要具备以下三个条件。首先，村镇银行与发展的共生单元之间不存在沟通障碍，能够通过共生界面实现物质和信息的交换。其次，村镇银行与发展的共生单元以及凭借共生界面的交换作用所构成的共生关系能够产生能量，即村镇银行与发展的共生单元间的交换活动能够让各自增值，同时为共生系统的可持续发展提供原动力。最后，共生系统中的信息丰富度要达到临界值，即村镇银行共生系统中所有的共生单元之间不存在信息不对称。

村镇银行发展的共生模式是共生单元之间通过相互作用形成的特殊状态，在一定程度上体现出村镇银行与其他农村金融主体之间是通过互利互惠来实现共赢的。共生模式根据其表征内容可以分为共生组织模式和共生行为模式。共生组织模式具体包括点共生模式、间歇共生模式、连续共生模式和一体化共生模式（见表 1–1）。共生行为模式可分为寄生模式、偏利共生模式、非对称性互惠共生模式和对称性互惠共生模式（见表 1–2）。

村镇银行发展的共生环境是指金融共生单元以外的所有因素的总和，包含金融共生系统所处的经济环境、法律环境、基础设施环境、人文传统环境以及国际环境等。共生环境是金融共生单元无法控制的因素，对共生单元来说是外生因素。并且，虽然共生环境与共生单元的关系在一定条件下是确定的，但是这种关系会随着时间或空间的变化而变化。

表 1-1 四种共生组织模式的简要比较①

模式	点共生模式	间歇共生模式	连续共生模式	一体化共生模式
概念	共生单元在某一时刻只在某一方面互相作用一次；共生关系不稳定，具有随机性	共生单元在某几方面间隔性地多次相互作用；共生关系较不稳定，具有随机性	共生单元在某一封闭时间内多方面连续相互作用；共生关系具有较稳定性和必然性	共生单元在某一封闭时间内全方位相互作用，形成具有一定功能的独立共生体；共生关系具有稳定性和必然性
共生界面特征	界面随机生成且不稳定；介质单一；专一性低	界面既可随机也可必然生成，较不稳定；介质较少；专一性较低	界面有选择性地必然生成，比较稳定；介质多样互补；均衡时专一性较高	界面按某方向必然生成，稳定；介质多样，存在特征介质；均衡时专一性较高
共生进化特征	单方面交流；事后分工；无主导共生界面；共同进化作用不明显	少数方面交流；事中、事后分工；无主导共生界面；共同进化作用较明显	多方面交流；事中、事后分工；有形成主导共生界面和支配介质的可能性；共同进化作用较强	全方位交涉；事前、事中、事后全线分工；能够形成稳定的主导共生界面和支配介质；共同进化作用很强

表 1-2 四种共生行为模式的简要比较②

模式	寄生模式	偏利共生模式	非对称性互惠共生模式	对称性互惠共生模式
共生单元特征	形态存在明显差异；异类单元单向联系；同类单元亲近度较高	形态方差可以较大；异类单元双向关联；同类单元亲近度较高	形态方差较小；异类单元双向关联；同类单元亲近度差异明显	形态方差接近于零；异类单元双向关联；同类单元亲近度相同或接近
共生能量特征	不产生新能量；能量由寄主向寄生者转移	产生新能量；新能量只分配给一方，不能广谱分配	产生新能量；新能量按非对称机制广谱分配	产生新能量；新能量按对称机制广谱分配

① 袁纯清．金融共生理论与城市商业银行改革［M］．北京：商务印书馆，2002.

② 同①．

续表

模式	寄生模式	偏利共生模式	非对称性互惠共生模式	对称性互惠共生模式
共生作用特征	可能对寄主无害；双向单边交流；有利于寄生者而不利于寄主进化	对单边有利；双边交流；有利于获利方进化，无补偿机制时对非获利方进化不利	广谱进化；存在双向双边和多向多边交流；有利于双方或多方进化但非同步	广谱进化；存在双边和多边交流机制；双方或多方进化具有同步性

第二节　发展村镇银行符合促进金融经济协同的发展逻辑

一、村镇银行与农户和农村小微企业共生依存

随着社会的进步和农村经济的不断发展，农户与农村小微企业逐渐成为重要的农村经济主体，对金融产品和服务的需求也逐渐多元化，这为村镇银行与以农户和农村小微企业为代表的农村经济主体形成共生关系奠定了基础。村镇银行作为农村小微企业资金的主要提供方，相比其他大型商业银行，能够更加准确地了解农村小微企业的生产和经营问题，从而为其提供适合的金融产品和服务。农村小微企业从村镇银行获得贷款后，用于生产经营活动，为村镇银行带来利息收入。因此在农村金融市场中，村镇银行属于金融资源的供给方，农户和农村小微企业等经济主体属于金融资源的需求方，二者形成了共生依存关系，即二者在同一个共生环境中相互影响。

在金融共生的理论框架下，村镇银行与农户、农村小微企业等经济主体构成的共生系统中包含共生单元、共生模式和共生环境三个要素。其中，共生单元是村镇银行及有金融需求的农户与农村小微企业等经济主体。村镇银行和农户、农村小微企业等经济主体的共生模式具体表现为以下三种。一是当村镇银行与农户和农村小微企业等经济主体之间存在完全的信息不对称时，双方可能只会产生一次随机的合作，并且为了规避信用风险，村镇银行会要求以抵押的方式发放贷款，共生单元之间的共生组织模式为点共生模式。在点共生的组织模式下，当资金需求方的投资收益较高时，其共生行为模式为非对称性互惠共生模式。当农户和农村小微企业等经济主体的投资收益较低时，其共生行为模式为偏利共生模式或者寄生模式。二是当村镇银行能够获得农户和农村小微企业等经济主体的部分信息时，共生单元之间的组织模式可能为间歇共生模式。村镇银行除了提供抵押贷款，还会有选择性地灵活发放担保贷款或者信用贷款。在该种组织模式下，因资金需求方投资收益的不同，可能会产生的行为模式包括寄生模式、偏利共生模式和非对称性互惠共生模式。三是当村镇银行与农户和农村小微企业等经济主体不存在信息不对称时，共生单元之间的组织模式便是一体化共生模式，村镇银行会给优质客户发放信用贷款，甚至可能会直接向发展前景好的农村小微企业注资。在该组织模式下，共生单元之间的共生行为模式即为对称性互惠共生模式。

村镇银行与农户和农村小微企业等经济主体的共生环境包括经济环境、制度环境以及文化环境等。其中，经济环境是指村镇银行所处农村地区的经济、金融发展情况；制度环境是指政府部门出台的关于规范村镇银行经营管理行为的政策措施，以及鼓励农村经济主体主动参与金融活动的相关制度；文化环境是指村镇银行所处地区的人文习俗以及道德环境。正向的共生环境有利于村镇银行与农户和农村小微企业等经济主体之间形成良好的共生依存关系，但是目前的农村金融环境还不能够对村镇银行与农户和农村小微企业等经济主体的共生依存关系产生积极影响。从经济环境来看，当前我国城乡差距较大的问题依旧突出，农村地区的经济发展为村镇银行的产品和服务创新提供经济支持的难度较大。从制度环境来看，目前各地政府对于村镇银行的扶持力度较小，并且存在政策落实不到位的情况，在一定程度上限制了村镇银行的发展。政策倾向是共生环境的坚强后盾，自 2007 年我国设立村镇银行试点以来，村镇银行虽然发展迅速，但是与我国的大型商业银行之间还存在较大的差距。由于大型商业银行规模

大、有政策保障及风险小等特点，农户与农村小微企业等经济主体更偏向于选择大型商业银行进行存贷款业务；同时，这也增加了农户与农村小微企业等经济主体获得贷款的难度及授信周期。从文化环境来看，农村居民信用意识淡薄且信用文化缺失，不利于村镇银行的健康发展。因此，村镇银行与农户和农村小微企业等经济主体的共生环境还需要进一步改善。

金融与经济二者共生共荣，地方经济的发展离不开金融活水的滋养，经济的繁荣稳定也是金融的立身之本。在村镇银行与农户和农村小微企业等经济主体组成的共生系统中，村镇银行与农户和农村小微企业等经济主体共生依存，村镇银行作为金融资源的供给者，在深化金融供给侧结构性改革的过程中，为解决金融资源配置结构性失衡、市场流动性“脱实向虚”和小微企业融资难融资贵等问题贡献了重要力量，为实体经济的发展提供了更高质量、更高效率和更加精准的金融服务。

二、村镇银行与其他农村金融机构共生竞合

在农村金融市场中，村镇银行作为新型农村金融机构，虽然在体量和性质方面与其他农村金融机构有所不同，但是它们的服务对象都是农村地区的居民和小微企业，都为其提供金融产品和服务。除此之外，村镇银行和其他农村金融机构还存在技术、市场和经营管理经验等方面的交流，它们之间具备高度的关联性和紧密的共生关系，同样构成了一个共生系统。

在该共生系统中，共生单元为村镇银行和农村地区的其他农村金融机构，包括中国农业银行、中国邮政储蓄银行、中国农业发展银行、农村商业银行、小额信贷公司以及民间金融组织等。同样作为金融资源的供给者，它们之间属于同类共生关系。在村镇银行与其他农村金融机构的共生关系下，各共生单元间并不只有单纯的同业竞争关系，还存在合作关系，各共生单元间的合作模式为共生竞合模式。

在实践中，首先，村镇银行与其他农村金融机构的共生关系表现为同业竞争。一方面，村镇银行与其他农村金融机构面对的是相同的服务对象，由于农村地区的市场和客户资源有限，各农村金融机构会为了自身利益的

最大化而与其他同业机构展开市场和客户资源的争夺。另一方面，为了实现自身的可持续发展，各共生单元需要以市场为导向，通过经营管理改革和产品服务创新来增强自身的市场竞争力，满足经济主体对金融产品和服务不断变化的需求，在实现金融资源优化配置的同时增强自身的实力。

其次，村镇银行与其他农村金融机构的共生关系也表现为互利合作的关系。村镇银行与其他农村金融机构在体量和性质上存在差异，各农村金融机构间存在资源边界和权能边界；但是各金融机构之间通过资金、技术和信息方面的交流与合作，可以突破自身的边界，实现双赢。此外，金融行业是一个内部风险关联性极高的行业，农村金融机构之间的交流合作能够提升农村金融市场的组织化程度、资金运用效率以及机构应对潜在金融风险的能力。通过各共生单元之间的互利合作，村镇银行和其他农村金融机构能够在共生系统中产生正的外部效应以及各自在独立状态下无法产生的共生能量。因此，村镇银行与其他农村金融机构之间既存在优胜劣汰，也存在优势互补。

村镇银行发展的共生环境如图 1-3 所示。

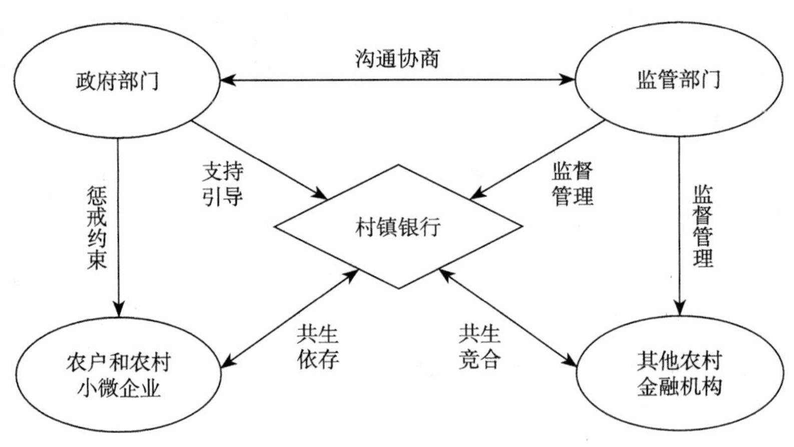

图 1-3 村镇银行发展的共生环境[①]

① 李玉．基于共生视角的村镇银行发展研究［D］．哈尔滨：东北农业大学，2013.

第四章　村镇银行是推进金融创新的重要补充

第一节　金融创新是村镇银行发展的动力源泉

创新，是国家发展之根本，是经济转型之动力。在动态变化的经济金融新形势下，村镇银行需要借助金融创新推动自身发展。创新是长远发展的动力，村镇银行通过金融创新提升竞争力，实现自身的可持续发展。同时，村镇银行通过创新农村金融资源配置方式，承担了“补位”与“激活”农村金融市场的重任。

金融可持续发展理论以金融资源理论学说为基础，它指出：金融是一种稀缺资源。从金融资源理论学说的角度来看，要实现金融可持续发展，需要从微观金融主体和宏观金融主体两个方面开展创新。微观金融主体，要合理开发、利用与配置金融资源；宏观金融主体，要提升金融资源的配置效率与完善金融资源的使用功能。

根据金融可持续发展理论，村镇银行的可持续发展是指村镇银行不仅要在当前追求自我生存，也要在未来扎根农村金融市场、获得永续发展的过程中，充分开发、合理利用一切资源，在坚定自身“服务‘三农’、服务小微企业”的定位基础上，实现利润最大化，不断提高自身盈利能力和市场份额。村镇银行能够实现可持续发展，不仅影响农村金融体制改革的整体架构和新型农村金融机构的发展状况，而且事关农村金融体系的稳定和我国城镇化进程。

通过金融创新实现村镇银行的可持续发展具有两方面内涵：一方面是

创新农村金融服务方式，为“三农”与小微企业的发展提供可持续的金融服务；另一方面是创新农村金融运营模式，在践行金融社会责任的同时实现可持续性的盈利。目前，村镇银行的业务中仍然存在一些不足，例如虽然发放的涉农贷款比例较大，大多数投放至乡镇企业与小微企业中，但是纯农户贷款的比例较小，很难真正满足农村弱势群体的资金需求。因此，村镇银行发展所面临的现实问题在于：如何构建新的金融模式，以确保在“支农支小”的过程中实现自身的可持续发展。

加快提高金融创新能力、更快更好地满足客户需求是村镇银行加快发展、保持市场竞争力的关键。面对日益复杂的宏观金融环境和日趋激烈的农村金融市场竞争格局，村镇银行要实现可持续发展，就必须加快金融创新步伐、提高金融创新能力、增强自身核心竞争力。村镇银行要确立以客户为中心的创新理念，不断满足、挖掘和培育客户的金融需求，要加强金融创新的统一组织和规划，提高创新效率；要建立科学的金融创新跟踪分析机制，及时掌握金融创新的最新动态，学习借鉴国内外同业的金融创新成果；要在推进产品创新的同时，致力于管理和技术创新，管理创新是产品创新的保障，技术创新是产品创新的支撑。

变则通，通则久。村镇银行需要通过金融创新应对复杂的农村金融环境。村镇银行的服务对象与其他金融机构的服务对象具有明显差异。村镇银行的主要市场在县域、乡镇，服务对象为农户与农村小微企业等经济主体，且“三农”业务具有高成本、高风险与低收益的特征，制约了村镇银行的发展。因此，村镇银行需要利用其所处的地域环境来创新金融交易模式、金融服务方式，培育精准面向农户和农村小微企业等经济主体的新产品、新业务、新模式、新制度、新机制。例如，利用农村社区中的人缘、地缘优势来降低交易成本，从而更好地落实对农户和农村小微企业等弱势群体的金融扶助；或者通过宣传打通向市场化程度低的落后地区居民灌输市场意识的新兴渠道，探索出一套契合农村金融市场需求的金融新机制；抑或积极搭建城镇低成本资金与“三农”发展的新桥梁，引导城镇低成本资金向农村地区转移。

近几年，村镇银行作为新型农村金融机构的代表在快速发展与进步。但是，要承担政策性与营利性的双重使命，导致村镇银行在发展过程中出现了一些问题。为实现自身的可持续发展，村镇银行必须结合自身发展的实际情况，对经营理念、制度、服务进行创新，使自身发展与金融创新的需求相适应，为自身的可持续发展创造条件。

第二节　金融创新的内涵与特征

1912年，被称为“创新的先知”[①]的经济学家约瑟夫·熊彼特（Joseph Schumpeter）在《经济发展理论》[②]一书中首次提出了创新理论。熊彼特将创新定义为建立一种新的函数，即将一种从来没有过的生产要素和生产条件的新组合引入生产体系。他把这种组合归结为五种情况：一是引进一种新产品或产品的新特性；二是引进一种新技术，即一种新的生产方法；三是开辟一个新市场；四是获得原材料或半成品的新供应来源；五是建立新的企业组织形式。他指出在产业经济中，新产品、新技术、新市场、新供应、新组织等特质所构成的新生产函数会不断地推动新的产业浪潮出现，从而推动社会经济向前发展。创新是一个经济概念而非技术概念。创新可以模仿和推广来促进经济的发展。从熊彼特的创新理论出发，理解金融创新和金融制度创新的含义：金融创新是指那些便利获得信息、交易和支付方式的技术进步，以及新的金融工具、金融服务、金融组织和更发达、更完善的金融市场的出现。金融制度创新是指金融管理法律、法规的改变以及这种变革所引起的金融经营环境与经营内容上的创新，包括金融组织制度的创新和金融监督制度的创新。熊彼特针对产业经济所提出的创新理论为日后金融创新理论的发展奠定了坚实的基础。

① 该称呼由托马斯·麦克劳在《创新的先知：约瑟夫·熊彼特传》一书中提出。

② *Theory of Economic Development*。

目前，我国对金融创新的定义大多以熊彼特的创新理论为基础，但各个定义的内涵之间差异较大。总括起来说，我国对金融创新的理解主要分为宏观层面、中观层面和微观层面。

一、宏观层面

宏观层面的金融创新将金融创新与金融史上的重大历史变革等同起来，认为整个金融业的发展史就是一部金融不断创新的历史，金融业的每项重大发展都离不开金融创新。

宏观层面的金融创新具有时间跨度长的特点，它将整个货币信用的发展史视为金融创新史，将金融发展史上的每一次重大突破都视为金融创新。宏观层面的金融创新涉及的范围相当广泛，不仅包括金融技术的创新、金融市场的创新、金融产品和服务的创新、金融企业组织和管理方式的创新、金融服务业结构上的创新，还包括现代银行业产生以来有关银行业务、银行支付和清算体系、银行的资产负债管理乃至金融机构、金融市场、金融体系、国际货币制度等方面的历次变革。

二、中观层面

中观层面的金融创新是指 20 世纪 60 年代以后金融机构特别是银行中介功能的变化，它包括技术创新、产品创新以及制度创新。技术创新是指制造新产品时，采用新的生产要素或重新组合要素、生产方法、管理系统的过程。产品创新是指产品的供给方生产比传统产品性能更好、质量更优的新产品的过程。制度创新则是指一个系统的构成和功能发生了变化，而使系统效率有所提高的过程。在这个层面上，金融创新是金融机构为了适应经济环境的变化和解决经营过程中的内部矛盾，为了防止产生或转移经营风险和降低成本，更好地实现流动性、安全性和盈利性目标而逐步改变金融中介功能，创造或组合一个新的高效率的资金营运方式或营运体系的过程。中观层面的金融创新概念不仅把研究的时间限制在 20 世纪 60 年代以后，而且研究对象也有明确的内涵，因此，大

多数关于金融创新理论的研究采用此概念。

三、微观层面

微观层面的金融创新仅指金融工具的创新，大致可以被分为四种类型：一是信用创新，如用短期信用来实现中期信用，以及分散投资者风险的票据发行便利等；二是风险转移创新，包括能够在各金融机构之间相互转移金融工具内在风险的各种新工具，如货币互换、利率互换等；三是增加流动性创新，包括能够使原有的金融工具提高变现能力和可转换性的新金融工具，如长期贷款的证券化等；四是股权创造创新，包括使债权变为股权的各种新金融工具，如附有股权认购书的债券等。

总的来说，金融创新是指各类金融主体通过变更现有的金融体制和增加新的金融工具，以获取现有的金融体制和金融工具所无法取得的潜在利润的创新过程。金融创新是一个为盈利动机所推动、缓慢进行、持续不断的过程，在这个过程中既有金融制度创新、金融市场创新、金融管理创新，也有金融机构创新、金融科技创新和金融产品创新；金融主体通过创新服务方式和业务模式，提升自身核心竞争力，以实现盈利目标。

第三节　村镇银行在金融创新视角下的发展策略

为了更好地推动金融创新，村镇银行应该加快产品设计和管理机制等方面的创新步伐。

一、转变经营理念

村镇银行金融创新不足的根本原因是没有摆脱传统商业银行的经营理念。一些村镇银行仍然照搬传统商业银行的经营模式，致使小型金融机构的比较优势无法发挥。村镇银行经营理念的落后主要表现在信贷领域。一些村镇银行在经营小额贷款业务时，认为没有抵押担保和保证担保便不能

防范信贷风险。然而，小额贷款中的风险问题，其症结并不都在于农户和小微企业等经济主体缺少合规的抵押物，也在于村镇银行自身管理机制和道德方面的风险等。无力提供足够的合规抵押物以及缺乏资信证明，是农户和小微企业等经济主体普遍存在的问题。微型金融组织[①]正是由于能够满足被传统商业银行拒之门外的这类特殊客户的金融需求，才获得了在强手林立的金融市场中生存与发展的机会。从这个角度来说，村镇银行如果不转变经营理念，不进行管理、产品和服务创新，不形成相对于传统商业银行的比较优势，便很难获得进一步发展的机会。

二、创新金融产品和服务

村镇银行作为新型农村金融机构，要顺应时代发展背景。现如今，金融科技正时刻改变着金融业态，绿色金融的发展也在全球低碳经济可持续发展的浪潮下迎来政策“窗口期”，村镇银行的发展也应当融入这些时代新浪潮。一方面，村镇银行的金融产品和服务创新应当融合金融科技，以科技的力量来提高服务效率，解决信息不对称的问题，同时提高自身的风险防控能力和管理能力。村镇银行要积极打造“智慧银行”，借助金融科技从产品创新、流程管理、运营获客、风险控制等方面综合提升经营能力，实现内生性创造，从快速发展走向高质量发展。另一方面，村镇银行应当主动成为农村金融市场中绿色金融的先行者，积极开发绿色信贷产品，加大对新能源、新材料、生态农业、服务业等环境友好型产业的信贷投入，助力“碳达峰”“碳中和”目标的实现。同时，村镇银行应探索运用污染物排污权、绿色工程、项目收费权和收益权等作为有效抵质押物的融资新模式，推动符合绿色金融与绿色企业融合发展特点的金融产品和服务创新。

同时，村镇银行的金融产品和服务创新要适应当地客户的需求特点，满足当地多元化金融服务需求，让客户得到更实惠、更便捷的金融服务；

① 微型金融组织是指为低收入人口和小微企业提供小额信贷、储蓄、汇款和小额保险等微型金额服务的主体。

要坚持因地制宜原则，注重金融产品和服务的可操作性，重在实际效果；要坚持优化服务和风险可控原则，运用现代商业信息技术和现代化管理手段，审慎、稳健地开展金融创新，合理分散金融风险。金融产品和服务的创新可以从以下几个方面展开：一是开发农户小额信用贷款和农户联保贷款；二是创新贷款担保方式，扩大有效担保品范围；三是开发基于订单与保单的金融工具，分散村镇银行的信贷风险；四是优化审贷程序，简化审批手续。

三、创新管理激励机制

与传统商业银行相比，村镇银行在管理上独具特色，它的信息系统和业务流程的建立与有效运行、比较优势的发挥、金融创新的有效运用，都有赖于员工积极性的发挥。因此，建立有效的管理激励机制，是村镇银行管理工作的关键环节。为此，可以从以下三个方面考核员工。一是基础工作考核，主要包括对顾客“软信息”的收集与跟踪，以及对客户关系的维护。要求员工必须根植于农村，随时收集所有潜在客户的各类信息，跟踪当前顾客的信用变化。二是业绩考核，包括考核发放贷款笔数和贷款回收数量。考核放贷笔数而不是放贷总量，将有利于鼓励员工向贫困人口发放小额贷款；考核贷款回收数量，是指通过将还贷率与员工的考评挂钩，增强其责任心。三是团队意识考核，即将客户、同事对员工的评价计入考核范围，目的是塑造企业形象，打造企业文化，促使员工与同事、客户建立良好的关系。

四、逐步完善创新机制

完善的创新机制是村镇银行可持续健康发展的保障。首先，村镇银行应当强化顶层设计，加强战略引领。村镇银行要设立并完善创新激励机制，将创新纳入银行的中长期发展战略中，制订银行创新激励专项行动方案，在整个银行内部倡导创新的理念，使创新引领发展的观念深入每位员工的内心。其次，村镇银行的创新机制要以客户为中心，以市场为导向，以满

足实体经济的真实需求为出发点，凭借创新赋能高服务效率，提升客户体验，为客户提供实实在在的价值增值服务，在银行和客户之间建立起长期而稳固的合作关系，实现银行、客户和社会三方的利益共赢。最后，村镇银行的创新机制要强调结果导向。在激励创新的同时也要建立修正机制，及时评估创新项目的风险，对银行自身、客户有利的创新要鼓励，但是对于有效性不足的创新应当及时修正，避免资源浪费，防范金融风险，确保村镇银行金融创新的健康发展。

第五章　湘西长行村镇银行的战略使命与功能定位

第一节　践行服务“三农”的战略使命

一、着力提升湘西州的农村金融供给水平

湘西州地处武陵山腹地，由于地势险峻，经济发展较为落后，是我国主要的贫困地区之一。为增加湘西州的农村金融供给，改善湘西州农村金融市场投入不足、服务缺失的情况，湘西长行村镇银行自成立以来，始终将提升湘西州的农村金融供给水平作为自身发展的战略使命，力争丰富县域金融的供给渠道，增强县域金融服务的竞争性，缓解县域农户和小微企业融资难、融资慢、融资贵的困境，扩大县域普惠金融的覆盖面，以“鲶鱼效应”激发县域金融合理健康发展。

村镇银行的“鲇鱼效应”会通过倒逼农村贷款利率下降、提高涉农贷款增速、提高农村金融服务水平三方面惠及农村金融。首先，村镇银行的利率定价机制灵活。为满足快速拓展业务的需要，村镇银行的发展走的是低利率的路子，在挤出民间借贷的同时，也在一定程度上倒逼其他金融机构调整利率，为农村金融市场带来了贷款利率下降的良好局面。其次，村镇银行的信贷审批效率高。与其他农村金融机构相比，村镇银行信贷审批的管理链条短、贷款投放速度快。村镇银行的信贷审批流程重在审查客户的现金流、还款能力和信用状况，而不注重抵押担保，能够根据农户与农

村小微企业等经济主体的实际需求提供有效的金融支持，投放涉农贷款的速度比较快。在村镇银行的带动下，其他金融机构为了争夺农村金融市场也会提高涉农贷款的审批效率，有利于刺激涉农贷款的增长。最后，村镇银行有力促进了其他金融机构在农村地区的设施投入。村镇银行在改进信贷审批流程的同时，为了提供高质量的普惠金融服务，积极投入农村金融服务设施的建设。并且，村镇银行经营的灵活性和投放贷款的快捷性打破了农村信用社在农村金融市场中多年的垄断格局，从而引起了农业银行和农村信用社等传统农村金融机构的重视。这些传统农村金融机构在改进信贷审批流程的同时也纷纷加大对农村金融服务设施的投入，如在农村地区增设ATM（自动取款机）、在农户家中配置固话 POS 机等。这些传统农村金融机构依托较为完善的金融服务机制来稳定客户和占据市场，使农村金融服务水平大幅提高。在资金供需失衡、缺乏金融竞争的农村地区，村镇银行引发的“鲇鱼效应”能够重塑农村金融市场的竞争格局，对提升农村金融供给水平具有重要意义。

二、切实贯彻湘西州脱贫攻坚战略部署

湘西州是湖南省脱贫攻坚的主战场。村镇银行作为服务于“三农”的新型农村金融机构，承担着带领农民致富、发展农业生产、推动新农村建设的重任。村镇银行的宗旨是为所在地区的农业、农村和农民服务，提升农村金融供给水平，满足所在地区的农户和小微企业等经济主体多样化的金融需求，缓解市场机制本身的缺陷造成的资源不能有效配置的问题，进而推动农村经济发展。村镇银行在助力脱贫攻坚方面具有独特的先天优势，即具有独立法人资格，并且具备管理半径小、决策路径短、服务效率高等特点，能够将金融资源有效精准地配置到社会经济发展的薄弱环节，更好地满足弱势群体差异化、个性化的金融服务需求。湘西长行村镇银行自成立以来，始终践行“立足湘西、服务‘三农’、服务中小、服务居民”的经营理念，坚定不移地贯彻落实湘西州委、州政府在武陵山片区要“率先脱贫、率先发展”的重要战略，围绕脱贫攻坚这一主要任务，落实金融扶贫责任。

三、有力促进湘西州县域经济健康发展

金融活，则经济活；金融稳，则经济稳。经济兴，则金融兴；经济强，则金融强。经济是肌体，金融是血脉，二者共生共荣。湘西州县域经济总量较小，且支柱产业相对较少，产业结构有待完善，加之县域企业普遍规模偏小，比较效益偏低，自我发展能力不足，自身信用建设较弱，缺乏正规金融机构的持续支持。基于金融共生理论，为促进湘西州经济与金融的协调发展，湘西长行村镇银行作为专注服务“三农”与小微企业的新型农村金融机构，自成立以来始终以推动湘西州农村产业发展、农村民生改善、农村生态环境优化、乡村基础设施建设为己任，致力于推动地方经济健康稳定发展，为金融供给不足、竞争不充分的农村市场因地制宜地提供特色信贷产品及其他金融服务。

第二节　坚守“支农支小”的功能定位

一、坚守“支农支小”，践行普惠金融核心理念

村镇银行因农而生、因小而长。2005年，联合国提出全方位、可持续地为所有社会成员，尤其是为弱势群体、弱势地区和弱势行业，提供方便快捷、价格合理的基础金融服务，注重金融服务的包容性发展的普惠金融的基本理念。“支农支小”是村镇银行设立的初衷，是村镇银行经营发展的功能定位。湘西长行村镇银行发展实践表明，村镇银行想要发展，尤其是想要稳健发展，必须坚守“支农支小”的功能定位。村镇银行在县域开展金融业务具有明显的比较优势。在乡村振兴战略的背景下，农村市场潜力巨大，县域经济发展空间广阔。因此，湘西长行村镇银行充分利用“本乡本土”和“地缘人缘”优势，始终坚持本土化、特色化、专业化的经营战略导向，巩固县域社区银行的金融特性，扩大县域金融的比较优势，明

确定位，增强定力，在传统业务上精耕细作，对有潜力的农业项目给予重点支持，帮助农户实现规模化经营，促进所在地区农业产业化水平的提升，扎实做好农村金融服务，践行普惠金融的核心理念。

1. 差异化利率优惠扶持

湘西长行村镇银行成立至今，坚持“保本微利、让利于农”的原则，做实扶贫开发的配套服务。湘西长行村镇银行综合考虑自身资金及管理成本、贷款方式、风险水平等要素，对不同客户予以差异化的利率优惠扶持，满足不同客户的资金需求。湘西长行村镇银行优惠的利率政策、简约的服务流程，更加便捷地满足了消费者的需求。

2. 提高贷款便利性

在实践中，湘西长行村镇银行充分认识并了解了“三农”客户和小微企业的独特性，在此基础之上制定了适用于“三农”和小微企业信贷需求的业务流程，从客户的信贷需求出发，整合并优化各类资源，提高信贷业务的处理效率，有效降低信贷交易成本，缩短和优化了信贷流程，提高了贷款便利性、可获得性。在着眼长远、注重未来发展的同时，湘西长行村镇银行很好地落实了金融支持小微企业发展的相关政策，承担了更多的社会责任。

3. 积极宣传金融知识

湘西长行村镇银行积极推进金融知识的宣传工作，将抽象的金融政策和专业的金融知识与农民的生活实际、辖内特色文化和百姓喜闻乐见的娱乐形式结合起来，寓宣传于娱乐之中，提高社会公众的金融素养。通过宣传活动加强了湘西长行村镇银行与金融消费者的联系，以宣传活动为契机，湘西长行村镇银行高度关注金融消费者的实际需求，持续提供优质的金融服务，切实承担起维护金融消费者权益的相关职责。

二、立足特色经营，满足金融服务的多元需求

在经历设立初期的快速发展后，湘西长行村镇银行已逐步进入稳定发展期。习近平同志提出的深化供给侧结构性改革，实际上就是通过提高供给质量来提升供给结构对需求变化的适应性和灵活性。湘西长行村镇银行

始终保持清醒：想要发展，就要在金融产品和金融服务上求创新，在农村金融服务供给上下功夫，跟上时代的步伐，结合自身实际，在充分尊重区域特点和市场规律的前提下，走差异化、特色化的发展路子，满足当地多元化的金融需求。同时，湘西长行村镇银行大力支持扶贫企业、优质农业合作社等，重点聚焦原产地水果、蔬菜、生态茶油、粮油、特色食品、茶叶等产业的发展，为贫困地区优秀农特产品企业提供精准的农村金融服务支持。湘西长行村镇银行始终坚信：村镇银行不怕小、不怕土，只要接地气、贴草根、有作为、有创新，就能以“小而美”的姿态迎接更广阔的发展前景。

湘西长行村镇银行在湘西州建立了扎实的金融服务平台，打通了服务县域经济的渠道。湘西长行村镇银行根据所在县域经济发展的实际情况，确定发展规划，密切配合有关部门，实现多元联动，围绕构建现代农业产业体系、生产体系、经营体系，加大对土地流转和规模经营的支持力度，大力支持农业新产业新业态发展，促进了农业农村现代化，丰富了县域金融供给，满足了金融服务多元需求。

三、实现精细管理，发挥银行自身比较优势

从实际情况看，湘西长行村镇银行的经营管理粗放、内控机制不健全等问题仍然突出。随着经济结构调整和金融改革的纵深推进，湘西长行村镇银行也紧抓发展机遇，借助管理半径小、决策路径短、服务效率高等优势，降低运营成本，提升管理效率，练好内功，补足短板，致力于建立与机构发展阶段相适应、与风险管理控制能力相匹配的精细化管理机制，逐步转变粗放式的管理模式，探寻内涵式发展路径。

第二篇

行动篇

第一章 村镇银行的顺势设立

第一节 政策背景：培育村镇银行发展的政策陆续出台

自2007年设立村镇银行试点以来，国家和地方层面相继出台政策培育、支持村镇银行发展，我国村镇银行在相关政策的激励和引导下茁壮成长，先后经历了起步阶段、发展阶段和规划调整阶段。村镇银行从无到有、从小到大，在服务县域经济的过程中实现了自身的稳健发展。

一、村镇银行的起步阶段（2006—2010年）

随着我国农村地区经济的发展，农村的信用环境也在逐渐改善，农村居民对金融服务提出了更高的要求，尤其是在融资需求方面。为了解决我国广大农村地区农户与小微企业的资金问题，除了创新信贷产品，农村金融机构的设立也是必不可少的，因此设立专门为农户和小微企业提供服务的金融机构迫在眉睫。

2006年12月，中国银监会出台了《中国银行业监督管理委员会关于调整放宽农村地区银行业金融机构准入政策更好支持社会主义新农村建设的若干意见》（以下简称《意见》）。《意见》中提出，放宽农村地区银行业金融机构准入政策，鼓励各类资本到农村新设主要为当地农户提供金融服务的村镇银行。这是村镇银行首次被提出。为了更好地支持“三农”发展和小微企业成长，《意见》提出按照“先试点，后推开”的原则，在全国6省（区）的农村地区开展村镇银行首批试点。

为了做好试点工作，进一步明确村镇银行的组建程序和申请材料要求，规范村镇银行的行为，2007 年 1 月，中国银监会制定了《村镇银行管理暂行规定》和《村镇银行组建审批工作指引》，以保障村镇银行持续稳健发展。同年，为促进村镇银行审慎经营和稳健发展，根据《中华人民共和国公司法》《中华人民共和国银行业监督管理法》《中华人民共和国商业银行法》《中国银行业监督管理委员会关于调整放宽农村地区银行业金融机构准入政策更好支持社会主义新农村建设的若干意见》和《村镇银行管理暂行规定》等有关法律法规和规范性文件，中国银监会发布《中国银监会关于加强村镇银行监管的意见》。农村地区银行业金融机构准入政策颁布后，试点工作进行得较为顺利。

2007 年 3 月，全国第一家村镇银行四川仪陇惠民村镇银行挂牌成立，以实际行动为当地的农业、农村和农民提供服务。四川仪陇惠民村镇银行的设立，为在全国范围内设立村镇银行提供了良好的开端。自此以后，村镇银行逐渐在全国各地成立，为“三农”提供更全面的服务。截至 2007 年 5 月，6 个试点省（区）已有 9 家村镇银行正式对外营业，多家银行业金融机构提出了组建村镇银行的申请。随之国家出台了多个政策进行引导组建与规范管理。2007 年 10 月，中国银监会宣布扩大村镇银行的试点范围，将试点省份从 6 个省（区）扩大到全国 31 个省（区、市）。随着试点范围的扩大，村镇银行的数量规模迅速扩大。2008 年 4 月，《中国人民银行　中国银行业监督管理委员会关于村镇银行、贷款公司、农村资金互助社、小额贷款公司有关政策的通知》发布，对包括村镇银行在内的四类新型农村金融机构在存款准备金、存贷款利率和支付清算等八个方面进行规定，调整了这四类金融机构的贷款利率下限，规定利率下限为中国人民银行公布的同期同档次贷款基准利率的 0.9 倍。2010 年 4 月，为防止农村金融机构资本的流失，原中国银监会发布了《中国银监会办公厅关于村镇银行贷款风险提示的通知》，进一步强调农村吸储用途限制，坚持服务“三农”的方向。

为加快新型农村金融机构的组建速度，中国银监会于 2010 年 4 月印发了《中国银行业监督管理委员会关于加快发展新型农村金融机构有关事宜的通知》，允许银行业金融机构主发起人到西部除省会城市以外的其他地区和中部老、少、边、穷等经济欠发达地区以地（市）为单位组建总分行制的村镇银行。以湘西长行村镇银行为代表的一批地市级总分行制村镇银行相继成立，地市级村镇银行突破了县域范围的限制，总行地处经济较为活跃的地市，可以吸收更大规模的资金，实力较强，调动了商业银行发起设立村镇银行的积极性。在前期的制度构建基本完成后，原中国银监会、中国人民银行和国务院多部门出台了相关普惠政策，从资本引进、财政补贴等多方面入手，促进村镇银行进一步发展。

二、村镇银行的发展阶段（2011—2015 年）

1. 资本引进方面

2012 年 3 月，国务院常务会议中确定了温州市金融综合改革的十二项主要任务，鼓励和支持民间资本参与地方金融机构改革，依法设立或参股村镇银行等新型农村金融机构。同年 5 月，中国银监会印发《中国银监会关于鼓励和引导民间资本进入银行业的实施意见》，明确表示鼓励民间资本参与村镇银行的设立以及村镇银行的增资扩股，并且在原有的基础上进一步降低村镇银行主发起行的最低持股比例，推动村镇银行的持股主体多元化，提高社会资本的参与度。

2014 年 12 月，中国银监会发布《中国银监会关于进一步促进村镇银行健康发展的指导意见》，指出要积极稳妥培育发展村镇银行。

> 根据党中央、国务院关于完善农村金融服务体系、稳步培育发展村镇银行的要求，在商业可持续和有效控制风险的前提下，加大村镇银行县（市、旗）全覆盖工作的推进力度。按照规模化组建、集约化管理和专业化服务的原则，积极支持符合条件的商业银行科学制定村镇银行发展规划，加快在县（市、旗）集约化发起设立村镇银行步伐，重点布局中西部和老少边穷地区、粮食主产区和小微企业聚集地区，稳步提升县（市、旗）村镇银行的

覆盖面。

鼓励国有商业银行和股份制商业银行主要在中西部地区发起设立村镇银行，支持其在未设立分支机构的县（市、旗）发起设立村镇银行。城市商业银行和农村商业银行原则上在省内发起设立村镇银行，鼓励符合条件且资产规模大、资本实力强、具有并表管理能力的城市商业银行和农村商业银行在西部地区集中发起设立村镇银行，支持对口援建省（市）的城市商业银行和农村商业银行在新疆、西藏、四川等援建地发起设立村镇银行。

主发起行应依据自身的资产规模、管理水平、人才储备情况，审慎确定组建村镇银行的区域和数量，确保与自身管理能力相适应，以及村镇银行持续健康发展。

2. 财政补贴方面

中华人民共和国财政部（简称财政部）在 2014 年、2015 年针对村镇银行等新型农村金融机构提出税收优惠政策。例如，对于村镇银行按照贷款平均余额 2% 的标准提供补贴，免收村镇银行监管费等，为村镇银行的前期可持续发展提供了重要政策支持。资金支持上，天津市对于当地股东持股比例超过 50% 的村镇银行按照银行注册资本标准提供一次性资金补助，对于新构建办公用房的村镇银行也按照契税标准给予补助。发展布局上，山东省、湖南省等多地地方政府出台指导意见，制定村镇银行区域覆盖率目标，推动地方村镇银行网点下沉。这段时间内，村镇银行在进一步占领市场后，布局规划从重点引入发展到部分全覆盖。广撒网的同时却也带来了风险的加剧，虽然政策支持村镇银行引入社会资本，但村镇银行控股主体仍是主发起行即商业银行，一家独大使得村镇银行在经营理念以及资本构成和信息披露上出现了一些问题。

总体来看，这一阶段监管部门尽可能给予村镇银行政策福利，积极要求其创新发展，从各方面帮助村镇银行在农村站稳脚跟，村镇银行在这一阶段获得了迅速发展。

三、村镇银行的规划调整阶段（2016—2020 年）

截至 2018 年 6 月，全国共组建村镇银行 1605 家，县（市、旗）覆盖率高达 67%，其中，中西部地区共组建村镇银行 1050 家，占村镇银行总数的 65.4%。自 2015 年海南省实现村镇银行省级全覆盖以来，中西部地区多县域、市级地区相继实现村镇银行全覆盖，村镇银行发展已相对稳定。2018 年，为积极稳妥组建村镇银行，扩大普惠金融服务覆盖面，原中国银监会发布《中国银监会关于开展投资管理型村镇银行和“多县一行”制村镇银行试点工作的通知》。该通知着重强调普惠金融理念，贯彻落实精准扶贫，并且此次“多县一行”制村镇银行试点仅在中西部和老少边穷地区，有针对性地解决欠发达地区单独组建村镇银行法人无法实现商业可持续经营的突出困难，扩大金融服务覆盖面，提升基础金融服务的可得性。

2019 年 12 月，中国银保监会办公厅发布了《中国银保监会办公厅关于推动村镇银行坚守定位　提升服务乡村振兴战略能力的通知》。该通知强调，村镇银行应严格坚守县域和专注主业，有效提升金融服务乡村振兴的适配性和能力，建立完善符合自身特点的治理机制，扎实做好风险防控与处置工作。

在村镇银行经营稳定下来的这一阶段，布局规划向更加合理化、必要化推进，在向中西部贫困地区延伸扩张的同时，也应该对不符合要求的村镇银行提出退市建议。目前，对现有村镇银行制度的细化完善应当成为监管的重点内容，保证村镇银行后续稳步运行，尽可能降低风险。

在接下来的工作部署中，中国银保监会明确表明，为了推进村镇银行积极稳妥地发展前进，将采取有效措施防范并且控制村镇银行的经营活动，加强督促村镇银行坚持“支农支小”的市场定位，丰富村镇银行的金融产品，拓宽经营渠道，重点对小微企业和“三农”群体提供金融服务，切实发挥村镇银行在农村金融市场中作为“毛细血管”的作用，综合提高农村金融市场服务实体经济的质效。我国发布的关于村镇银行的主要政策如表 2-1 所示。

表 2–1　我国发布的关于村镇银行的主要政策

发布时间	政策名称	解读分析
2006 年 12 月	《中国银行业监督管理委员会关于调整放宽农村地区银行业金融机构准入政策更好支持社会主义新农村建设的若干意见》	针对农村地区银行业金融机构存在的具体问题，中国银监会按照商业可持续原则，有选择地针对农村地区银行业金融机构准入标准进行了调整，为吸引更多金融机构进驻农村地区提供了便利条件。同时针对降低相关门槛条件的情况，中国银监会提出对相关金融机构强化监管约束
2007 年 1 月	《村镇银行管理暂行规定》《村镇银行组建审批工作指引》	就村镇银行的性质、法律地位、组织形式、设立方式、股东资格、组织机构、业务经营做出了说明和规范。进一步明确了村镇银行申请筹建的主要工作、申请开业的主要工作、申请材料报送程序及格式要求等组建工作要点，对主要发起人、筹建工作小组及其组成、设立方式、公司治理、从业资格考试、一人有限责任公司形式的村镇银行等事项进行了说明，明确了筹建申请材料、开业申请材料的审核要点，提出了试点期间的有关要求
2007 年 5 月	《中国银监会关于加强村镇银行监管的意见》	提出了对村镇银行的监管原则和目标、市场准入监管、资本监管、公司治理和内部控制监管、风险监管、支农服务监管、信息披露监管、持续监管、风险处置、监管工作要求的规定，目的在于全面落实“严监管”政策，有效防范风险
2007 年 6 月	《〈内地与香港关于建立更紧密经贸关系的安排〉补充协议四》《〈内地与澳门关于建立更紧密经贸关系的安排〉补充协议四》	鼓励香港、澳门银行到内地农村设立村镇银行
2007 年 7 月	《中国银行业农村金融服务分布图集》	全面反映了全国 31 个省（区、市）、2000 多个县（市）、3 万多个乡镇的基本经济和金融数据，以及银行业金融机构在农村地区的营业网点覆盖和服务情况
2007 年 10 月	《中国银监会关于扩大调整放宽农村地区银行业金融机构准入政策试点工作的通知》	调整放宽农村地区银行业金融机构的准入政策

续表

发布时间	政策名称	解读分析
2008年4月	《中国人民银行 中国银行业监督管理委员会关于村镇银行、贷款公司、农村资金互助社、小额贷款公司有关政策的通知》	对包括村镇银行在内的四类新型农村金融机构在存款准备金管理、存贷款利率管理、支付清算管理、会计管理、金融统计和监管报表、征信管理、现金管理、风险管理方面做出具体要求
2008年6月	《中国银行业监督管理委员会农村中小金融机构行政许可事项实施办法》	具体规定了村镇银行法人机构设立、支行设立、分理处设立、自助银行设立、法人机构终止、分支机构终止、调整业务范围和增加业务品种、董事（理事）和高级管理人员任职资格许可等事项的条件、程序等内容
2009年4月	《财政县域金融机构涉农贷款增量奖励资金管理暂行办法》	具体规定了黑龙江、山东、河南、湖南、新疆、云南省（自治区）县域金融机构涉农贷款增量的奖励条件和比例，奖励资金的预算管理，奖励资金申请、审核和拨付，监督管理和法律责任等内容
2009年4月	《中央财政新型农村金融机构定向费用补贴资金管理暂行办法》	具体规定了财政补贴新型农村金融机构（包括村镇银行）定向费用的补贴条件和标准，补贴资金预算管理，补贴资金申请、审核和拨付，监督管理和法律责任等内容
2009年6月	《小额贷款公司改制设立村镇银行暂行规定》	允许符合条件的小额贷款公司改制为村镇银行
2009年7月	《中国银监会关于做好〈新型农村金融机构2009年—2011年总体工作安排〉有关事项的通知》	提出严格落实准入挂钩措施：首先考虑在国家扶贫开发工作重点县和中西部地区发起设立村镇银行，主发起人在规划内的全国百强县、大中城市市辖区、东部地区规划地点发起设立村镇银行的，原则上与国家扶贫开发工作重点县或中西部地区实行按比例挂钩
2009年12月	《农村中小金融机构风险管理机制建设指引》	明确了村镇银行风险管理的目标和原则，具体规定了村镇银行的风险管理组织体系、风险管理政策和程序、风险管理运行机制、考核问责、风险管理文化、监督与评价等内容
2010年4月	《中国银行业监督管理委员会关于加快发展新型农村金融机构有关事宜的通知》	允许银行业金融机构主发起人到西部除省会城市以外的其他地区和中部老、少、边、穷等经济欠发达地区以地（市）为单位组建总分行制的村镇银行
2010年5月	《国务院关于鼓励和引导民间投资健康发展的若干意见》	鼓励民间资本参与设立村镇银行

续表

发布时间	政策名称	解读分析
2010年5月	《财政部　国家税务总局关于农村金融有关税收政策的通知》	自2009年1月1日至2013年12月31日，对金融机构农户小额贷款的利息收入免征营业税，并在计算应纳税所得额时，按90%计入收入总额；自2009年1月1日至2011年12月31日，对村镇银行的金融保险业收入减按3%的税率征收营业税
2010年9月	《关于进一步扩大县域金融机构涉农贷款增量奖励范围的通知》	从2010年起，增加河北、辽宁、吉林、江西、山东、湖北、广西、四川、陕西、甘肃等10省（区）开展县域金融机构涉农贷款增量奖励试点工作
2010年9月	《关于鼓励县域法人金融机构将新增存款一定比例用于当地贷款的考核办法（试行）》	对山西、安徽、江西、河南、湖北、湖南、内蒙古、广西、重庆、四川、贵州、云南、陕西、甘肃、青岛、宁夏、新疆、辽宁、吉林、黑龙江等20个省（区、市）全部辖区，以及东部地区的国家扶贫开发工作重点县、省级扶贫开发工作重点县法人金融机构的考核标准、激励政策、考核管理等内容做出了具体规定
2011年1月	《农村中小金融机构行政许可事项补充规定》	对农村中小金融机构拟任董（理）事长、副董（理)事长和高级管理人员任职资格个案审核权限，以及地（市）村镇银行主发起人条件做出调整
2011年1月	《中国银监会办公厅关于进一步加强村镇银行监管的通知》	提出严格执行村镇银行准入政策、严格防范其经营风险、把握贷款投向、强化岗位职责、提高资本充足率、严禁贷款集中度超标、加强流动性监管、加大对违约经营机构处罚的力度、督促发起行认真履行大股东职责，以推进村镇银行健康发展，有效防范风险
2011年3月	《中国银监会办公厅关于进一步推进空白乡镇基础金融服务工作的通知》	提出继续引导银行业金融机构到金融机构空白乡镇设立营业网点，由解决基础金融服务覆盖向提高金融服务质量、增强金融服务功能转变
2011年7月	《中国银监会关于调整村镇银行组建核准有关事项的通知》	调整组建村镇银行的核准方式。由原来的中国银监会负责指标管理、银监局确定主发起行和地点并具体实施准入的方式，调整为由中国银监会确定主发起行及设立数量和地点、由银监局具体实施准入的方式
2012年1月	《中国银监会村镇银行监管评级内部指引》	规定了村镇银行监管的评级原则、适用范围、评级要素、评级结果、评级操作规程和职责分工、评级结果的运用等内容
2012年5月	《中国银监会关于鼓励和引导民间资本进入银行业的实施意见》	支持符合银行业行政许可规章相关规定的民营企业投资银行业金融机构；支持民营企业参与商业银行增资扩股

续表

发布时间	政策名称	解读分析
2012 年 6 月	《中国银监会办公厅关于做好村镇银行非现场监督工作有关问题的通知》	从主发起行的资格和设立地点的核准流程、申请及审核要求两方面规定了银行业金融机构发起设立村镇银行的有关事项
2012 年 7 月	《村镇银行风险处置办法（征求意见稿　2012 年 7 月）》	规定了村镇银行风险处置工作的组织体系及职责、风险等级划分、风险监测及认定机制、风险处置措施等具体内容
2012 年 9 月	《农户贷款管理办法》	规定了农村金融机构开办农户贷款业务在管理架构与政策、贷款条件、受理与调查、审查与审批、发放与支付、贷后管理、激励与约束等方面的具体内容
2013 年 2 月	《中国银监会办公厅关于做好 2013 年农村金融服务工作的通知》	提出各银行业金融机构要加大涉农信贷投放、大力支持新型农业生产经营组织发展、积极稳妥做好城镇化建设配套金融服务、加快提高薄弱地区金融服务水平、持续深入推进“三大工程”建设、积极推进涉农银行业金融机构体制改革，各级监管部门要切实加强涉农信贷风险管控
2013 年 8 月	《国务院办公厅关于金融支持小微企业发展的实施意见》	提出支持在小微企业集中的地区设立村镇银行,确保实现小微企业贷款增速和增量“两个不低于”的目标、加快丰富和创新小微企业金融服务方式、着力强化对小微企业的增信服务和信息服务、加大对小微企业金融服务的政策支持力度、全面营造良好的小微金融发展环境
2014 年 2 月	《中国银监会办公厅关于做好 2014 年农村金融服务工作的通知》	提出要稳步培育发展村镇银行，重点加快其在农业地区、产粮大县的布局；进一步提高民间资本的参与度；科学调整主发起行与其他股东的持股比例；优先引入当地优质企业和种养大户投资入股；保持涉农信贷投放总量持续增长；加大对新型农业经营主体、农田水利、农业科技和现代种业的支持力度；深入推进“三大工程”；慎重稳妥开展“三权”抵押融资；强化农村金融差异化监管
2014 年 3 月	《农村金融机构定向费用补贴资金管理办法》	规定了财政补贴新型农村金融机构（包括村镇银行）定向费用的补贴条件和标准，补贴资金预算管理，补贴资金的申请、审核和拨付，监督管理等内容，同时废止之前一版

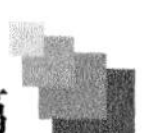

续表

发布时间	政策名称	解读分析
2014年3月	《中国银监会农村中小金融机构行政许可事项实施办法》	在中国银监会于2008年发布的《中国银行业监督管理委员会农村中小金融机构行政许可事项实施办法》的基础上对相应事项进行了修改；此文件实施时，旧文件同时废止
2014年4月	《中国银监会办公厅关于2014年深入推进农村中小金融机构支农服务“三大工程”的通知》	提出农村中小金融机构应深入推进进村入社工程、深入推进阳光信贷工程、深入推进富民惠农创新工程、有效把握风险防控底线、加强评估考核和交流推广等具体措施
2014年5月	《中国银监会办公厅关于加强农村中小金融机构服务体系建设的通知》	提出农村中小金融机构要推动向下延伸机构、构建多层次服务网络、完善准入政策、引导分支机构合理布局、提高市场准入效率、实行信息公示、建立评估机制；支持开业半年以上、主要审慎监管指标符合要求的村镇银行在辖区内乡镇和金融服务薄弱地区设立分支机构
2014年12月	《中国银监会关于进一步促进村镇银行健康发展的指导意见》	按照规模化组建、集约化管理和专业化服务的原则，积极支持符合条件的商业银行科学制定村镇银行发展规划；鼓励国有商业银行和股份制商业银行主要在中西部地区发起设立村镇银行
2014年12月	《中国银监会办公厅关于加强村镇银行公司治理的指导意见》	具体从优化股权结构、构建差异化的公司治理结构、明晰治理主体的权责边界、规范主发起行职责、强化激励约束机制建设、提高监管有效性等方面提出了加强村镇银行公司治理的指导意见
2015年2月	《中国银监会办公厅关于做好2015年农村金融服务工作的通知》	稳步培育发展村镇银行，鼓励按照规模化组建、集约化管理和专业化服务的原则集中连片发起设立村镇银行；坚持以市场为导向、以需求为基础，积极创新低成本、可复制、易推广的农村金融产品和服务方式
2015年6月	《中国银监会农村中小金融机构行政许可事项实施办法》	在中国银监会于2014年发布的《中国银监会农村中小金融机构行政许可事项实施办法》的基础上，对相应事项进行了修改；此文件实施时，旧文件同时废止
2015年8月	《农村中小金融机构行政许可事项申请材料目录及格式要求（2015年版）》	明确了村镇银行机构设立、机构变更、机构终止、调整业务范围和增加业务品种、董（理）事和高级管理人员任职资格的申请材料目录和格式要求

续表

发布时间	政策名称	解读分析
2015年12月	《推进普惠金融发展规划（2016—2020年）》	在“发挥各类银行机构的作用”一项中提出，加快在县（市、旗）集约化发起设立村镇银行步伐，重点布局中西部和老少边穷地区、粮食主产区、小微企业聚集地区
2016年2月	《中国银监会办公厅关于做好2016年农村金融服务工作的通知》	支持民间资本参与发起设立村镇银行；银行业金融机构要立足“三农”需要，坚持市场导向，兼顾发展差异，积极探索低成本、可复制、易推广、量体裁衣的农村金融产品和服务方式
2017年3月	《中国银监会办公厅关于做好2017年三农金融服务工作的通知》	村镇银行等新型农村金融机构要专注金融“支农支小”服务主业，充分发挥小法人自主经营的服务三农优势
2018年1月	《中国银监会关于开展投资管理型村镇银行和“多县一行”制村镇银行试点工作的通知》	进一步解决中西部金融服务薄弱地区银行业金融机构网点覆盖率低、金融供给不足的问题，着力加强对“三农”、偏远地区和小微企业的金融服务，促进村镇银行持续健康发展
2018年8月	《中共中央　国务院关于打赢脱贫攻坚战三年行动的指导意见》	加大金融扶贫支持力度。支持中国农业银行、中国邮政储蓄银行、农村信用社、村镇银行等金融机构增加扶贫信贷投放，推动大中型商业银行完善普惠金融事业部体制机制
2018年9月	《乡村振兴战略规划（2018—2022年）》	健全金融支农组织体系：推动农村信用社省联社改革，保持农村信用社县域法人地位和数量总体稳定，完善村镇银行准入条件；引导农民合作金融健康有序发展
2019年2月	《中国人民银行　银保监会　证监会　财政部　农业农村部关于金融服务乡村振兴的指导意见》	强化农村中小金融机构支农主力军的作用：村镇银行要强化“支农支小”战略定力，向乡镇延伸服务触角
2019年2月	《关于促进小农户和现代农业发展有机衔接的意见》	提升金融服务小农户水平：发展农村普惠金融，健全小农户信用信息征集和评价体系；支持农村商业银行、农村合作银行、村镇银行等农村中小金融机构立足县域，加大服务小农户力度

第二节　行业背景：我国村镇银行发展方兴未艾

一、我国村镇银行的地区分布情况

截至2020年12月，我国共有村镇银行1630家，其中东部地区10个省（自治区、直辖市）共设立554家，中部地区6个省（自治区、直辖市）共设立429家，西部地区12个省（自治区、直辖市）共设立483家，东北地区3个省（自治区、直辖市）共设立164家，四者比例为1 ∶ 0.774 ∶ 0.872 ∶ 0.296。其中，村镇银行数量最多的省是山东省，共设立126家，其次为河北省，共设立108家。处于次级梯队的分别是贵州省84家、河南省82家、山西省77家、江西省76家、江苏省74家、内蒙古自治区73家、云南省73家、浙江省73家。上述10个省（自治区、直辖市）的村镇银行数量占全国村镇银行数量的51.90%。村镇银行分布较少的省（自治区、直辖市）主要为部分东部地区与西部地区的省，其中，海南省19家、宁夏回族自治区19家、上海市14家、天津市13家、北京市11家、青海省5家、西藏自治区2家（见表2–2）。我国村镇银行地区分布如图2–1所示。

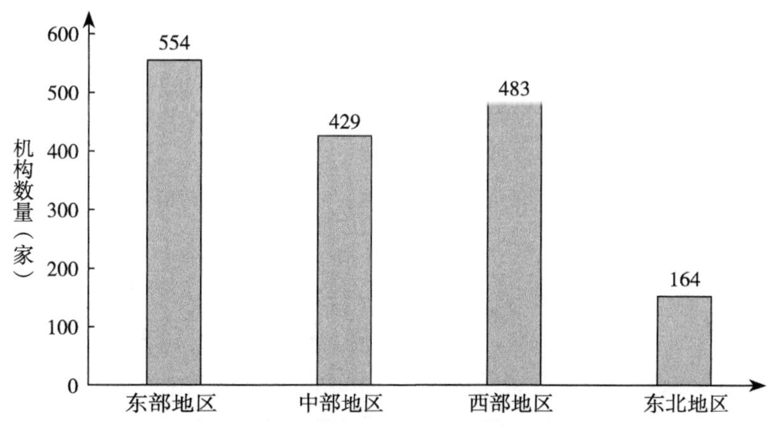

图2–1　截至2020年12月我国村镇银行地区分布

表 2-2　截至 2020 年 12 月我国村镇银行地区分布情况

地区	省（自治区、直辖市）	机构数量（家）	总计
东部	北京	11	554
	天津	13	
	河北	108	
	上海	14	
	江苏	74	
	浙江	73	
	福建	55	
	山东	126	
	广东	61	
	海南	19	
中部	山西	77	429
	安徽	67	
	江西	76	
	河南	82	
	湖南	61	
	湖北	66	
西部	内蒙古	73	483
	广西	42	
	重庆	38	
	四川	53	
	贵州	84	
	云南	73	
	西藏	2	
	陕西	42	
	甘肃	24	
	青海	5	
	宁夏	19	
	新疆	28	
东北	辽宁	66	164
	吉林	65	
	黑龙江	33	

尽管中国银监会实施了“东西挂钩、城乡挂钩、发达与欠发达挂钩”政策，即主发起人在全国百强县或大中城市发起设立村镇银行的，原则上与国家扶贫开发工作重点县（以下简称国定贫困县）实行 1∶1 挂钩，或与中西部地区实行 1∶2 挂钩，在东部地区规划地点设立村镇银行的，原则上与国定贫困县实行 2∶1 挂钩，或与中西部地区实行 1∶1 挂钩。但是从 2020 年百强村镇银行的地区分布来看，东部地区的村镇银行占比仍然大于中部、西部地区，仍然呈现出“东快、中西慢”的不均衡态势（见图 2–2）。

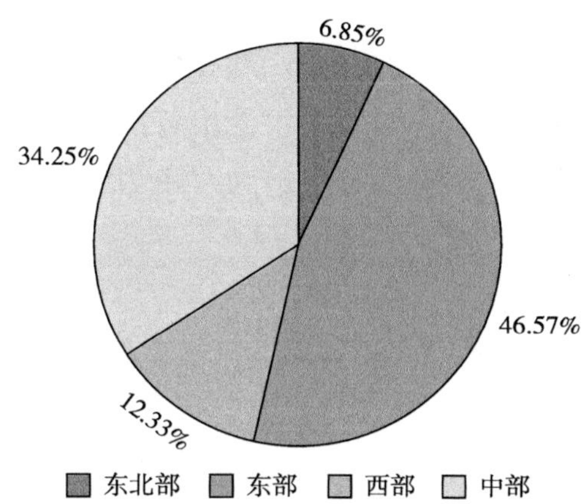

图 2–2　2020 年我国百强村镇银行各地区占比

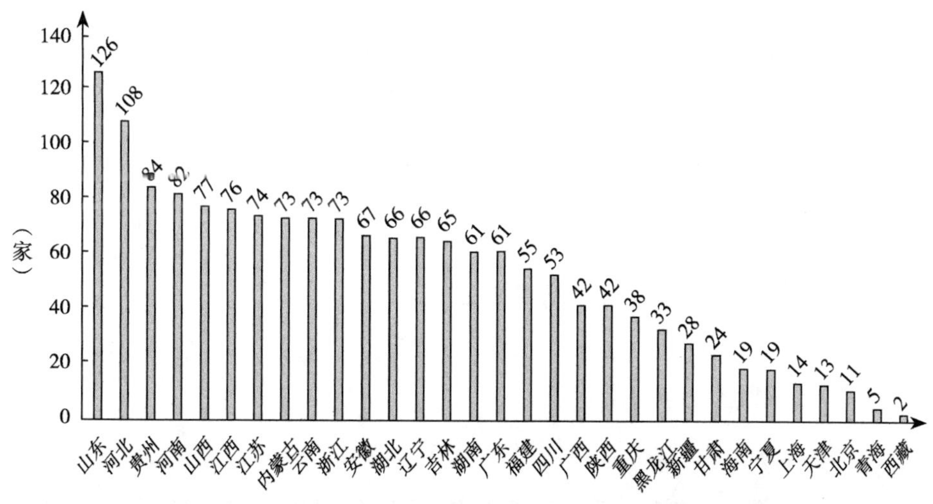

图 2–3　不同省（自治区、直辖市）发起设立村镇银行数量

二、我国村镇银行的注册资本情况

在中国银监会颁布的《中国银行业监督管理委员会关于调整放宽农村地区银行业金融机构准入政策更好支持社会主义新农村建设的若干意见》中规定坚持“低门槛、严监管”的原则设立村镇银行，“在县（市）设立的村镇银行，其注册资本不得低于人民币300万元；在乡（镇）设立的村镇银行，其注册资本不得低于人民币100万元”。相对较低的注册门槛促使各类主发起行纷纷新设村镇银行，但目前设立村镇银行的注册资本普遍走高，注册资本均值约为8099.76万元（见图2-4）。为了进一步增强村镇银行的实力，很多村镇银行的注册资本达到了新设城市商业银行或农村商业银行的要求，为村镇银行的稳健性经营提供了保障。

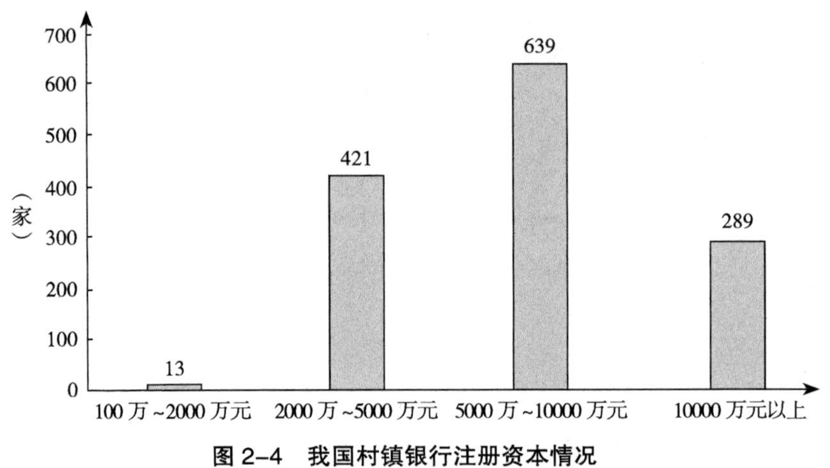

图2-4　我国村镇银行注册资本情况

三、我国村镇银行的管理模式分析

（一）管理总部制模式

1. 运行模式

管理总部制是实际运用较多的银行业金融机构管理模式，中国建

设银行、浦发银行、汇丰银行等多家银行业金融机构在设立村镇银行时均采用过这一模式。

在这种模式下，主发起行在总部原有的各部门之外，为村镇银行设立专门的管理部门，由这一管理部门负责管理所有与村镇银行有关的事务，包括对村镇银行的经营管理进行指导，为其正常运行提供后台服务以及信息技术支持等（见图 2–5）。

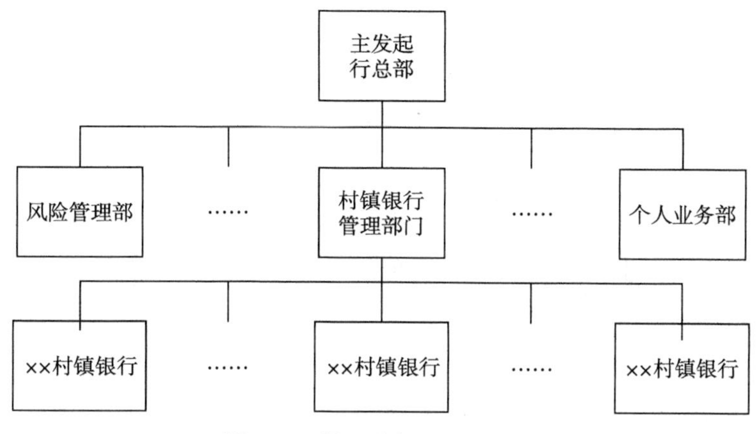

图 2–5　管理总部制运行模式

2. 模式评析

在实力较强的主发起行总部专设管理部门，一方面，可以充分利用主发起行的信息、管理以及人才优势，为村镇银行提供政策信息支持、战略发展规划和员工培养机制；另一方面，总部专设的管理部门在机构设置上比较灵活，能够根据实际情况对人员配置和组织架构进行调整。

当主发起行下设的村镇银行数量有限、规模较小时，可采用管理总部制，由专设的村镇银行管理部门统筹协调。随着村镇银行的不断发展，主发起行管理的村镇银行数量增加、规模扩大，加大了管理部门进行内部协调的难度，对其协调能力的要求不断提高，可能导致经营成本的上涨。

专栏：浦发银行组建管理总部制村镇银行

在国家政策和监管导向下，浦发银行在 2007 年 11 月全行战略会议上首次提出要设立村镇银行。2008 年 12 月 26 日，浦发银行在四川地震灾区绵竹开立了首家浦发村镇银行。截至 2020 年年底，浦发银行已经在全国设立了 28 家村镇银行，网点总数为 57 家，分布在 19 个省（自治区、直辖市），其中三分之二的村镇银行设立在中西部地区，三分之一的设立在东部地区，并且全部村镇银行设立在县镇，基本形成了全国覆盖的分布格局。

在管理模式上，浦发银行运用了管理总部制。2013 年浦发银行在总部设立了一级部门即浦发村镇银行管理中心，赋予其垂直领导、统一管理的职能。在管理模式上，形成了“由管理中心牵头、其他相关部门配合，股权代表、委派董监事和外派行长共同参与的股权管理体系”，为浦发村镇银行提供集约化管理和专业化服务，不断探索优化新常态县域经济下农村金融服务新模式，推动村镇银行高质量可持续发展。

浦发村镇银行自成立以来，紧紧围绕国家“三农”政策和集团发展战略，牢固树立“回归本源、突出主业、做精专业、协调发展”经营理念，坚持“支农支小”经营定位，坚持小额分散经营原则，积极致力于为实体经济、“三农”小微服务。截至 2019 年年底，浦发村镇银行总资产达 383 亿元，各项存款余额达 316 亿元，贷款余额为 234 亿元，当年营业收入为 10.7 亿元，净利润为 1.3 亿元，结算客户 104 万户。与全国村镇银行平均数据相比，浦发村镇银行总资产、存款余额、贷款余额、净利润各项指标均高于全国平均数。从品牌形象和影响力来看，浦发各村镇银行每年在当地的各项荣誉评选活动中获得奖项和荣誉称号近百项。

在“支农支小”方面，浦发村镇银行严格遵循小额分散的信贷原则，持续调整优化业务结构和客户结构，不断拓展“三农”小微金融服务领域。2019 年，28 家浦发村镇银行一共发放了精准扶贫贷款 1309 笔，金额为 7082 万元，年末余额为 35467 万元（个人扶贫贷款为 29332 万元，单位扶贫贷款为 6135 万元）；合计发

放农户贷款 47.10 亿元，年末余额为 82.89 亿元，覆盖 32088 户农户。浦发村镇银行投放涉农和小微贷款连续 4 年结构占比保持在 90% 的较高比例，为缓解涉农和小微企业客户融资难、融资贵的问题做出了积极贡献。①

（二）总分行制模式

1. 运行模式

2010 年，中国银监会下发通知允许部分地区以市为单位组建总分行制村镇银行，四川、湖南等省份率先开展试点工作，设立了首批 10 家总分行制村镇银行。

总分行制村镇银行模式与一般商业银行的管理模式比较相似，主发起行在地（市）设立村镇银行总行，在辖区县（市）设立支行，由村镇银行总行代主发起行行使对村镇银行支行的管理权（见图 2-6）。

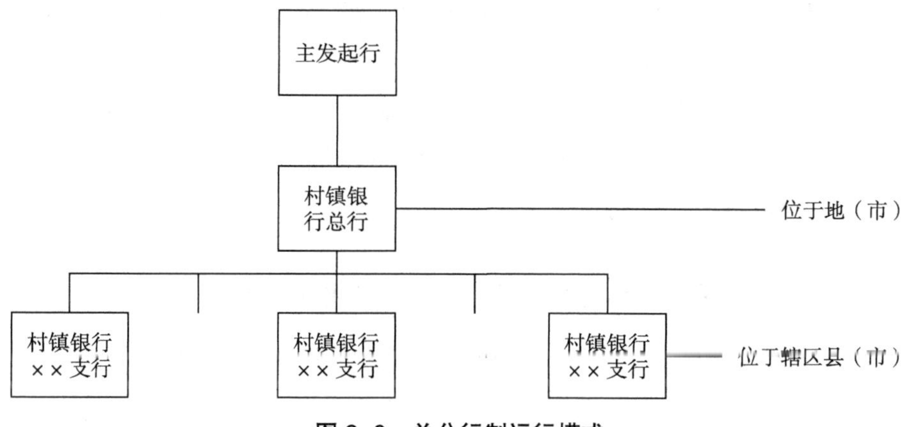

图 2-6 总分行制运行模式

2. 模式评析

首先，中国银监会内部数据显示，在点分行制村镇银行组建通知发布后的 1 年时间里，首批 10 家村镇银行迅速设立了辖区县域支行，覆盖 92

① 中国银行业协会村镇银行工作委员会 . 中国村镇银行行业发展报告 2019—2020［M］. 北京：中国金融出版社，2020.

个县级行政区，实现了“批量式”发展，明显提高了金融服务的效率。

其次，在准入门槛方面，监管部门对总分行制村镇银行提出了更高的要求。中国银监会在2007年发布的《村镇银行管理暂行规定》中规定，在县（市）和在乡（镇）设立的村镇银行，其注册资本最低限额分别为300万元和100万元；而在2010年发布的《中国银行监督管理委员会关于加快发展新型农村金融机构有关事宜的通知》中规定，总分行制村镇银行的注册资本最低限额为5000万元。在实际审批时，监管部门对总分行制村镇银行的法人结构也采取了较为严格的标准，把建立完善包含“三会一层”、各专业委员会以及高级管理层的法人治理结构作为准入前提条件，并且要求总分行制村镇银行中必须有至少一名符合资质的独立董事；而在《村镇银行管理暂行规定》中，监管部门仅要求村镇银行根据自身实际情况灵活设定组织结构，不做硬性要求，甚至允许一些规模较小的村镇银行，由董事长或执行董事兼任行长。提高总分行制村镇银行的准入门槛，某种程度上使总分行制村镇银行的风险管理、内部控制能力有了较大的提升。

最后，由于中国银监会允许以市为单位组建总分行制村镇银行，部分总分行制村镇银行将总行、支行设立在了地（市）、县（市）城区，面对的客户主要为当地企业和社区居民，脱离了村镇银行服务“三农”的目标，违背了村镇银行的设立初衷。

专栏：首批总分行制村镇银行——广元市贵商村镇银行

2010年10月，中国银监会批复同意广元市作为全国10个地市级村镇银行试点地区之一，贵阳银行作为主发起行发起设立总分行制村镇银行——广元市贵商村镇银行，注册资本为1亿元，共16个出资人。2011年12月，广元市贵商村镇银行开始正式营业。截至2019年12月，广元市贵商村镇银行已在广元市各县区设有营业网点48个、离行式自助网点18个。广元市贵商村镇银行主要经营吸收公众存款，发放短期、中期和长期贷款，办理国内结算，办理票据承兑与贴现，从事同业拆借，从事银行卡业务，

代理发行、代理兑付、承销政府债券，代理收付款项和银行业监督管理机构批准的其他业务。

在管理模式上，广元市贵商村镇银行采用了总分行制。在广元市设立村镇银行总行，在各辖区县设立支行，由总行代主发起行行使对支行的管理权。在此种管理模式下，一方面，广元市贵商村镇银行可以通过外延式发展发挥规模效应，即通过扩大业务地域范围和增加客户数量来实现业务规模增加和营业收入增长；另一方面，也可以通过内涵式发展发挥规模效应，即通过优化内部组织结构和业务流程、提高决策和管理效率来实现收益增加和成本节约。

广元市贵商村镇银行自成立以来一直致力于推动地方经济发展，精准定位，深耕农村，大力扶持“三农”产业，充分践行自身使命与担当，成为地方经济服务乡村振兴、助力脱贫攻坚的主力军。截至2019年年底，全行资产总额约为121.87亿元，负债总额约为113.34亿元，各项存款余额约为106.17亿元，贷款余额约为61.05亿元，全行涉农贷款余额约为43.63亿元，小微企业贷款余额约为50.83亿元，户均贷款余额约为44.63万元，实现税前利润1.18亿元，资本充足率约为14.03%。

广元市贵商村镇银行积极创新，争做填补金融服务空白的先行者和脱贫攻坚乡村振兴的践行者。在助力脱贫攻坚时，全面了解贫困户致贫原因之后，制定了“三驾马车”扶贫战略，即一个制度（驻村联络官制度）、一个平台（普惠金融服务站）和一个农业项目。截至2019年年底，广元市贵商村镇银行共发展驻村联络官727名，其中录入考核系统216名，覆盖407个村社，通过驻村联络官吸收存款7392.2万元，发放贷款2790万元；普惠金融服务站分布于62个乡镇，累计交易40489笔，金额达4194.8万元；发放扶贫养殖贷26笔，金额489.4万元。在推进“三驾马车”扶贫战略的过程中，各支行分别推出了适应当地实际情况的

信贷产品，完成了全市 78 个乡镇 7617 户建档立卡贫困户的评级，评级面达 100%，对 7186 户贫困户进行了授信，授信金额达 2.76 亿元，向有信贷需求的贫困户累计发放扶贫小额贷款 1.64 亿元，累计发放金融精准扶贫贷款 14.76 亿元。广元市贵商村镇银行扶贫助困的举措得到了当地政府部门的一致认可，获得了一系列荣誉称号，为当地脱贫攻坚和乡村振兴的推进贡献了重要力量。[①]

（三）控股公司制模式

1. 运行模式

控股公司制村镇银行是指主发起行设立村镇银行集团公司或控股公司，由集团公司或控股公司代主发起行集中持有村镇银行的股份，并承担为村镇银行的未来发展制定规划、提供后台服务、对日常经营活动进行管理等责任。控股公司制运行模式如图 2–7 所示。

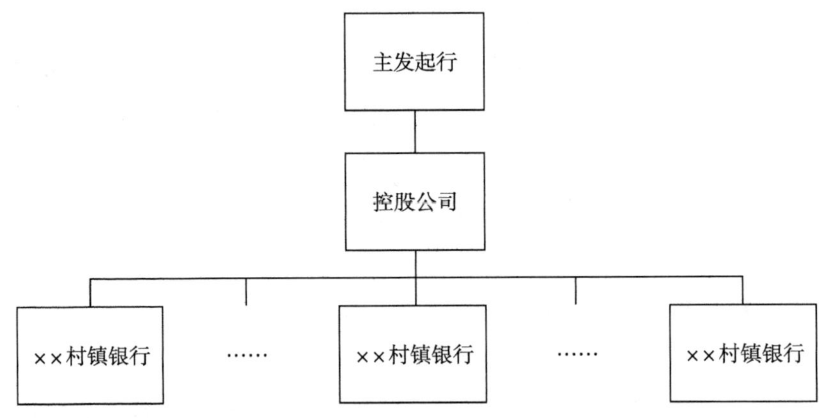

图 2–7　控股公司制运行模式

中国银行、中国建设银行、浦发银行等大中型商业银行在设立村镇银行的过程中都曾有意探索该模式的可行性，以加快村镇银行的筹建速度，向集团化管理模式的方向发展。

---

① 中国银行业协会村镇银行工作委员会 . 中国村镇银行行业发展报告 2019—2020［M］. 北京：中国金融出版社，2020.

2. 模式评析

通过控股公司来批量化、规模化组建村镇银行，为其专业化、集约化管理提供运营平台和组织保障，有利于加快村镇银行的批量设立，并节约管理成本。

目前想要通过控股公司制来发展村镇银行所面临的最大问题是缺少法律依据。由于设立控股公司将不可避免地涉及股权问题，而我国尚未出台相关法律，金融控股公司的监管权尚未确定，金融监管协调模式也并未成型，在实际操作中将面临许多问题，因此，采用该模式的村镇银行基本上以类控股公司模式运作。

此外，如果这种模式仅应用于股权管理则意义不大，因为由主发起行直接持股与主发起行通过控股公司间接持股并无本质不同，对于村镇银行来说，更需要的是主发起行在经营管理以及业务上提供支持。成立新的控股公司还可能会产生较高的税收以及额外的运营成本。

（四）子银行制模式

1. 运行模式

2011 年，为遴选优质主发起行，减少组建村镇银行的协调成本，更好地实现规模化、批量化发起设立村镇银行，中国银监会发布《商业银行村镇银行子银行管理暂行办法（征求意见稿）》（以下简称《征求意见稿》）向商业银行征求意见。子银行制运行模式如图 2–8 所示。

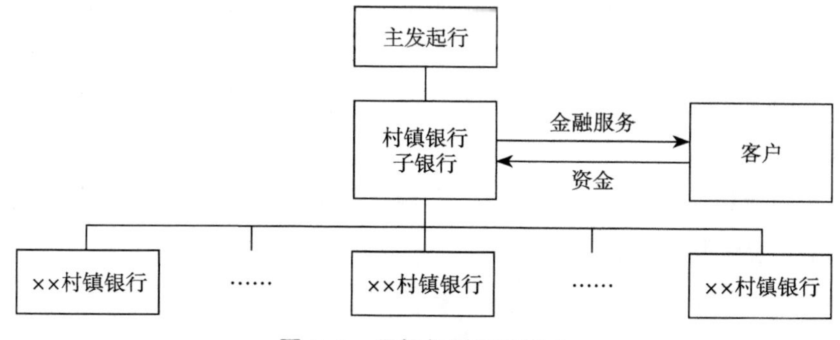

图 2–8 子银行制运行模式

根据《征求意见稿》中的定义，村镇银行子银行是指由中国银监会批准，由境内外商业银行作为主发起人，专司批量化投资、集约化管理和专业化服务村镇银行的持有有限牌照的商业银行，它是独立的企业法人，既可以管理村镇银行，也可以开展银行业务。村镇银行子银行与村镇银行之间的关系既不同于总行和分支行之间的关系，也不同于母公司和子公司之间的关系，而是介于二者之间。

2. 模式评析

一是能够高效设立村镇银行。根据中国银监会的规定，村镇银行需要逐一完成发起设立流程后才能正式设立，而通过村镇银行子银行来批量设立村镇银行，可以减少逐一设立所需要的烦琐程序，达到降低成本、节约时间和提高效率的目的，充分调动商业银行的参与积极性。

二是能够产生规模经济。村镇银行子银行可以对所属村镇银行实行“连锁式”经营管理，有效地降低运行成本，实现运营的规模经济。对于村镇银行子银行下属的村镇银行而言，可以根据实际情况选择有所侧重的经营和发展方向，共同组建一个高效合理的农村产业服务平台。

三是有利于解决资金难题。《征求意见稿》规定，村镇银行子银行可以通过发行金融债券、吸收同业存款来筹集资金，同时可以通过同业合作的形式为村镇银行提供放贷资金，还可以代理资金清算、办理国内外结算业务。因此，村镇银行子银行可通过建立统一清算管理的后台，为村镇银行解决吸储难、汇兑结算难的问题。

然而，中国银监会在2011年提出该《征求意见稿》后，并没有最终通过这一文件。规模化和集团化改革的方式也许能够吸引大型银行作为主发起人参与村镇银行的建设，但大型银行严格的内部控制机制和利润目标可能会导致村镇银行追求高质量、高收益的资产，资金向发达地区转移，没有实现村镇银行对落后地区进行金融支持、推动农村金融发展的目标，出现了“去农化”问题。

（五）投资管理行模式

1. 运行模式

2018 年 1 月，中国银监会印发《中国银监会关于开展投资管理型村镇银行和“多县一行”制村镇银行试点工作的通知》。通知规定，已投资一定数量村镇银行且所设村镇银行经营管理服务良好的商业银行，可以新设 1 家或者选择 1 家已设立的村镇银行作为村镇银行的投资管理型村镇银行。投资管理型村镇银行受让其主发起行已持有的全部村镇银行股权，并对所投资的村镇银行履行主发起行职责（见图 2–9）。

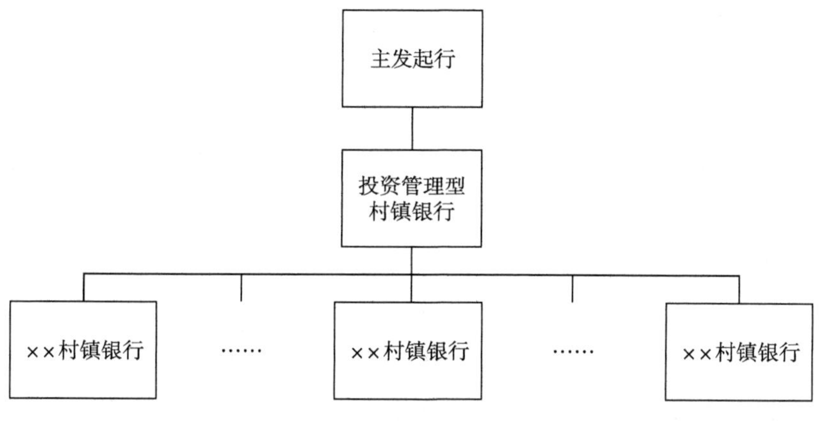

图 2–9　投资管理行运行模式

在这种模式下，投资管理型村镇银行代主发起行对村镇银行进行管理，主要负责投资和设立村镇银行并为其提供中后台服务。除此之外，投资管理型村镇银行还可以开展银行业监督管理机构批准的其他业务。

2. 模式评析

根据通知要求，能够组建投资管理型村镇银行的商业银行，必须在村镇银行的投资、经营和管理方面已经拥有一定的经验和优势，投资管理型村镇银行能够更好地利用这些经验和优势提升村镇银行批量化组建速度、集约化经营效率和专业化服务水平。在投资管理型村镇银行成立后，主发起行不再直接管理各家村镇银行，由投资管理型村镇银行代理主发起行职责，村镇银行将作为独立的主体开展经营管理，有利于增强村镇银行的独立性，防止主发起行利用村镇银行从欠发达地区“抽血”，从而更好地实现“支农支小”的目标。

投资管理型村镇银行可以通过自身的投资平台，参与村镇银行的兼并和收购，助力村镇银行充分整合股权，实现高质量的发展。

我国首家投资管理型村镇银行——由江苏常熟农村商业银行发起设立的兴福村镇银行股份有限公司，于 2019 年 4 月正式获批，9 月开业经营，试点时间相对较短。从实际情况来看，在未来实践中，投资管理行模式还需要反复探索和试错，既要考虑主发起行的管理能力，也要考虑村镇银行自身的发展水平，不可能一蹴而就。

专栏：投资管理型村镇银行试点——兴福村镇银行股份有限公司

兴福村镇银行股份有限公司（以下简称兴福投管行）是中国第一家开业的投资管理型村镇银行，其主发起行是江苏常熟农村商业银行（以下简称常熟农商行）。常熟农商行是我国首家开展跨区经营和首批启动 IPO（首次公开募股）上市的农村中小金融机构，自 2007 年开始设立村镇银行，一直走在中国村镇银行改革和发展的前列，2012 年成为首批批量化组建村镇银行的主发起行之一，并且其发起设立的村镇银行统一使用“兴福”品牌。截至 2019 年年底，常熟农商行已经在全国 5 个省（自治区、直辖市）的 16 个地级市、37 个县域开设了 31 家兴福系村镇银行。兴福投管行于 2019 年 9 月在海南省海口市正式开业，注册资本为 13.8 亿元，其中常熟农商行以货币出资 2.21 亿元，持有 90% 的股份。

作为全国首家投资管理型村镇银行，兴福投管行被赋予了三大职能：一是在全国范围内新设兼并村镇银行；二是专业化管理和服务村镇银行；三是在海口范围内开展传统银行业务。根据银保监会出具的开业批复要求，兴福投管行成立后，常熟农商行应在 6 个月内依法办理其所持有的 30 家村镇银行股权的

财产转移手续。截至2019年年底，30家兴福系村镇银行已经全部完成股权变更登记，兴福投管行在其中22家村镇银行中处于绝对控股地位。

在管理架构上，兴福投管行设置了股东大会、董事会、监事会、行长室，建立了“三会一层”公司治理架构。同时为了发挥投资管理型村镇银行的管理功能，兴福投管行在部门设置上增加了财务运营部（含科技）、审计部和人力资源部等部门，这些部门的部分职能在下属村镇银行只是以个别岗位而不是部门的形式承担。通过这样的部门设置架构，下属村镇银行在资金清算、费用报支、监管报表、审计、人力培训、科技系统等方面由兴福投管行集中管理和提供服务，有助于降低各村镇银行的成本，提高兴福系村镇银行整体的运营效率。

兴福投管行成立之后，兴福系村镇银行获得了快速发展，截至2019年年底，31家兴福系村镇银行总资产超过200亿元，较2018年增长了约30%；总存款余额超过150亿元，与2018年相比，增速在45.63%以上；总贷款余额超过170亿元，较2018年增长了21.43%。

在“支农支小”方面，兴福系村镇银行以中西部和贫困地区为主要服务区域，以“三农两小”为重点服务对象。截至2019年年底，有22家兴福系村镇银行设立在中西部县域地区，覆盖了16个国定贫困县，营业网点达214个。尤其是2019年以来，其营业网点数量大幅扩张，较2018年增长了2.2倍，在镇、村、社区共设立“兴福驿站”“微银行”等便民服务点100余个。在其贷款构成中，涉农贷款占90%。累计向4800多户贫困户发放扶贫贷款超4亿元，涉及危房改造、猪羊圈舍修缮、农耕机械与种子农药采购等，以实际行动积极助力万众创业，助推乡村振兴。[①]

① 孙同全，蒋勇，董翀，等.中国村镇银行发展报告（2020）——共享式规模化发展［M］.北京：中国社会科学出版社，2020.

第三节 经济背景：湘西自治州经济发展亟需金融活水

一、湘西自治州地理人文环境与产业环境基本情况

1. 地理人文环境

湘西自治州位于湖南省西北部，地处湘、鄂、黔、渝四省市交界处，现辖7县1市1经济开发区，总面积约1.55万平方千米，是国家西部开发、武陵山片区区域发展与扶贫攻坚先行先试地区，也是湖南省唯一的少数民族自治州、湖南省湘西地区开发重点地区和扶贫攻坚主战场。

湘西自治州历史文化底蕴深厚，自然风光奇秀，集人文景观和自然资源之大统，有神奇的山水风光，拥有矮寨奇观、猛洞河、红石林、坐龙峡等227个“国字号”生态文化旅游品牌，2006年被评为“中国十佳魅力城市”和“中国最佳旅游去处”；拥有国家级历史文化名城凤凰古城，国家考古遗址公园老司城、里耶古城，以及13个全国重点文物保护单位；与此同时，湘西州山地、农业、矿产等资源丰富，被誉为“野生动植物资源天然宝库”和“华中动植物基因库”；湘西州不仅建成了全球最大的富硒猕猴桃基地、百合基地，还拥有中国5个国家地理标志产品，素有“锰都钒海”之称。

2. 产业环境

企稳回升的工业和强劲增长的固定投资，迫切需要金融支持。2009年湘西州实现工业增加值91.80亿元，增长9.9%。其中，规模以上工业增加值为76.59亿元，增长9.7%。以锰锌加工、食品加工和生物医药为主的三大产业集群，实现工业增加值57.85亿元，增长12.9%，占全部规模以上工业的75.5%；以矿产业、烟酒业、化学制造业、医药制造业、电力生产供应为主的五大支柱产业，实现工业增加值71.50亿元，增长10.3%。受惠于国家扩大内需和经济刺激计划政策，全州固定资产投资增势强劲，全年固定资产投资达188.80亿元，增长44.2%，增幅同比提高15.8%。工业

回升和固定投资增加促进了全州经济持续增长，同时也对金融提出了更高的要求，需要更多的金融支撑地方经济又快又好发展。

新农村建设的推进，农业产业化发展迫切需要金融机构的资金扶持。在国家各项惠农政策的带动下，湘西州农村经济持续发展，2009 年实现农业总产值 71 亿元，增长 4.9%，粮食总产量达 87 万吨，增长 2.6%，创历史新高。油料总产量达 8.4 万吨，增长 6.6%；烤烟产量达 3.38 万吨，增长 25.2%；水果产量达 72 万吨，增长 5%。农业产业化龙头企业不断发展，新增 35 家州级以上龙头企业。扶贫开发有新成效，中高海拔地区的产业连片开发、村级集体产业建设进展顺利，减少低收入人口 5 万人。基础设施不断夯实。农业增效、农民增收直接带来农村金融的稳定发展，但也对农村金融提出了更高的要求，“三农”建设资金、农业产业化资金需求越来越大。村镇银行是国家为了解决地区金融服务供给不足、竞争不充分等问题，支持社会主义新农村建设所推出的重要举措，因此在湘西州设立村镇银行也是填补该市金融服务空白地带的必然要求。

以旅游业为龙头的第三产业蓬勃发展，对金融提出了更高的要求。湘西州是湖南省的旅游胜地，旅游业形势大好，2009 年，全年共接待游客 1060.31 万人次，实现旅游收入 50.66 亿元，分别增长 24.4% 和 31.8%。有 20 家年经营收入过千万元的骨干旅游企业。凤凰姜糖发展成上亿元的大产业，酒鬼酒系列产品、老爹猕猴桃产品、古丈茶叶、土家织锦、苗族银饰等特色商品的规模和效益快速增长。凤凰古城旅游公司年门票收入接近 1.29 亿元。旅游业的发展，同时也对金融提出了更高的需求：一是迫切需要更多的金融投入以改善旅游设施，提高旅游服务水平；二是随着旅游业的日益兴起，湘西州特色旅游商品企业产品的需求日益扩大，产业规模越来越大，也迫切需求更多的固定资产投入和流动资金贷款支撑。

二、湘西州金融状况

1. 金融机构

由于湘西州地处民族偏远山区，经济总量小，金融组织体系不完整。

在 2010 年之前，在湘西州内的股份制商业银行均没有分设机构，城市银行、农村合作银行尚未诞生，村镇银行、小额贷款公司等农村金融机构尚未起步，在一定程度上影响了湘西州金融的全面发展。湘西州金融供给呈现单一化特征，当地中小企业融资较难。截至 2010 年 6 月，湘西州金融机构贷款余额为 139.75 亿元，存贷比为 42%，与国家控制的 75% 的存贷比相比，相差比较大；贷款余额增加了 12.5 亿元，其中短期贷款增加了 5.84 亿元，中长期贷款增加了 6.89 亿元，而在增加的贷款中主要是中国建设银行和农村信用社增加的信贷投放，其他机构投放得较少，其中中国工商银行、中国农业发展银行的贷款余额减少。在整个贷款中，中国建设银行占比 9.09%，农村信用社占比 43.08%。当地金融供给单一化特征明显。当地大多数中小企业难以满足贷款条件，加上信用担保体系的缺失，国有商业银行贷款投放功能渐渐萎缩，主要功能基本上表现为资金的筹集功能，农村信用社逐渐成为州级市场的主要信贷供给方。

2. 信用环境

在 2008 年湘西州非法集资事件爆发后，湘西州的信用体系接近崩溃。随后，为了恢复与重构湘西州信用环境，湘西州政府与中国人民银行等多方金融机构共同努力，使得湘西州的信用环境有了一定的改善，但仍有进一步提升的空间。首先，湘西州农村地区的信用制度依然以传统的乡村信用制度为主。这种信用制度的主要特点是以地缘、亲缘等为基础，以交易主体间的人格信任为依托，在亲戚、朋友之间进行交易。然而传统的乡村信用制度使得居民的信用意识较为淡薄，并且对政策的依赖性很强，会出现将银行贷款资金当作扶贫资金的现象，严重影响了村镇银行服务“三农”的积极性。其次，湘西州农村地区的信用体系建设处于发展阶段。在州政府和中国人民银行的组织领导下，村镇银行对企业信用和居民信用进行了采集，同时对当地企业和农户的信用评级也在逐步推广，初步建立了客户信用信息库，但是还未实现信用体系在州内全覆盖，征信系统的建设还有待完善。最后，湘西州的担保方式以政府成立的“农信担”和农户联保为

主，为缺乏抵押品的农户和小微企业获得贷款提供了支持。但是，由于“农信担”的规模较小，资金实力有限，能够支持的贷款额度相对较小。同时，农户联保贷款手续烦琐，担保连带关系复杂，其在推广的过程中受到了较多阻碍。因此，为了激发村镇银行发展农村信贷业务的积极性，湘西州的担保体系需要进一步发展。

第二章　村镇银行的规范管理

第一节　治理体系逐步完善

一、外部组织结构

湘西长行村镇银行具备一级法人优势，采用的是总分行制的外部组织结构。一方面，独立法人体制是湘西长行村镇银行的一大优势。湘西长行村镇银行作为湘西州地市级唯一的独立法人金融机构，能相对独立地管控全行的人力资源、财力资源和物力资源，独立法人的体制优势得以充分发挥。此外，扁平式决策机制也有利于精炼管理层次、扩大控制范围、节约管理费用，并且能对市场变化及时做出反应，大大地提高了决策效率。另一方面，长沙银行股份有限公司作为湘西长行村镇银行的主发起行，拥有51%的绝对控股权。主发起行作为特殊股东，对湘西长行村镇银行的人才输送和管理、内控和风险体系搭建、产品和业务模式引进等方面提供专业指导和支持，帮助其迅速成长为正规的银行业金融机构。

二、内部组织结构

在全面风险管理框架、建立健全银行治理结构的思路下，按照风险管理体系集中、垂直、独立的原则，湘西长行村镇银行已经初步建立了职责明晰、分工明确、相互制衡、精简高效的内部组织结构，提升了风险管理控制水平。

1. 总支行纵向管理

在内部管理上，湘西长行村镇银行采用的是直线职能制的总支行纵向管理模式。湘西长行村镇银行主要按照行政区域来设置相应的分支机构，按照“总行—支行—二级网点”的模式进行设置，实行的是“一级法人、统一核算、分级管理、授权经营”的管理模式。这种组织结构能够较好地发挥湘西长行村镇银行在湘西州的一级法人的优势：一方面，总行层面的扁平式决策机制加快了信息的传递速度，使决策更有效率，保障了银行对市场的快速反应能力以及可持续发展能力；另一方面，对支行进行集中领导，使得组织结构稳定性强，规范性高，有利于控制风险。

2. 部门横向管理

按照现代公司治理的规定，湘西长行村镇银行设立了“三会一层”（股东大会、董事会、监事会、高级管理层）。在部门管理上，按“分工合理、以岗定编、相互配合、相互制约”的原则设置全行组织架构，按照业务开展的需要，湘西长行村镇银行划分为前台部门、中台部门和后台部门。其中，前台部门主要负责客户的营销与维护，也是湘西长行村镇银行的利润中心，例如公司业务部；中台部门负责风险的管理和控制，例如授信审批部、风险管理部；后台部门负责业务的支持和保障，如计划财务部等。各层级、各部门各司其职，共同推动湘西长行村镇银行安全高效运转。

董事会主要负责全行重大经营管理活动的组织及内外的综合协调工作。公司业务部主要负责授信客户的贷前调查、贷款发放和贷后管理工作，负责组织全行重点行业、客户的营销及维护等。授信审批部主要负责审查授信业务，对信贷资料合格情况进行考核、撰写审查意见等。合规管理部与风险管理部主要负责全行信贷、资金营运和外汇业务的授信管理及其风险的识别、评估、定价及控制等管理工作，对信用风险、市场风险、流动性风险、操作风险等各类风险进行持续的监控；定期报送资产风险分析报告，针对风险状况确定湘西长行村镇银行风险管理的阶段性工作重点等。计划财务部主要负责编制全行经营计划、财务收支计划、固定资产投资计划，并对执行情况进行监督、分析和考核，编制和上报各类统计报表，发布统计信息，负责全行资金业务的运作等。安全保卫部主要负责维护管辖区域内的治安秩序，预防和查处安全事故，做好安全保卫工作；根据所管辖区域的大小和周边社会治安情况，配备相应的保安人员；密切保持与保安人员的通讯联络，检查各值班岗位人员的值勤情况。

三、人事管理

建立科学的人事管理制度，充分发挥人事管理职能，为银行的持续发展提供人力支持，为员工工作的有序进行提供组织保证。湘西长行村镇银行对员工按照“统一管理、控制总量、精简结构、优化组合、提高素质”的原则进行管理，根据业务需要实行定员、定编、定岗、定责；以部室为单位，根据工作量、业务量和效益决定员工数量。

1. 规范员工招录、调配等流程

对员工招录的管理，按照“公开、平等、竞争、择优”的原则，面向社会公开招聘，统一考试，择优录用，由湘西长行村镇银行总行综合管理部统一组织。对员工调配的管理，村镇银行行内员工调配，由主管行长审批后，填写《调动审批表》，办理调动手续；跨系统调动，由个人提出申请，经村镇银行审批同意后，办理调动手续。对员工考核的管理，通过对员工德、能、勤、绩、廉五个方面的考核，将考核结果评定为优秀、称职、基本称职和不称职四个等级，从现有职工中选拔出能胜任工作、有进取精神的员工竞聘上岗，逐步淘汰学历低、文化素养层次低、工作能力差、不适应现代金融业务发展需要的员工。对员工请辞的管理，银行根据员工自愿提出辞职申请或员工因不符合行内具体规定而被辞退的情况，给予不同的处理。

2. 建立科学合理的激励机制

为建立科学、合理、规范的薪酬分配机制，建立现代企业制度下以

工资分配为主体的激励机制，形成内部竞争，做到吸引、留住优秀人才，充分调动人员积极性，湘西长行村镇银行根据《股份有限公司劳动工资管理规定》《股份制商业银行公司治理指引》《商业银行稳健薪酬监管指引》等国家法律法规的相关规定，制定了一整套激励机制。首先，湘西长行村镇银行对员工按照“统一管理、控制总量、精简结构、优化组合、提高素质”的原则进行管理，根据业务需要实行定员、定编、定岗、定责；以部室为单位，根据工作量、业务量和效益决定员工数量。其次，湘西长行村镇银行始终坚持“以人为本”的人才理念，突出“聚焦客户，实干为本，快乐同行”的核心价值主张，明确岗位职责，通过弱化“序列”管理，完善“双通道”晋升发展机制，优化价值创造，充分激发每个员工的潜能，让组织充满活力。再次，湘西长行村镇银行注重人均产能的提升，建立了较为健全的人才任职资格标准，构建了较为完善的人员流动机制，优化人员年龄结构，管控劳务派遣人力占比，实现了人才评价和激励机制的优化。最后，湘西长行村镇银行致力于健全干部管理机制，大力推进人才梯队建设，实施人才储备和培训工作，每年组织推动一次全员岗位竞聘或考评，实施“末位淘汰”制度，构建了“能者上、平者让、庸者下”的用人机制，让员工有盼头、有活力，形成“有为有位”的人才使用格局。

四、企业文化

湘西长行村镇银行的企业文化主要是基于以下几个方面。 是致力于打造“区域精品银行”和“全国标杆村镇银行”，着力构建以湘西州为战略核心、以湘西北为战略要地、以鄂渝黔为战略平台、以华西南为战略出口的区域化架构。二是贯彻科学发展的经营理念，坚持稳健经营、审慎经营、合规经营，走集约化经营之路，实现质量、效益、规模全面协调发展，统筹兼顾业务发展与风险控制、当前效益与长远规划、传统业务与金融创新、企业发展与员工进步等关系，构筑基业长青的发展平台，走一条经济效益、社会效益和员工利益互利共赢的可持续发展道路。三是树立“人本制胜”的用人理念，深刻演绎“精品银行、人才制胜”的现代传奇，建立有效的激励约束机制、竞争性的进入与晋升机制，让每位员工有良好的事业发展平台，在事业发展中创造财富，在创造财富中实现价值，在实现价值中产生使命感，在履行使命中实现崇高理想。

湘西长行村镇银行的企业文化有以下两个特点。一方面，战略目标明确。湘西长行村镇银行致力于建设“湘西人自己的银行”“民族银行”“绿色银行”和“草根银行”，在实践中以服务湘西州人民作为出发点，全力助推湘西州本地经济建设和社会发展。另一方面，关爱员工成长。在实践中，湘西长行村镇银行注重对员工的综合培养，组建篮球队、合唱队、管乐队、礼仪队，开办音乐会，组织户外活动等，极大地增强了员工之间的感情交流。

第二节　股权结构趋于合理

湘西长行村镇银行是由长沙银行股份有限公司控股，湖南大业投资有限公司、吉首市城市供水总公司等 8 家法人单位共同投资设立的全国首家地市级村镇银行，是一家国有控股的股份制商业银行。湘西长行村镇银行成立初期注册资本为 2 亿元，其中：长沙银行股份有限公司的出资额为 10200 万元，出资比例为 51%；湖南大业投资有限公司的出资额为 2000 万元，出资比例为 10%；湖南红石林旅游开发有限公司、湖南省一钢物贸有限公司、湖南中展投资有限公司的出资额均为 1600 万元，出资比例均为 8%；湖南花垣县锰锌高科技发展有限公司、长沙市蔬菜食品集团有限公司、吉首市城市供水总公司分别出资 1000 万元，出资比例均为 5%。湘西长行村镇银行发起人信息如表 2-3 所示。

表 2-3　湘西长行村镇银行发起人信息

发起人	出资额（万元）	出资比例（%）
长沙银行股份有限公司	10200	51
湖南大业投资有限公司	2000	10
湖南红石林旅游开发有限公司	1600	8
湖南省一钢物贸有限公司	1600	8
湖南中展投资有限公司	1600	8
湖南花垣县锰锌高科技发展有限公司	1000	5
长沙市蔬菜食品集团有限公司	1000	5
吉首市城市供水总公司	1000	5
总计	20000	100

成立之后，湘西长行村镇银行迅速发展，经过股东大会的集体审议，分别于 2016 年 12 月与 2017 年 6 月进行了两次增资扩股。两次增资扩股后相关股东信息分别如表 2-4、表 2-5 所示。湘西长行村镇银行的股本由设立时的 20000 万元，于 2016 年 12 月增加到 39480 万元，于 2017 年 6 月增加到 56000 万元。两次增资扩股后，长沙银行股份有限公司仍然是湘西长行村镇银行的第一大股东，湘西长行村镇银行还吸收了当地的一些民营企业，以及个人投资者，加强了湘西长行村镇银行与当地企业的联系。同时，湘西长行村镇银行实行骨干员工持股，这对于提高员工的工作积极性、保证核心骨干队伍的稳定性起着重要作用。

表 2-4　2016 年 12 月增资扩股后湘西长行村镇银行相关股东信息

前 10 名股东	出资额（万元）	出资比例（%）
长沙银行股份有限公司	19380	49.09
自然人持股	4153	10.52
湖南大业投资有限公司	2540	6.43
湖南红石林旅游开发有限公司	1950	4.94
湖南省一钢物贸有限公司	1815	4.60

续表

前 10 名股东	出资额（万元）	出资比例（%）
湖南中展投资有限公司	1815	4.60
吉首市城市供水总公司	1635	4.14
湖南花垣县锰锌高科技发展有限公司	1135	2.87
凤凰县广源国有资产投资管理有限责任公司	1000	2.53
保靖县文运国有资产投资管理有限公司	1000	2.53
总计	36423	92.25

表 2-5　2017 年 6 月增资扩股后湘西长行村镇银行相关股东信息

前 10 名股东	出资额（万元）	出资比例（%）
长沙银行股份有限公司	28560	51.00
自然人持股	5000	8.93
湘西自治州吉凤投资开发有限责任公司	3000	5.36
湖南大业投资有限公司	2540	4.54
湖南红石林旅游开发有限公司	2300	4.11
吉首市城市供水总公司	2270	4.05
湖南省一钢物贸有限公司	2030	3.63
湖南中展投资有限公司	2030	3.63
湖南花垣县锰锌高科技发展有限公司	1270	2.27
凤凰县广源国有资产投资管理有限责任公司	1000	1.79
总计	50000	89.31

第三节　银行网点布局不断优化

湘西长行村镇银行紧密围绕“三农”客户地处老少边穷地区的地域特点，以“网点下沉，服务下沉”为支点，积极推动网点建设与布局优化。

2010 年至 2018 年，湘西长行村镇银行一级支行的数量不断增加，二级网点的数量总体上呈现增长趋势。截至 2020 年年底，湘西长行村镇银行二级网点的总数达到了 14 家，一级支行的总数达到了 17 家（见图 2–10）。

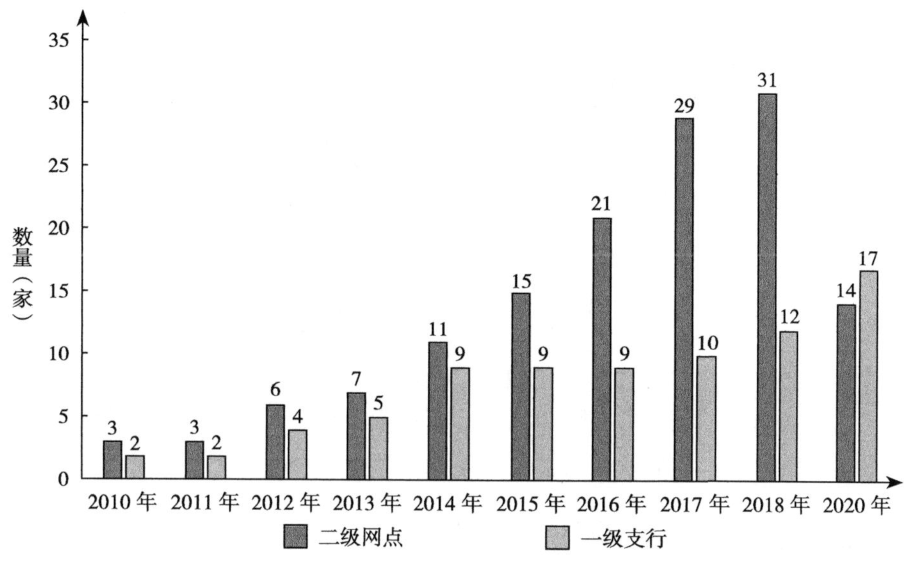

图 2–10 2010—2020 年湘西长行村镇银行网点及支行数量情况

随着二级网点的改造升级，2018 年到 2020 年的两年间，湘西长行村镇银行的二级网点数量由 31 家降为 28 家，优化布局了二级网点，提升了湘西长行村镇银行的综合服务效能。

第四节 人员结构持续优化

一、人才队伍年轻化

如图 2–11 所示，截至 2020 年 12 月 31 日，湘西长行村镇银行共有员工 402 人，其中，共有男性 187 人，在全行占比约为 47%；共有女性 215 人，在全行占比约为 53%。全行员工平均年龄为 31 岁。从整体上看，湘西长行村镇银行整个员工队伍男女比例均衡，员工正处于年富力强的状态，人才队伍趋于年轻化，优秀人才队伍能为湘西长行村镇银行发展提供源源不断的动力，也能为客户提供高效的服务。

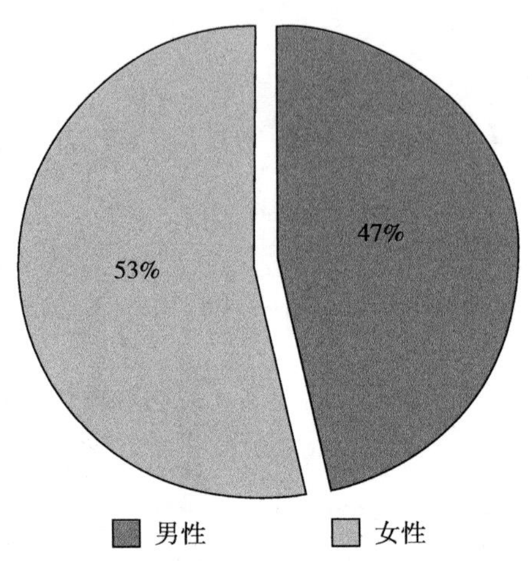

图 2-11　湘西长行村镇银行员工性别比例

二、员工学历结构优化

如图 2-12 所示，湘西长行村镇银行在岗员工中，共有本科及以上学历 315 人，约占总人数的 78%；共有大专及以下学历 87 人，约占总人数

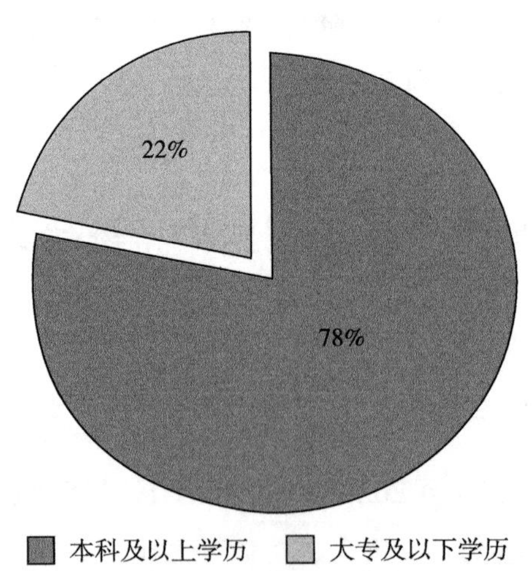

图 2-12　湘西长行村镇银行员工学历比例

的22%。从员工学历分布来看，湘西长行村镇银行非常重视高学历的员工队伍。

三、人才引进本土化

如图2-13所示，湘西长行村镇银行的湘西州籍贯人数为145人，占比约为36%；非湘西州籍贯人数为257人，占比约为64%。由此可见，湘西长行村镇银行在引进外来人才的同时，大力培育本土人才，积极吸收本地人员就业。

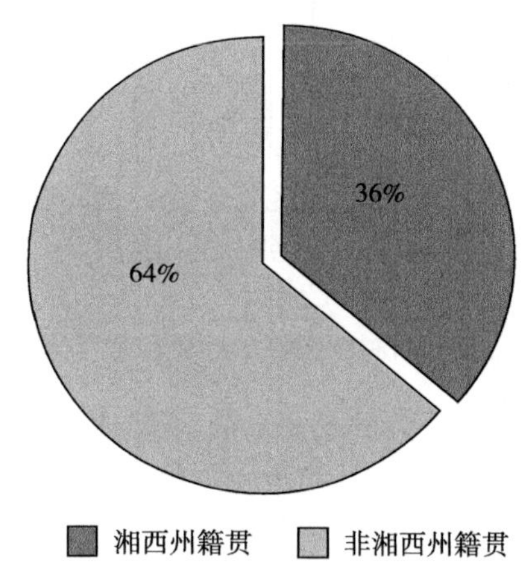

图2-13　湘西长行村镇银行员工籍贯比例

四、人员配置合理化

如图2-14所示，截至2020年12月31日，湘西长行村镇银行总行在岗员工人数为84人，约占总行及管辖支行员工总数的21%；规模较大、在职员工较多的支行为龙山支行，其员工人数为37人，约占总行及管辖支行员工总数的9%。

如图2-15所示，从全行情况看，湘西长行村镇银行共有运行序列员工148人，约占员工总人数的37%；其次是客户经理序列，人力资源部门提供的资料显示，在湘西长行村镇银行中，处在客户经理序列的员工一共有83人，约占员工总人数的20%；职能管理序列共有员工67人，约占员

工总人数的 17%；专业序列共有员工 65 人，约占员工总人数的 16%；而人数最少的经营决策序列一共有员工 39 人，约占员工总人数的 10%。

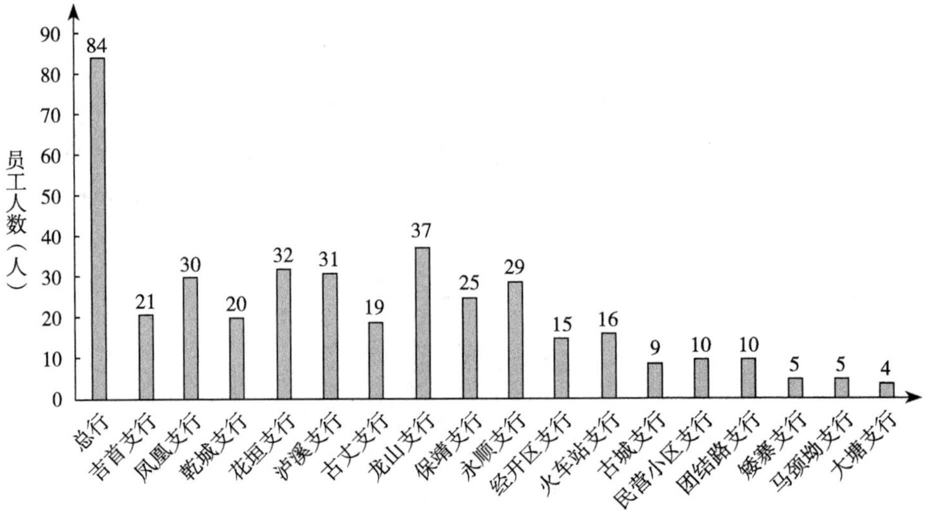

图 2-14 湘西长行村镇银行总行及各支行员工配置情况

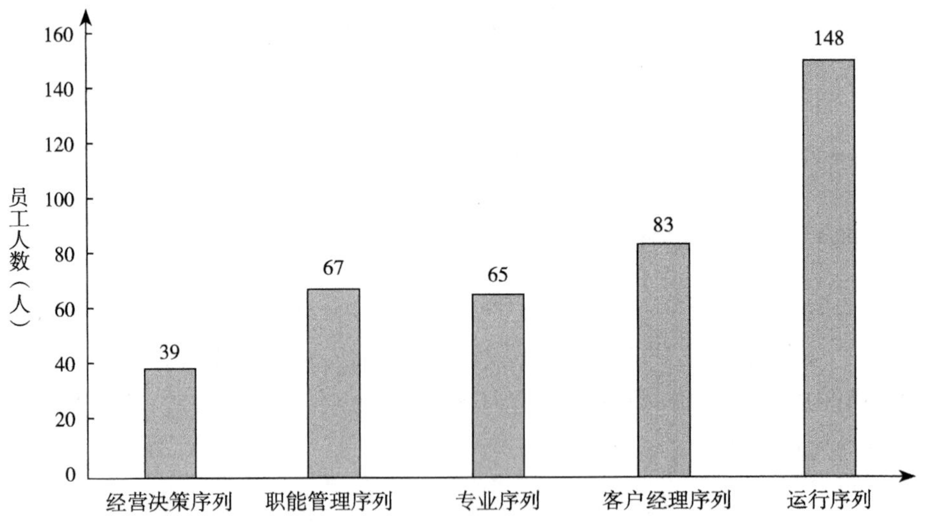

图 2-15 湘西长行村镇银行员工岗位分布情况

第三章　村镇银行的做大做强

第一节　发展规模持续扩大

一、资产总额稳步增长

从整体来看，湘西长行村镇银行的资产总额虽略有波动，但总体上呈现稳步增长的趋势。2010 年，湘西长行村镇银行的资产总额仅为 5.43 亿元，经历了 10 年的发展，截至 2020 年年末资产总额达到 103.98 亿元，年均增长率约为 34.34%。2017 年，湘西长行村镇银行的资产总额创历史新高，达到 106.35 亿元，较上年同比增长了约 43.45%。总体来看，2010 年至 2020 年，湘西长行村镇银行的资产总额呈现稳步增长的趋势，银行体量逐步壮大，综合实力更上台阶（见图 2-16）。

二、存款总额呈现总体增长态势

自成立以来，湘西长行村镇银行存款增长迅速，从 2010 的 2.17 亿元增长到 2020 年的 77.01 亿元，10 年时间存款总额增长了约 34.49 倍，年均增长率达到 42.89%。

2010 年至 2020 年，湘西长行村镇银行的存款总额增长可分为三个阶段。

第一阶段是 2010 年至 2017 年，湘西长行村镇银行的存款总额处于增长期。由 2010 年的 2.17 亿元增至 2017 年的 85.41 亿元，年均增长率约为

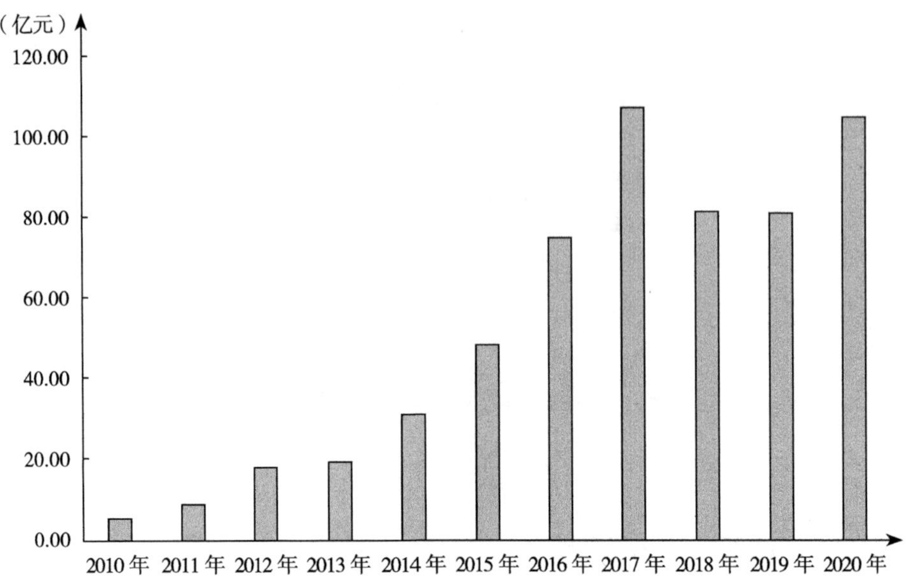

图 2–16　湘西长行村镇银行的资产总额变化

68.99%。

第二阶段是 2017 年至 2018 年，湘西长行村镇银行的存款总额处于回调夯基期。在这个阶段中，湘西长行村镇银行的存款总额小幅回落。2018 年，存款总额为 58.03 亿元，较上年同比下跌了约 32.06%。

第三阶段是 2018 年以后，湘西长行村镇银行的存款总额呈现增长趋势，处于稳健增长期。2019 年，湘西长行村镇银行的存款总额为 59.06 亿元，较上年同比上升了约 1.77%；2020 年存款总额为 77.01 亿元，较上年同比上升了约 30.39%，在这个阶段中湘西长行村镇银行的存款总额呈现回升态势。

整体来看，湘西长行村镇银行的存款总额呈现总体增长的态势（见表 2–6）。

表 2-6　2010-2020 年湘西长行村镇银行存贷情况

单位：万元

年份	存款总额	贷款总额	存贷比
2010	21732.3	0.0	0.00%
2011	52938.1	27241.5	51.46%
2012	158769.0	49134.9	30.95%
2013	169832.1	56682.4	33.38%
2014	283911.0	147374.5	51.91%
2015	436314.1	260392.5	59.68%
2016	657798.2	416170.7	63.27%
2017	854060.5	617417.3	72.29%
2018	580341.2	637672.3	109.88%
2019	590633.1	596608.7	101.01%
2020	770115.7	751502.1	97.58%

三、贷款余额稳健增长

贷款余额是衡量商业盈利的重要指标之一。2011 年至 2020 年，湘西长行村镇银行的贷款余额从 2.72 亿元增长到 75.15 亿元，增长了约 26.63 倍，年均增长率达到 44.59%，实现了稳步增长。从表 2-6 中可以看出，湘西长行村镇银行的贷款总额虽有小幅度波动，但是整体呈现稳健增长趋势。

2011 年，湘西长行村镇银行投放的贷款总额为 2.72 亿元，2018 年以前湘西长行村镇银行的贷款总额稳步攀升。2018 年，湘西长行村镇银行的贷款总额为 63.77 亿元，较 2011 年增加了 61.05 亿元，年均增长率约为 56.94%，贷款总额增长了 22.44 倍。2019 年，湘西长行村镇银行的贷款总额为 59.66 亿元，较上年同比下跌了约 6.45%。2020 年，湘西长行村镇银行的贷款总额达到成立以来的历史新高，贷款总额为 75.15 亿元，较上年同比上升了约 25.96%，较 2011 年增加 72.43 亿元，年均增长率为 44.59%。

第二节　经营绩效不断提高

一、存贷比始终合理

截至 2020 年年底，湘西长行村镇银行的存款总额为 770115.7 万元，贷款总额为 751502.1 万元，存贷比为 97.58%。湘西长行村镇银行坚持规范经营，2020 年其贷款总额同比增加 154893.4 万元，有力地促进了 GDP（国内生产总值）和利税的增长，对县域经济发展来说是非常显著的推动因素。近年来，湘西长行村镇银行的存贷比保持在合理的区间，激活并充分利用好银行存量资金，引导银行资本和社会资本回归服务实体经济的"初心"和本源，为经济转型升级提供强大支撑。与此同时，湘西长行村镇银行的存贷比从 2018 年以来稳步下降，2020 年湘西长行村镇银行的存贷比同比下降 3.40%，有效防范金融风险（见图 2-17）。

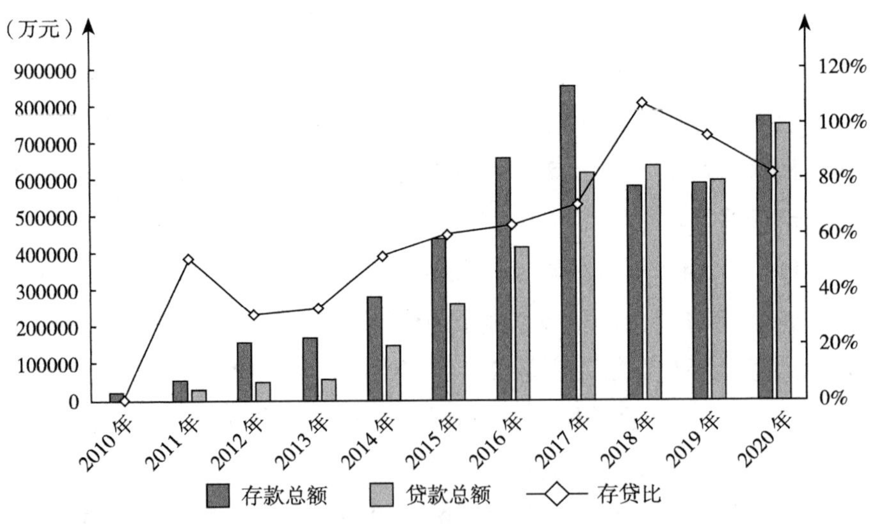

图 2-17　2010—2020 年湘西长行村镇银行存贷情况

二、利润保持上升

2010年至2020年，湘西长行村镇银行净利润总体保持上升态势，在2017年达到最高，2018年有所下降，此后逐年增长。近年来，湘西长行村镇银行不断创新产品推广渠道，通过推进精细化管理降低固定网点的成本。湘西长行村镇银行全力推广网络金融、移动金融、自助金融等新型电子服务渠道，以其为依托，全面了解客户需求、市场缺口，向客户推广相关产品，向银行内部系统反馈有效创新信息，强化内部流程管理，推进银行管理创新，多举措控制成本。2020年，湘西长行村镇银行实现净利润13580.3万元，同比增长19.33%（见图2-18）。

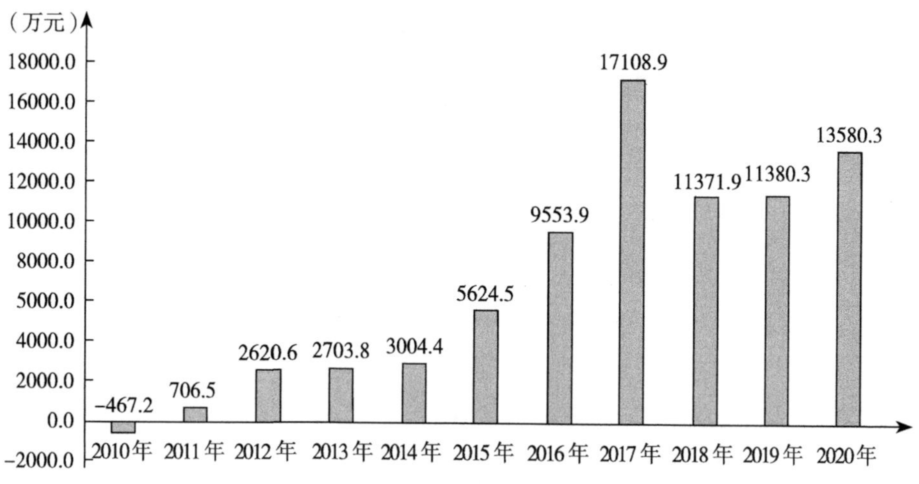

图2-18　2010—2020年湘西长行村镇银行净利润

三、不良贷款合理可控

2010年至2020年，湘西长行村镇银行秉持妥善经营的理念，并非一味追求低风险，而是致力于在盈利与风险间找到适合银行自身发展策略的动态平衡点，将不良贷款率水平控制在0%~1.51%的合理区间内。2020年，湘西长行村镇银行的不良贷款率为1.20%，相较2019年下降了0.31%，资产质量有所提高（见图 2–19）。

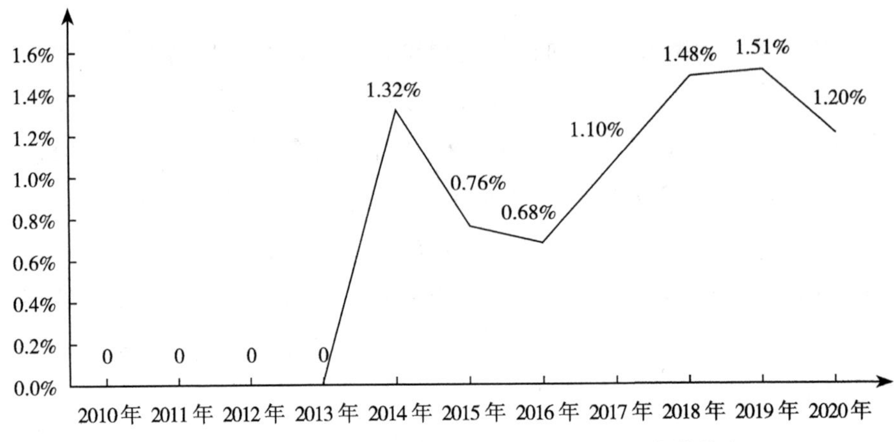

图 2–19　2010—2020 年湘西长行村镇银行不良贷款率

第四章　村镇银行的融合发展

第一节　助力脱贫攻坚：大力支持湘西州新农村建设

近年来，湘西长行村镇银行推进了多个“支农支小”专项业务，积极参与新农村建设，助力脱贫攻坚。

一是稳步推进普惠金融建设。湘西长行村镇银行深入贯彻普惠金融理念，着力提升普惠金融服务品质，对贫困户的基本情况摸底建档，并对其进行信用评级，努力夯实农村信用基础，全力开展信贷业务。

二是金融精准扶贫成效初步显现。自 2016 年启动精准扶贫贷款工作以来，湘西长行村镇银行稳步发展扶贫小额信贷，扩大贷款覆盖面，落实有需求且符合条件的贫困户“应贷尽贷”“愿贷尽贷”，对于发展产业的符合贷款要求的贫困户，提供 1 万 ~5 万元、3 年期以内基准利率、全额贴息、免抵押、免担保的小额信贷。湘西长行村镇银行不仅为当地企业提供了生产经营急需的资金，促成复工复产复商复市，促进企业增效；同时，还抓住了贫困户土地入股合作社这一有效切入点，依托本地特色优势产业，为农户、合作社提供信贷资金支持，合作社吸纳贫困户，为其提供就业岗位，保证户户有固定收益、分红和工资收入，实现了扶贫的可持续性，有效防止返贫，发挥了提振信心和拉动投资的作用，为决胜脱贫攻坚打下了坚实基础。

三是金融助力乡村振兴效果持续显现。湘西长行村镇银行积极响应党和国家“乡村振兴”战略部署，坚持融入与推动地方经济社会发展，将吸收的存款资金全部投放于本地，紧紧围绕湘西州经济社会的发展，充分利用独立法人的机构优势，创新思维、创新产品、创新抵押方式，坚持把重点项目建设作为第一抓手，针对各级重点项目的融资需求形成了“快审快贷”的高效工作机制。湘西长行村镇银行于2017年新增投放贷款20.12亿元，于2018年新增投放贷款近2.03亿元，于2020年新增投放贷款15.49亿元，目前已累计投放各项贷款逾300亿元，有力地支持了湘西州优势产业、基础设施、新型城镇等重点项目的发展。为了缓解小微企业融资难的问题，湘西长行村镇银行成立了“小微信贷中心”。截至2020年9月，湘西长行村镇银行已投放支小再贷款4.17亿元，小微贷款总额突破47.61亿元，涉农贷款总额达到38.04亿元；全行普惠金融小微企业贷款总额达12.61亿元，较年初增长2.44亿元，增速约为23.99%。湘西长行村镇银行的助农政策激发了农户的创业热情，推动了小微企业的发展，为实现湘西州农业产业转型升级提供了保障。

第二节　履行社会责任：积极参与各项公益活动

大浪淘沙沉者为金，大道至简实干为先。2020年是湘西长行村镇银行扎根湘西州的第十年，在不断发展进步的道路上，湘西长行村镇银行始终不忘初心、牢记使命，大力开展各项公益活动，履行社会责任。

一是立足湘西、服务“三农”、服务居民，大力开展各项公益活动。湘西长行村镇银行始终牢记主发起行——长沙银行股份有限公司“正道而行，信泽大众”的社会使命。特别是2020年，在行党委的正确决策下，坚持同时打好疫情防控和复工复产两场战役；通过湘西州红十字会为州内医疗及教体系统捐赠抗疫资金82.11万元；支援小微企业、企业主及“三农”产业客户顺利实现复工复产，全面落实“六稳六保”[①]政策指示，推

① “六稳”是指稳就业、稳金融、稳外贸、稳外资、稳投资、稳预期工作；“六保”是指保居民就业、保基本民生、保市场主体、保粮食能源安全、保产业链供应链稳定、保基层运转。

动地方经济恢复，维护地方金融稳定，充分体现了“湘西人自己的银行”在党的领导下立足湘西、服务“三农”、服务居民的责任和担当。同时，湘西长行村镇银行十分重视智力扶贫，在2010年设立之初便开展了慈善助学活动，成立“精英助学教育基金”，提取额为湘西长行村镇银行存款额的万分之一。“精英助学教育基金”成立的核心理念是教育扶贫，宗旨是赞助贫困家庭、贫困孩子的教育。此外，湘西长行村镇银行借助长沙银行股份有限公司的“快乐学堂百千万工程”，连续多年为湘西州贫困地区的学校援建希望图书馆及捐赠文体用品，目前已累计投入120余万元，援建图书馆15所，覆盖全州8县（市），其中11所已完成建设并交付使用，4所已申报并在建。

二是坚持党建引领发展，积极履行社会责任。作为“湘西人自己的银行”，在党建引领发展的过程中，湘西长行村镇银行把“不忘初心”体现在责任担当上，把“牢记使命”落实在实际行动中。湘西长行村镇银行党建工作紧密围绕“党建强”“发展强”双品牌战略务实推进，始终坚守党对一切工作的领导。在党建引领发展的思想指导下，湘西长行村镇银行积极履行社会责任，以扁平管理、垂直引领模式强化党建工作与业务发展的“共联共建”。第一是“党建 + 社区”。湘西长行村镇银行吉首支行党支部与周边社区党支部“1+1”结对共联共建，与社区配套设施医务所、幼儿园、超市、妇女之家、儿童学习天地等达成合作共识，以网格化服务思维为社区金融服务提质升级，获得一致好评。第二是“党建 + 园区”。湖南湘西国家农业科技园区机关党支部与湘西长行村镇银行花垣支行党支部以“党建引领促发展，银企合作谋共赢”为主题的党建“1+1”共联共建活动，助力园区企业发展，以基层党组织共联共建为抓手，融资与融智并行，为企业复工复产和可持续发展持续助力。第三是“党建 + 公益”。湘西长行村镇银行乾城支行党支部与周边社区党支部结对共联，看望慰问特殊儿童群体，播撒湘西长行村镇银行爱心种子，以党建引领创建和谐友爱社会。

第三节　促进县域经济发展：始终坚持与本土企业共同发展

一是坚持与当地企业共同发展，助力特色文化大传承。湘西长行村镇银行坚持与当地企业共同发展，将网点变成了当地企业的产品展示和销售平台，不仅为企业提供了生产经营急需的资金，还采购当地中小企业生产的商品作为礼物送给客户，在网点内开辟出特定的区域供当地企业展示和销售商品，将业务植根于当地企业，服务当地企业发展。

二是坚持与当地企业相融合，助力企业发展提质增效。湘西长行村镇银行因地制宜，从信贷上支持少数民族地区的文化传承，支持芙蓉、浦市、茶峒、里耶四大名镇提质升级；同时，大力支持经营土家织锦、苗家刺绣、湘西茶叶、湘西腊味等蕴含民族文化底蕴产业的中小微企业转型。在充分调研的基础上，湘西长行村镇银行结合州内各县市区经济发展的特点，本着因地制宜的原则，采取“一县一品”的思路，选取县域具有代表性的特色产业和龙头企业，予以重点扶持。比如，支持吉首市与湘西高新区的创新科技产业，支持泸溪县的矿产品深加工产业，支持凤凰县的旅游服务、生态农业产业，支持古丈县的有机茶叶产业，支持龙山县的百合加工产业，支持永顺县的油茶种植产业。

三是善用其他行业领先者的经验，助力县域实体经济发展。湘西长行村镇银行并不拘泥于传统的银行运作框架，积极向其他行业里最具特色的成功企业学习，取长补短，获得同行业竞争者不具备的优势，从而更好地助力县域实体经济发展。在湘西州农村地区金融机构网点少、金融产品和工具单一、资金外流严重、金融服务供给不足的现实背景下，“三农”和县域正在成为农村金融机构广阔的蓝海市场。湘西长行村镇银行在贯彻实施“一县一品、一行一策”差异化经营的基础上，努力做大做强县域特色产业，致力于占据县域蓝海市场的制高点，助力县域经济发展。

第三篇

创新篇

第一章　湘西长行村镇银行产品模式创新

第一节　基于“互助五兴贷”的“银行＋村委会＋合作社＋农户”模式

1. 运作模式

“互助五兴贷”是湘西长行村镇银行向互助小组内成员发放的贷款（见图 3–1）。在该模式中，互助小组成员由村委会推选的信誉较好的农户构成，贫困户将被优先推选。村镇银行通过上门调研了解客户的信用状况，向符合要求的乡（镇）、村级新型农业生产经营主体发放贷款。自然人单户贷款额度不超过 10 万元，法人单户贷款额度不超过 100 万元；贷款期限原则上不超过 3 年；贷款利率执行优惠利率定价政策，LPR[①] 加点不超过 200 BP[②]。在贷款过程中，小组成员形成利益共同体，相互担保、相互监督；法人类贷款采用抵押、担保、应收账款质押及订单质押等多种方式组合的担保模式。小组成员将贷款获得的资金作为股本入股合作社，有土地的农户将土地流转给合作社获得租金收益。合作社利用农户流转的土地，进行大规模种植，获得收益后向农户分红，同时为农户提供大量的就业岗位，带动农户就业。

① 贷款市场报价利率（Loan Prime Rate）是由具有代表性的报价行，根据本行对最优质客户的贷款利率，按照公开市场操作利率加点形成的方式报价，由中国人民银行授权全国银行间同业拆借中心计算并公布的基础性的贷款参考利率。

② 基点（Basis Point）是债券和票据利率改变量的度量单位，1 个 BP 等于 0.01 个百分点。

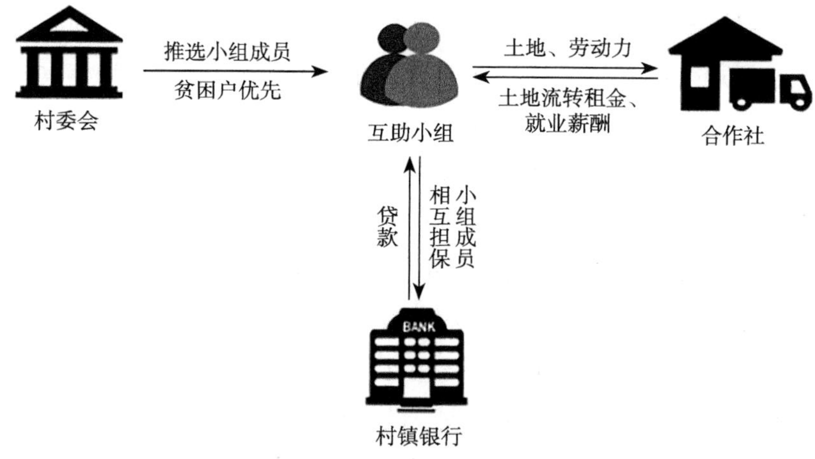

图 3-1 湘西长行村镇银行“互助五兴贷”运作模式

2. 贷后风险管理

贷款授信后采用分批发放的形式，以防控风险，同时，村镇银行会定期派人通过系统监测、电话回访和跟踪检查等手段进行风险监测和检查，密切关注借款人贷款资金的使用情况，若发现风险隐患将及时预警并采取相关措施。

3. 模式关键

村镇银行为贫困户提供资金来源；合作社为贫困户提供资金使用渠道；村委会推选、互助小组成员相互担保、合作社每月缴纳租金，形成了防控风险的“三重屏障”。

4. 案例运用

以湘西州某县茶叶合作社为例。合作社所在村全村共有家庭 313 户，人口为 1306 人，2014 年建档立卡贫困户为 149 户，贫困人口为 525 人。该村是一个以茶叶种植与乡村旅游为主的贫困村，茶叶种植面积为 10800 亩[①]，建有年产 1000 吨茶叶的生产线。合作社主要提供茶叶种植、销售，茶叶肥料、机械销售，油茶种植、销售，牲畜、家禽养殖、销售服务，并且开展合作社成员所需的储藏、保鲜服务，引进新技术、新品种，开展技

① 1 亩约为 667 平方米。

术培训、技术交流和咨询服务及民族工艺品制作、销售等。借助茶叶种植与乡村旅游两大产业的发展，2016 年全村脱贫摘帽，全村人均年收入达到 13618 元，并在 2019 年达到 18618 元。合作社所在村也被评为全国“一村一品”示范村，位列“中国茗村”百佳榜。

为推动合作社所在村的产业发展和满足农户的资金需求，2019 年湘西长行村镇银行对合作社所在村互助小组授信 500 万元，当前已发放 90 万元，涉及 9 户农户，每户 10 万元。该互助小组由合作社所在村村委会筛选出的信用良好的农户组成，小组成员相互担保，每 5 户配 1 户党员户，突出了政治保障和政治意义。发放给农户的资金，统一由茶叶专业合作社管理使用，主要用途是茶叶互助生产及相关茶旅、乡村旅游的茶叶销售窗口建设。合作社利用农户流转的土地，统一种植、销售茶叶，销售收入给农户分红，以此提高农户收入。贷款发放后，村镇银行信贷员会定期上门核查资金使用流向，做到专款专用，防止款项被挪用。

上述总额为 90 万元的贷款，均用于茶叶、乡村旅游复工复产复商复市和经营功能开发建设上，配合 1100 万元的“惠农担 – 特色贷”，推动茶叶专业合作社向专业化、规模化发展。至今，该村茶产业实现年产值 3000 余万元，年销售额 2700 余万元；该村共接待游客 30 余万人次，实现旅游收入共 4400 万元；为县域农户提供固定就业岗位 680 个，带动就业 2000 余人，惠及农户 2000 余户，其中“互助五兴贷”的 9 户农户户均年固定分红为 5000 元。

5. 模式点评

该模式真正落实以人民为中心的发展要求，敢于突破金融部门一贯的抵押贷款的老套观念、做法，以“互助共担”的形式打造开创性的担保模式，为企业提供了生产经营急需的资金，促成复工复产复商复市，促进企业增效。同时，该模式抓住了贫困户土地入股合作社这一有效切入点，依托本地特色优势产业，通过村镇银行为农户、合作社提供信贷资金支持，合作社吸纳贫困户为其提供就业岗位，保证户户有固定收益、分红和工资收入，实现了扶贫的可持续性，有效防止返贫。此外，该模式由村委会组织、集

中办理，高效便捷，充分发挥了提振信心和拉动投资的作用，为决胜脱贫攻坚打下了坚实基础。

第二节 基于“助保贷”的“银行 + 农业产业园 + 小微企业”模式

1. 运作模式

“助保贷”是指湘西长行村镇银行向入驻农业产业园的小微企业发放的贷款（见图 3–2）。在该模式中，有资金需求的入驻企业需先向农业产业园提交申请，农业产业园对入驻企业的实际情况进行审核，并向湘西长行村镇银行提供一份优质企业名单。湘西长行村镇银行对名单中的企业进行资质审核、实地调研，对符合条件的企业发放贷款，企业缴纳一定比例的“助保金”，和农业产业园提供的风险补偿金形成资金池，作为其增信手段。该贷款的信用风险由湘西长行村镇银行、农业产业园和企业共同提供的风险补偿金按比例分担。贷款对象——小微企业需满足信用记录良好、

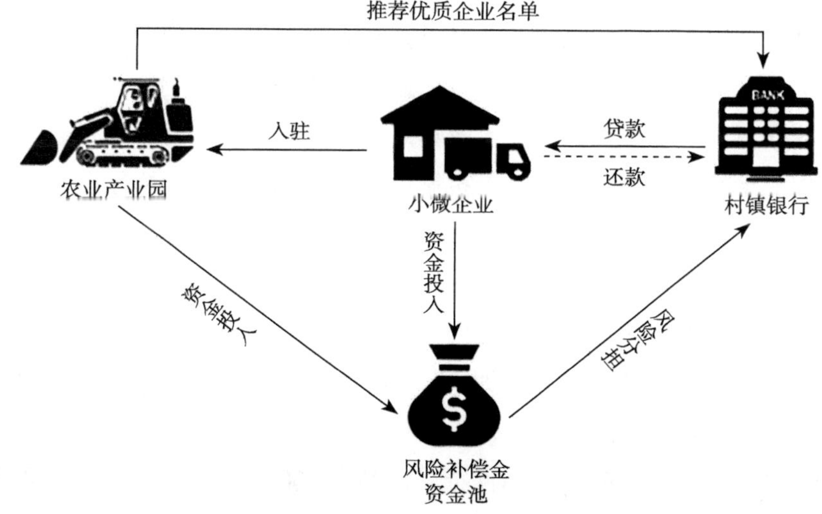

图 3–2 湘西长行村镇银行“助保贷”运作模式

实际控制人无涉黑等办理信贷业务的基本要求。贷款期限原则上不超过1年；贷款额度单户不超过风险补偿金的额度。

2. 贷后风险管理

客户经理会上门进行实地调研，对贷款企业进行季度检查，检查企业流水、财务、项目进度等，若未达标将给予企业警示，以此把控资金流向。

截至2020年10月，湘西长行村镇银行已给予22家小微企业6960万元的授信，贷款总额为6923万元。湘西长行村镇银行以“助保贷”为桥梁，通过规范的运作模式和有效的风险管理，努力实现农业产业园、小微企业、银行的三方共赢。

3. 模式关键

由农业产业园以及其推荐的小微企业共同投入的资金形成的风险补偿金资金池，与村镇银行一起承担企业贷款的信用风险。

4. 案例运用

以某养鸽公司为例。该公司创建于1999年5月，公司原董事长从6只种鸽的养殖开始，经过无数人的艰苦奋斗，公司积累了丰富的肉鸽养殖经验，规模不断壮大。现如今，该公司已经创建了2个生产基地，配备养鸽标准化养殖设备8000余套，正在打造集种鸽培育、乳鸽生产、屠宰加工、肉鸽饮食文化于一体的完整产业链条，被评为“湖南省农业产业化龙头企业”“国家级专业合作社示范社”。此外，该公司积极响应党和国家坚决打赢脱贫攻坚战的号召，承担了省重点产业扶贫项目，并以股份合作模式与建档立卡贫困户建立利益联结机制，还与贫困户共同成立了公司，实行独立运营、独立核算、按股分红。

该养鸽公司是农业产业园的入驻企业，经农业产业园的推荐和湘西长行村镇银行的实地调研，满足湘西长行村镇银行发放贷款的基本要求。湘西长行村镇银行于2017年11月28日开始向其分批发放“助保贷”，共计4次，授信额度分别为400万元、400万元、300万元、500万元。前三次贷款均已结清，现阶段“助保贷”余额为300万元，贷款金额主要用于推动该公司延长生产链、基地加工厂建设等方面。为了更好地管理风险，

该养鸽公司与农业产业园共同投入资金并形成风险补偿金资金池，为此项贷款进行担保，其中养鸽公司投入了40万元。该项贷款信用风险的20%由湘西长行村镇银行承担，80%由风险补偿金资金池承担。此外，在风险管理方面，“助保贷”采取分批发放的形式，在发放过程中，银行工作人员会定期上门检查，把控资金流向，有效防控风险。

湘西长行村镇银行通过信贷的方式给予该养鸽公司资金支持，助力其跨过资金障碍，厚积薄发。该公司通过良好经营，共带动建档立卡贫困户824户、3400人通过股份合作的方式实现增收，带动贫困户1284户、6699人实现增收，截至目前完成贫困户分红540余万元。另外，基地加工厂全部建成后，共新增就业岗位48个，有效为贫困人口提供了就地就近岗位，带动贫困人口脱贫致富。

5. 模式点评

该模式充分发挥了企业的辐射带动作用及农业产业园的担保功能，通过担保形成了有效的风险分担机制，搭配贷前审查、分批发放、贷后检查等风控措施，形成了良好的风险管理体系，有效降低了风险。同时，湘西长行村镇银行发放的贷款解决了制约小微企业发展的资金瓶颈问题，能有效支持小微企业转型升级，推动乡镇产业发展。此外，农业产业园的入驻企业在该模式下吸纳贫困人口就业，助力脱贫攻坚，推动了县域经济发展。

第三节　基于“惠农担－特色贷”的“农信担＋银行＋特色企业＋农户”模式

1. 运作模式

“惠农担－特色贷”是指发放给以地方特色产业为依托的企业的贷款（见图3–3）。在该模式中，有资金需求的特色企业向农信担提出申请，农信担在审核后为湘西长行村镇银行提供担保企业名单。湘西长行村镇银行的营销部、风险合规部、审批部门相互配合，对名单中的特色企业进行资质核查。核查通过后，湘西长行村镇银行向符合要求的特色企业发放贷款，为其规模扩张、技术精进提供资金支持。同时，农信担为贷款企业提供担保，有效分散了信用风险；特色企业为县域农户提供就业岗位，可以增加农户收入，提升农户生活质量，在拉动县域经济发展等方面发挥了重要作用。该模式的贷款对象须是市场前景好、发展潜力大、具备一定规模、对农民增收有较强带动作用的特色企业。

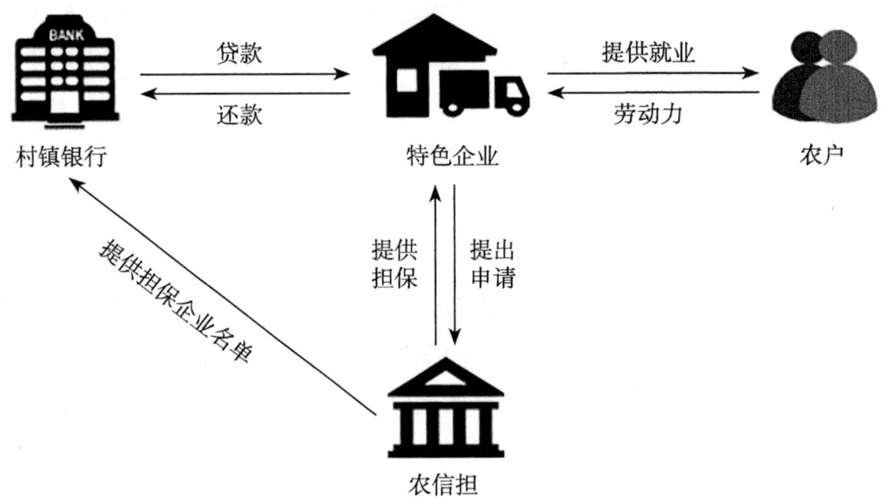

图 3–3 湘西长行村镇银行“惠农担 – 特色贷”运作模式

2. 贷后风险管理

湘西长行村镇银行采取定期上门检查的方式，把控资金流向，有效防控风险。

3. 模式关键

地方特色企业需为具备一定特色与规模且发展潜力大的企业，村镇银行为此类特色企业提供资金支持，农信担为此类特色企业提供担保。

4. 案例运用

以某旅游开发公司为例，该旅游开发公司对花垣县十八洞旅游开发有限公司持股 100%，是花垣县十八洞旅游开发有限公司的股权持有者。花垣县

十八洞旅游开发有限公司是一家以旅游景区建设运营为业务核心，同时拓宽创意文旅、车辆转运、假期培训、会议会务等业务的企业，属于国有企业。

经过对该旅游开发公司的资质审查、实地调研，湘西长行村镇银行判断该旅游开发公司满足发放“惠农担－特色贷”的相关标准。自 2016 年以来，湘西长行村镇银行对该旅游开发公司提供信贷支持 3400 余万元，贷款金额用于补充公司流动资金及项目建设。贷款发放后，湘西长行村镇银行依据风险管理要求，深入管控信用风险，客户经理定期上门调研，核查流水、财务指标和相关项目进度，把控资金流向。

近年来，花垣县十八洞旅游开发有限公司先后完成了游客服务中心、换乘中心、休息长廊、观光平台、游步道、山货集市、景区绿化美化等基础设施建设；为所在村镇农户直接提供就业岗位 40 余个，为村镇山货集市提供就业岗位 80 余个，为贫困家庭稳定就业增收、拓宽就业渠道等提供了帮助。随着花垣县十八洞旅游开发有限公司的发展，14 家个体农家乐、1 家集体餐厅、8 家干净民宿、8 栋高级生态酒店应运而生，可一次性供 1400 人同时在村里就餐，可容纳 100 余人在村里住宿，直接带动村民增收 600 余万元。2019 年，花垣县十八洞村旅游开发有限公司接待游客 60 万人次，为村集体经济增收 30 万元，进一步推动了县域经济发展。

5. 模式点评

该模式通过信贷的方式给予县域特色企业资金支持，农信担为其提供担保，推动特色企业挖掘新的发展机遇，提高自身核心竞争力；同时，为所在县域贫困户提供多元化就业机会，带动贫困户就业上岗，帮助农户实现增收脱贫。

第四节　基于“惠农养老贷”的“银行＋政府＋社保机构＋贫困户”模式

1. 运作模式

“惠农养老贷”是向符合条件的失地农民发放的、专项用于满足其一次性缴付基本养老保险中自行承担不足的贷款，以政府设立专项基金对其进行担保（见图 3-4）。该模式中，湘西长行村镇银行向满足条件的失地农民一次性发放养老保险贷款，农民用贷款资金购买养老保险，社保机构每月向农民发放养老金，养老金部分用于偿还湘西长行村镇银行的贷款，部分作为农民的生活支出使用，在一定程度上保障农民的基本生活。“惠农养老贷”的发放对象为女满 55 周岁、男满 60 周岁的，因政府统一征收农村集体土地而失去全部或者大部分土地，且在征地时依法享有农村土地承包经营权的失地农民；贷款额度单户不超过 5 万元；贷款期限最长可达 10 年。

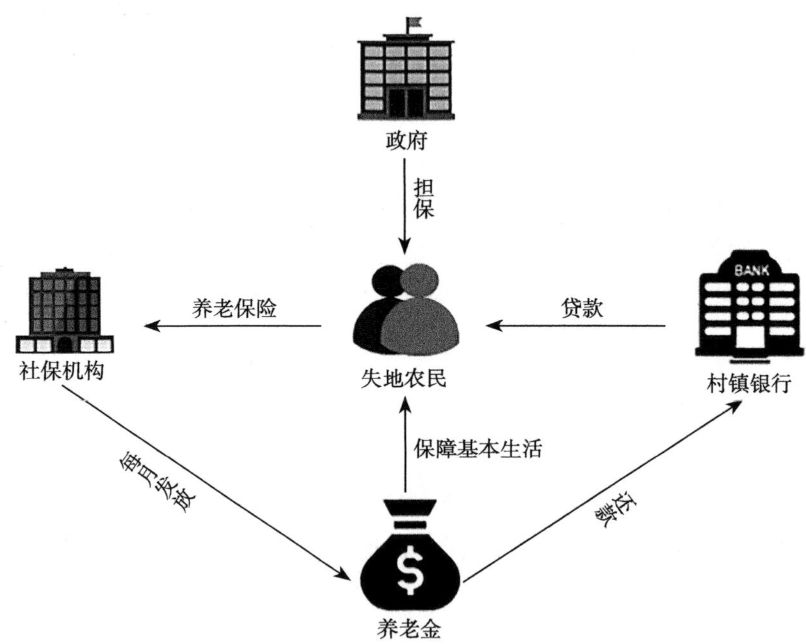

图 3-4　湘西长行村镇银行“惠农养老贷”运作模式

2. 贷后风险管理

湘西长行村镇银行要求贷款对象必须在湘西长行村镇银行开立个人结算账户，贷款发放后，采用政府担保、社保机构代发、银行代扣、居民每月以养老金抵还借款的模式，来把控资金流向，降低信用风险。

湘西长行村镇银行已经发放“惠农养老贷”共900.3万元，惠及农民260户，业务开展状况良好。

3. 模式关键

由政府设立专项基金进行担保，村镇银行与社保机构合作，精准帮扶失地农民。

4. 案例运用

2015年9月，湘西长行村镇银行为吉首市经济开发区内女满55周岁、男满60周岁的282名失地农民办理了一次性补缴15年工龄的城镇灵活性就业（失地农民）养老保险贷款，为这282名失地农民提供了资金购买养老保险。随后，社保机构每月定期向贷款农民发放养老金，养老金部分用于偿还湘西长行村镇银行的贷款，部分用于他们的基本生活开支；扣除贷款后，确保每名老人每月还有200元以上的养老金。2019年3月，吉首市经济开发区吉凤街道及时与湘西长行村镇银行对接，为首批85名贷款到期的参保老人办理结清手续。这意味着从2019年4月起，这85名老人将实现退休养老金全额领取。

5. 模式点评

此贷款参保模式在全省尚属首创，是湘西经济开发区制定的“民生三年改善”计划中的一项重大惠民举措。该模式有效缓解了失地农民缴纳养老保险费用难的问题，为其提供了养老保障；同时也为政府减少了财政负担，让失地农民老所有养、老有所依。

第五节　基于“工程贷”的“应收账款质押＋银行＋特色企业＋农户”模式

1. 运作模式

“工程贷”是为了满足重点工程项目中标企业因项目建设的融资需求向中标企业提供的贷款（见图3–5）。湘西长行村镇银行为经工商行政机关核准登记、并具备建筑企业资质且有融资需求的企业法人发放贷款，要求其为重点工程项目的中标企业，且项目自有金额达到合同金额的 30% 以上。发放贷款之前，湘西长行村镇银行将对企业资质和企业流水进行审核，审核通过后，这类贷款以应收账款质押的方式进行担保。湘西长行村镇银行与融资方签订应收账款质押登记协议、应收账款质押四方协议、应收账款回款付款通知书、同意质押承诺书等相关协议，并规定贷款的最高质押率，要求贷款金额需小于质押金额，且不超过中标合同金额的 50%，有效地控制了贷款资金的回收风险；贷款期限原则上不超过 1 年。在工程建设过程中，中标企业将为当地就业市场提供大量的工作岗位，增加农户的就业机会，有力地推动了当地基础设施建设和经济发展。

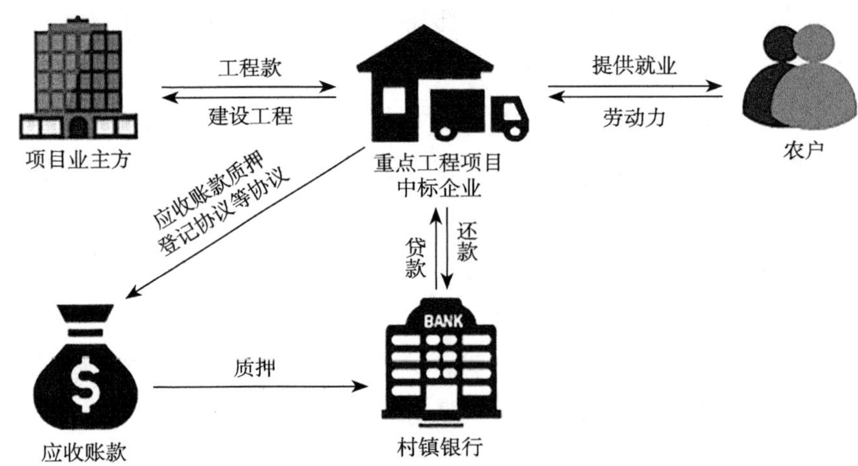

图 3–5　湘西长行村镇银行“工程贷”运作模式

2. 贷后风险管理

湘西长行村镇银行要求贷款企业必须在银行开设结算账户，并且会派人定期跟进工程开展状况和资金使用情况，确认资金使用方式与合同和工程进度相一致、工程回款状态良好。

3. 模式关键

银行为中标企业提供资金支持，中标企业用所建工程的应收账款进行担保，中标企业为所在地农户提供大量就业机会。

4. 案例运用

以保靖县某建材公司所贷“工程贷”为例。于 2014 年成立的某新型建材公司目前正实施保靖县酉水明珠工程道路桥梁（四方城遗址保护和开发项目）工程 A3 合同段，对保靖县道路交通进行改造。

该项工程总造价达到 17857.7 万元，依据已完工工程的投入产出比测算整个工程需要垫资近 9000 万元。工程项目较大，自筹资金对该建材公司来说较为困难，且对所需贷款金额无法提供抵押物，但该项目是保靖县的民生工程，工程进度款也能及时到位，且借款人多年来从事混凝土加工行业，工程施工经验丰富。为推动该项民生工程的顺利进行，湘西长行村镇银行通过“工程贷”的方式向该建材公司提供资金支持，并将项目应收账款作为质押，与其逐一签订应收账款质押登记协议、应收账款质押四方协议、应收账款回款付款通知书、同意质押承诺书等相关协议，并向其授信 2000 万元，缓解了该建材公司的燃眉之急。此外，发包方保靖县瑞兴建设投资有限责任公司、承包方湖南省交建工程集团有限公司保靖分公司在湘西长行村镇银行均有结算账户，便于银行对资金实行封闭式监管。湘西长行村镇银行还对资金去向以及工程进度进行定期调查，对该笔贷款的风险有一定的掌控。

基建工程为县域的不少居民提供了工作岗位，提升了他们的生活质量。同时，保靖县的道路也焕然一新，新修的水泥路面整洁，居民走街串巷花费的时间缩短了，运送货物也少了颠簸。新修的水泥路打破了“最后一公里”屏障，为居民的生活和工作带来了不少便利。

5. 模式点评

该模式充分考虑到了工程建设项目无抵押品的特质，融入应收账款作为质押的担保方式，使贷款模式与建设项目适配度良好。同时，湘西长行村镇银行在贷前对企业资质进行确认，贷后定期追踪资金去向，在风险把控良好的情况下，推动湘西州基础设施建设，助力村镇城镇化发展。

第二章　湘西长行村镇银行经营模式创新

第一节　服务模式创新

一、突出“民族银行”特色，全力打造“湘西人自己的银行”

1. 全面延伸金融服务触角

湘西州地处湖南省西北部，武陵山脉中部。武陵山脉给湘西州带来了丰富的人文旅游资源，但由于山脉阻隔，湘西州的经济发展相对落后，大型商业银行较少在此地生根落户。如中国银行仅在经济相对繁荣的吉首市和旅游业发达的凤凰县设立营业网点，交通银行也仅在吉首市设立营业网点。湘西长行村镇银行一直以建立“湘西人自己的银行”为己任，在各个贫困县设立了一级支行，全面延伸金融服务覆盖广度，实现全州全覆盖，为湘西州居民和企业提供金融服务。

湘西州共有8个县（市），湘西长行村镇银行于2014年实现对全州8县（市）金融服务的全面覆盖，是目前湖南省下辖机构数量最多、业务辐射范围最广、资产规模最大的村镇银行。在此基础上，湘西长行村镇银行根据各支行业务的开展情况、当地经济条件和地理环境，在有条件的金融服务空白区域择地增开营业网点。截至2020年年底，湘西长行村镇银行共设立总行与一级支行17家，二级网点14家，还设立了19家自助银行。湘西长行村镇银行以“网点下沉”和“全面覆盖”的形式，将普惠金融服务延伸至村民家门口，缩短村民办理金融业务所用时间，树立湘西长行村

镇银行“身边的银行”和“湘西人自己的银行”的企业形象，为后续业务开展打下良好基础。

为了更好地彰显本行的民族特色，坐落于少数民族聚集地的湘西长行村镇银行始终坚持以“民族银行”“草根银行”“绿色银行”为品牌特点，加强对少数民族的政策宣传与帮扶力度，并致力于给少数民族的特色小微企业提供信贷支持，助力地方民族事业发展。在金融服务的供给方面，湘西长行村镇银行的工作人员为前来咨询业务的少数民族群众耐心讲解金融服务政策，并优先为来自偏远山区的少数民族群众办理业务，最大限度缩短业务办理时限、提高办事效率、提升少数民族群众的服务满意度，尽力满足少数民族群众的办业务需求，旨在通过金融服务的优化，促进民族团结。

依托于“全面延伸金融服务触角”的业务开展模式，各支行和网点形成了良好的运作体系和规模经济。在此基础上，湘西长行村镇银行针对各贫困县的实际经济情况，进一步扩大服务覆盖范围，开展相关业务。湘西长行村镇银行以“到 2020 年，全州 8 县（市）金融服务站、助农取款实现全覆盖，基本实现金融服务‘村村通’”为目标，开展了贫困村金融服务站建设、特色产业富民金融服务、基础设施惠民服务、公共服务济民金融服务等 10 个专项行动。以花垣县十八洞村为例，湘西长行村镇银行在这里设立了第一家开在村里的支行，也是全州首家在花垣县十八洞村设立的集金融知识宣传、助农取款、金融扶贫服务、农村电商平台、党建示范教育基地等功能为一体的村级社区银行，并将其作为全行扶贫标杆阵地进行大力建设，真正做到了金融服务由乡到村、由村到户下沉，有力地推动了花垣县十八洞村的经济发展。

2. 全力培育本土化员工

湘西长行村镇银行能够成为“湘西人自己的银行”，除了依托“全面延伸金融服务触角”的业务开展模式，还得益于良好的人缘与地缘优势，能获得更加全面、详细的客户信息，同时便于湘西长行村镇银行的工作人员提供上门服务，使湘西长行村镇银行的客户享受到更加方便快捷的金融服务。

区别于大型商业银行的员工来源于五湖四海的特征，湘西长行村镇银行积极吸收银行网点所在县域的农民子女到银行就业。在为当地就业市场提供工作岗位的同时，湘西长行村镇银行组建了一支本土化的员工队伍。截至 2020 年年底，湘西长行村镇银行的员工总数达到了 402 人，其中拥有湘西州籍贯的员工人数达到 145 人，占员工总数的 36%。来自湘西州当地的员工对当地的经济情况和村镇居民更为了解，基于人缘、地缘优势，更容易获得客户人品、性格、家庭、消费特征、敬业状况等个人流水或公司报表不能体现的“软信息”，可以在很大程度上解决大型商业银行解决不了的信息不对称的问题。此外，本地员工在沟通和感情传递上更具优势，能较快拉近银行与客户之间的距离，使湘西长行村镇银行进一步融入村镇居民的生活。

3. 建立专业化的服务队伍

湘西长行村镇银行始终把专业化服务视为“服务‘三农’、服务小微、服务居民”的实施路径。依据湘西州自身的经济发展特点和湘西长行村镇银行多年经营积累的经验，湘西长行村镇银行设立了三种不同的专业化服务模式，在团队建设、专业培训和过程督导三方面提升员工的专业素养，切实提高服务质量，打造具有湘西长行村镇银行特色的服务品牌。

（1）“一组一业、服务优质”模式。

湘西长行村镇银行按照“一组一业、服务优质”的原则，建立了多个客户经理组，依据不同客户经理组的专业所长、从业经验等，将客户经理组划分为不同的专业客户经理组，进一步细分各组的业务领域。在这种模式下，湘西长行村镇银行能够为农村养殖业、农村种植业、农产品加工业、基础设施建设、社会保险等不同领域的客户提供相应的专业化服务。在客户经理组中，湘西长行村镇银行采取“老人带新人”的人员培养形式，即每组至少有两名对该专业方向的业务操作熟练、专业基础扎实的工作精英带队，通过实地调查、定向营销、每周总结等团队合作过程，切实提高员工的专业能力及沟通能力，培养团队成员间的合作意识，打造具有凝聚力、向心力、强能力的客户经理团队。

（2）“职业道路、专业方向”模式。

湘西长行村镇银行依据“职业道路、专业方向”模式的要求，培养职业素质过关、专业知识过硬的工作人员。湘西长行村镇银行将村镇银行培训纳入集团培训体系，优先选拔本地的毕业大学生和大学生村干部，根据村镇银行的实际需要，将人才分至不同的业务条线，以外聘专家培训、行内内训师培训、跟班学习、以岗代训等多种方式对村镇银行员工进行培训。湘西长行村镇银行还根据不同岗位的人才需求，对员工做相关岗位的专业培训，例如，要求负责“生猪贷”的工作人员了解生猪饲养知识、要求负责“工程贷”的工作人员了解工程建设知识、要求负责“粮食贷”和“茶叶贷”的工作人员了解基本农事，通过“职业”“专业”两手抓的形式，使服务质量得到实质性提升。

（3）“加强督导、强化过程控制”模式。

湘西长行村镇银行为更好地完成基础类、特色类及引导类指标，按月、按季对相关指标完成情况进行监测，及时了解指标完成较差的问题所在，进行对症下药。在不良贷款压降方面，湘西长行村镇银行通过片区管理、一户一策、重奖到人等方式将不良贷款控制在合理范围内。在对普惠型小微企业的贷款投放上，湘西长行村镇银行为推动相关业务发展，特发“推进两增两控通知”，同时对各个支行进行每日数据通报，截至2019年年底，湘西长行村镇银行对普惠型小微企业发放贷款的增速为0.08%，高于各项贷款，户数1183户高于2019年年初的1007户，该模式在业务营销中的效用显著。

4. 力推客户中心化服务模式

随着金融行业竞争的逐步升级，“产品导向”的发展方式逐渐不能适应现在金融市场的发展格局。湘西长行村镇银行紧跟市场变化，其服务理念也转变为“以市场为导向，以客户为中心”，并设立了三种客户中心化服务模式，重视客户资源，深入了解客户需求，想客户之所想、急客户之所急，全心全意为客户服务。

（1）“一链两圈三集群”模式。

针对办理贷款业务的客户，湘西长行村镇银行采用“双主双优”战

略和“一链两圈三集群”模式。

“双主双优”战略，即将优势行业、优质客户、主流市场、主流客户作为信贷支持的战略重点，这是针对较大额的贷款所采取的战略。根据湘西州不同县（市）的经济发展特点，湘西长行村镇银行着力支持营业网点所在县域的特色产业或是竞争力较强的产业，由这些产业发挥带头作用，增加当地居民的工作机会，拉动县域经济发展；同时关注资信较好的农户和贫困户，分别创新和匹配不同类型的产品，发挥湘西长行村镇银行作为村镇银行“支农助农”的作用，同时稳定自身经营和发展。

“一链两圈三集群”模式中的“一链”是指价值链，金融机构基于农业产业链上不同主体之间的商业关系提供金融服务。依托于产业链中实力最强的龙头企业的信用，金融机构向与龙头企业签署了农产品收购协议的农户提供贷款支持，只需要订单和龙头企业的担保，不需要提供抵押资产，贷款封闭运行，农产品收购款在支付完贷款本息后才划给农户，基本保证了信贷资金的安全。湘西长行村镇银行通过与花垣县十八洞村村委会、专业合作社、建档立卡贫困户等签订贷款协议，支持当地养殖业、种植业、旅游业发展，实现了这种价值链模式的本土化延伸。“两圈”是指商贸集聚圈和制造集聚圈，相较于其他分布较为分散的居民居住地，商贸集聚圈和制造集聚圈是经济活动较为频繁的地方。湘西长行村镇银行将其作为外出营销的重要场所，合理利用“两圈”中经济主体经营业务较为相似、所需金融服务较为相近的特点，通过有效的产品模式批量开发客户。“三集群”是指合作社、银企同盟、园区集群，这是主要针对优质小微客户群体而制定的模式。对于小微客户群体“少抵押”“无抵押”的贷款难题，湘西长行村镇银行不断开拓创新抵押担保形式。合作社、银企同盟或是园区集群提供优质客户名单，并以自身名义和部分资金作为担保，湘西长行村镇银行在经过资格审查后为优质客户提供“零抵押”贷款，解决小微客户因抵押物而无法贷款的问题，进一步推动所在县域经济发展。

（2）客户关系管理模式。

村镇银行与客户的良好关系是构建良好公共环境的根本要素。湘西长

行村镇银行一直十分重视客户关系的维护与管理，不仅普遍遵循以客户为中心的市场化服务理念，还通过细分客户，实施差异化服务，增强服务的针对性，提升客户的满意度，打造了坚固的客户基础。

在客户关系管理上，湘西长行村镇银行采用了国际上比较认可的CRM[①]方法。依托于主发起行长沙银行股份有限公司的信息科技，湘西长行村镇银行建立了先进的数据仓库，通过数据挖掘技术，将客户信息进行清洗、过滤、重组，将客户划分为四类：第一类是无交易客户，该类客户在湘西长行村镇银行拥有借记卡或是贷记卡账户，但使用频率极低；第二类是低频交易客户，该类客户资金流水不大，交易频率低；第三类是中等客户，资金流水相对较大，交易频率较高；第四类是重要客户，其交易金额通常在几百万元以上，账户资金流水非常大。湘西长行村镇银行将重要客户和潜在客户视为重点对象，在现有的第一类和第二类客户群体中识别出潜在客户，挖掘潜在客户的产品偏好，并对其进行重点营销，同时对重要客户做好长期维护工作。这种方式大大提高了湘西长行村镇银行的产品营销成功率，有效降低了优质客户流失率，与客户形成了良好的关系，提升了客户黏度；还经常出现老客户带来新客户的现象，形成了客户数量的良性增长，极大地降低了营销成本。

（3）“联络员”模式。

与农村金融市场中的“老牌正规军”——农村信用社相比，村镇银行属于新生事物，成立时间短、营业网点少、社会公信力和群众认知度还在积累中。湘西长行村镇银行采用“联络员”模式，通过指派员工对接小微企业与农民，扩大服务网络，及时回答和处理客户在办理业务过程中产生的疑问和相关问题，以高水平的服务质量与贴心的服务不断提高银行声誉。在联络员的选择方面，湘西长行村镇银行立足于所在县域的实际情况和银行自身的产品种类，选派1~2位自身实力过硬、业务经验较为丰富且善于

① CRM（Customer Relationship Management）是指企业为提高核心竞争力，利用相应的信息技术以及互联网技术协调企业与顾客在销售、营销和服务上的交互，从而提升管理方式，向客户提供创新式的、个性化的客户交互和服务的过程。

沟通的员工作为联络员。

同时，利用“熟人社会”关系网，获得“软信息”，从信息对称的角度来降低金融服务的风险。依据湘西长行村镇银行“上门服务”的相关规定，在必要的时候为客户提供上门服务。对于符合条件但行动不便的老人、忙于农事或者经营的客户，湘西长行村镇银行提供上门服务，在不违背操作流程的基础上尽量简化贷款审批手续，提高工作效率，真正做到绿色放贷、阳光放贷。

专栏：湘西长行村镇银行通过上门服务为李记粉馆提供小微贷款

李记粉馆缺少常规抵押品，但湘西长行村镇银行并未就此停止与其的贷款工作。连续3天，湘西长行村镇银行的客户经理都在当地一家名为李记粉馆的餐厅蹲点。通过清点碗筷、查进货单、点账，他发现，仅米粉，这家店一天能卖出160碗左右。经过3天的蹲点，湘西长行村镇银行的客户经理认为，这家粉馆拥有较高的经营业绩，因此在没有担保和抵押的前提下，湘西长行村镇银行为李记粉馆发放了金额为10万元的小微贷款，支持李记粉馆扩大营业规模，提高业务收入。

湘西长行村镇银行自成立以来，这样的上门服务案例数不胜数，有力助推湘西长行村镇银行“支农支小”服务，拉动当地经济发展。

联络员们发挥了推广与宣传银行业务的媒介作用，将湘西长行村镇银行的金融产品和金融服务推向了大街小巷和田间地头，使得湘西长行村镇银行实现了业务从农业、农村、农民，到城乡小微企业、个体工商户、城乡居民的广泛覆盖。

二、突出“草根银行”特色，立足小微企业

随着经济的发展，小微企业对金融服务的市场需求扩大，但许多大型商业银行在经济下行、不良贷款率上升的环境下对小微企业的关注度不足，

且缺乏对执行和监督小微贷款项目运转的专业人员的培养。湘西长行村镇银行作为全国第一家地市级村镇银行，抓住了农村市场和小微企业市场的机遇，始终坚守“草根银行”的战略使命，专注于“支农支小”的定位，将农户与小微企业视为主要客户群体，实施小微金融业务优先发展战略，并开创了多种业务开展模式。

1. 量体裁衣：打造小微信贷产品

为适应湘西州的经济发展特色，满足农户与农业金融的多元需求，深化服务“三农”以及小微企业的理念，自成立以来，湘西长行村镇银行根据当地实际情况，采用适时调整信贷支持策略及产品内容、对小微信贷产品不断进行升级改造、开创多个具有湘西特色的信贷产品等方式，扩大服务受众面，精准定位服务对象，让涉农企业及贫困农户得到长久的金融帮扶，提高了当地的经济发展水平，为实现农业产业转型升级提供了保障。

湘西长行村镇银行先后推出了符合小微企业主的“助保贷”“助农贷”，符合个体工商户的免抵押“吉湘贷”“流量贷”，符合稳定收入人群的“个人消费贷”及各类按揭贷，针对湘西州特色产业推出了“茶油贷”“生猪贷”“粮食贷”等信贷产品。湘西长行村镇银行以提供“茶叶贷”的方式支持古丈县有机茶、保靖县黄金茶产业的发展，为以个人家庭茶园为主的经营实体，累计发放贷款4000余万元；为永顺县的茶油、猕猴桃种植及精深加工产业，以提供“茶油贷”的方式累计发放贷款2000余万元；为凤凰县腊尔山片区的胡萝卜脱贫特色产业，以“省农担[①]保证担保”的方式，累计发放贷款190万元。这些信贷产品大受贫困农民和小微企业欢迎，有效拓宽了其致富门路。

在主发起行长沙银行股份有限公司的支持下，湘西长行村镇银行结合金融科技与主营业务，顺利发布了“快乐秒贷”线上产品，提高贷款审批效率和速度，提升用户满意度。此外，为降低小微企业的融资成本，湘西

① 湖南省农业信贷融资担保公司。

长行村镇银行对符合条件的优质小微企业实行灵活差别的信贷政策，通过“无还本续贷”“续力贷”“转贷资金”的方式，为小微企业提供“过桥”资金，截至2020年年底，累计投放资金逾1亿元，赢得了良好的市场口碑。

2. 特色定制：打造业务发展新平台

产业支持显特色，金融扶贫出实效。为进一步拓宽融资渠道，湘西长行村镇银行充分借助湘西州积极推行的“产业发展”与“扶贫攻坚”两大政策支持，不断探索和创新合作平台。

湘西长行村镇银行全面深化与湖南省农业信贷融资担保公司的业务合作，联合开发了“惠农担”系列产品，研发出涉及茶油种植、生猪养殖、粮食生产等产业的特色贷款产品，基本实现了对涉农产业金融支持的全覆盖。湘西长行村镇银行还积极与主发起行、政策性银行开展合作，争取了与长沙银行、国家开发银行、中国农业发展银行的项目对接，努力探索业务发展新模式。

专栏：湘西长行村镇银行助推保靖县实现产业脱贫

保靖县排大方村是水田河镇的一个偏僻小山村，是湘西长行村镇银行结对帮扶的深度贫困村。该村于2018年开始动工修建的千亩黄金茶产业园，如今一片翠绿，生机勃勃，成为湘西长行村镇银行点“绿”成金产业扶贫拔“穷根”的又一力作。

湘西长行村镇银行深抓“产业扶贫”这一药方，将“向农村输血”转变为“为农村造血”，助力农户脱贫致富。2014年以来，湘西长行村镇银行联合中国农业发展银行湘西分行、中国银行湘西分行、中国石油湘西分公司在水田河镇成立扶贫队，坚持“携手”和“同心”两大理念，精准推出“六项策略”，实施“九大工程”，实现了扶贫村“大变化”。

在湘西长行村镇银行驻村扶贫工作人员的指导下，以及银行提供的10万元精准扶贫工作经费的支持下，村里办起了养殖湘西黄牛专业合作社，采取“合作社＋基地＋农户”模式，村里的

贫困户以山地、劳动力或资金入股，由专业合作社统一管理，按入股资金比例进行分红。加入专业合作社的所有贫困户均已实现了脱贫，走上了致富之路。

3. 风险缓释：探索多元化担保方式

湘西长行村镇银行在开展业务时，除了提供以客户为中心、以需求为导向的产品和服务，还设立了灵活的信贷授权，在贷款期限、担保形式等方面提供差别化配套服务，不断丰富业务风险缓释举措，实现业务的快速、稳健发展。

第一，助力培育新型农业经营主体。国家通过财政支持、税收优惠和金融、科技、人才的扶持以及产业政策引导等措施，促进专业合作社的发展。湘西长行村镇银行积极响应有关政策，支持专业合作社为其带动的农户、家庭农场和农村企业提供贷款担保。

第二，创新担保模式。湘西长行村镇银行在担保方面引入了专门的担保公司，配套研发了“生猪贷”“特色贷”“茶油贷”“粮食贷”等“惠农担”系列涉农信贷产品，该系列产品均由专业担保公司提供担保，此举不但解决了涉农企业融资担保的问题，而且大大降低了企业的融资成本，确保了扶贫转贷资金的政策帮扶与安全投放。同时，湘西长行村镇银行推出了“互助五兴贷”，重新构建了担保模式。这类贷款舍弃了寻常以物品作为抵押或质押的担保形式，将约束条件转换为小组成员之间的相互监督，有力地破解了农村金融“无抵押”的难题。除了“互助五兴贷”，湘西长行村镇银行不断推进小微企业贷款抵押物问题的解决，出台了《应收账款质押贷款管理办法》，以应收账款的预期收益作为授信偿还的担保方式，切实解决小微企业的无房地产抵押担保问题，促进小微企业、个体经济、个人贷款业务的发展。

三、突出“绿色银行”定位，实施差异化经营策略

湘西长行村镇银行在湘西州 8 个县（市）均有网点分布，服务渠道已覆盖全州县市区及重点乡镇。为了更好地推动当地经济的发展，服务县域

居民和小微企业，湘西长行村镇银行坚守“绿色银行”的特色定位，采用“一县一品、一行一策”的经营模式，在把握湘西州经济环境和区域特征的前提下，按照“紧密结合区域经济、重点支持重点项目外围合作商、实现产业链突破、促进特色支行建设”的原则，为各个县域的支行制定了具体的信贷指引政策，因地制宜，实施差异化经营策略。

吉首市：湘西长行村镇银行利用吉首市为州府所在地的优势，以政府、交通、民生等重点项目以及成熟商圈、农林产业等优势产业和产业集群为重点，积极开发核心企业的上下游客户群，打造了“现金流控制+联保联贷”的批量授信方式，通过经营规模与风险承受能力的比较分析，将单个商户贷款额控制在10万元至100万元，实现了风险系数量化管理，保障了放款效率，带动了整个市场竞争力的提升。

凤凰县：湘西长行村镇银行紧扣旅游这一凤凰县优势集群产业，积极推进产业链上下游的开发，进一步夯实基础客户群，开发了贷款新品种“租金贷”，用以解决客户创业时在租赁方面的资金难题。

龙山县：湘西长行村镇银行保持对龙山县的传统优势产业的金融服务，如推动“吉湘贷”的开发来支持龙山县烟叶、药材、百合种植、八面山景区、里耶古城等产业的发展。

古丈县和保靖县：该地区以茶叶为特色产业，湘西长行村镇银行在加强该地区茶叶产业链和旅游行业开发的基础上，关注政府重点项目的链式开发、园区企业和小微客户开发，推出“茶叶贷”“惠农担”等贷款，在优惠的利率及方便的服务下，为一线的农户、企业给予金融扶持。

此外，湘西长行村镇银行还特别注重对湘西州新型城镇化及城市公共事业等领域的项目的支持，加强与政府的合作，推出了“工程贷”，助力政府的重点工程、民生工程以及湘西州道路改造等重大基础设施的建设。

湘西长行村镇银行通过“一县一品、一行一策”的差异化经营模式，充分发挥自身特色品牌及服务优势，向周边村镇进行业务下沉，进一步填补了农村特色金融服务的市场空白，将湘西长行村镇银行更多的金融产品及服务覆盖到村镇，助力湘西州经济建设与社会发展。

第二节　探索金融科技转型发展

一、信息科技支持保障模式

科技是第一生产力，湘西长行村镇银行十分重视金融科技的发展与应用。自 2014 年起，湘西长行村镇银行加大对金融信息科研的投入力度，构建专门的信息科技支持保障体系，资金投入逐渐由 2014 年的 80 万元增长到了 2020 年的 500 万元（见图 3–6）。

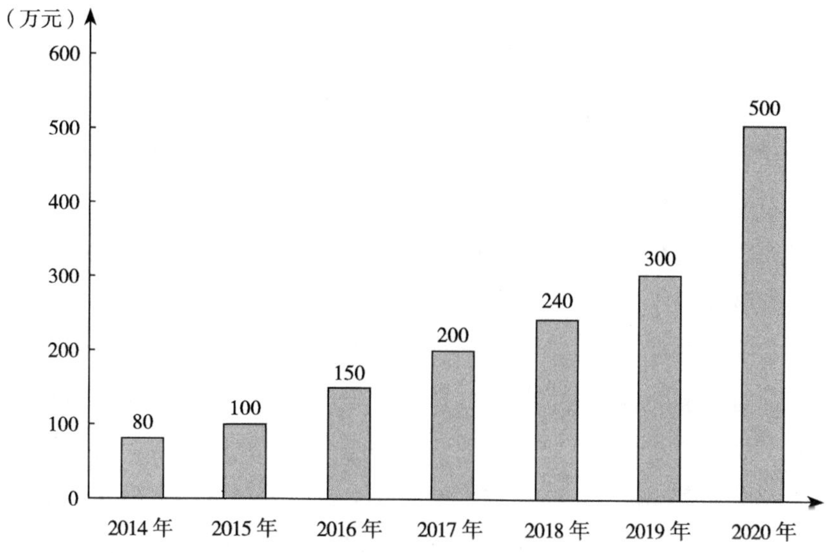

图 3–6　2014—2020 年湘西长行村镇银行金融信息科研投入金额

现如今，湘西长行村镇银行已经建立起了以 CRM、新核心系统、信贷业务管理系统为核心的近 50 套应用系统，进一步完善了信息系统运行机制，初步形成了大数据驱动的业务发展模式。

1. 逐步完善的信息科技治理结构

湘西长行村镇银行正在组建专业化的信息安全队伍，全方位地提升信

息安全工作的质量和效率。

湘西长行村镇银行有组织、有计划地开展信息科技专业培训，进行信息科技人才队伍建设。一是充分锻炼和培训体系内的员工，增强其信息科技能力；二是积极引进高素质、高能力的人才，湘西长行村镇银行与吉首大学展开合作对接，创新人才培养模式；三是健全制度体系，规范操作流程。湘西长行村镇银行一直以来致力于建立和完善信息安全管理制度，明确信息安全方针、策略和管理要求，规范操作流程，加强贯穿信息系统生命周期的信息安全管理，为相关业务的开展构建、制定良好的运行框架与规范。

2. 全面的基础设施服务能力

随着金融科技的不断发展，发展“智慧金融”已成时代趋势。湘西长行村镇银行借助主发起行长沙银行股份有限公司的金融科技体系，不断更新基础设施，提升金融服务能力，以信息技术与互联网技术为推动力，努力实现“新型智慧银行和智能服务模式”建设。

一是智慧柜员机的上线试行。湘西长行村镇银行的部分营业网点上线试行了智慧柜员机，将以往的“全人工”服务模式转变为“客户自助＋员工辅助”模式。智慧柜员机能够覆盖80%以上的传统柜台业务，通过清晰的简洁界面和触屏操作，客户可以较为轻松地找到自己所需办理的业务。客户从传统柜台业务办理的“旁观者”转变为“实际操作者”，而客户经理能脱离柜台，面对面辅助客户进行操作，减少了柜面工作量和客户排队时间，同时也提升了用户的参与度，拉近了客户经理与客户之间的距离。智慧柜员机还设有防窥屏和密码输入保护屏障，能够充分保护客户的信息隐私和安全。

二是完善24小时自助银行的铺设。湘西长行村镇银行共设立了19个24小时自助银行，分布在吉首市、龙山县、保靖县、永顺县和凤凰县，与各级支行和营业网点共同组成金融服务网络，辐射周边村庄，实现金融服务无缝覆盖，打通金融服务“最后一公里”。

三是客户经理的配套设施升级。每名客户经理都配备一台便携式电子设备，可供客户经理在大堂或外出办理业务时使用。电子设备为大堂经理提供前来办理业务的客户的基本信息，有助于客户经理依据客户资产和偏好推荐

更适合客户的存贷款产品；同时该电子设备也是客户经理处理业务的显示终端，便携式电子设备与智慧柜员机的系统相连，客户经理能通过电子设备确认客户操作是否正确，继而进行业务授权，极大地提高了业务办理效率。

3. 先进的信息系统管理理念

湘西长行村镇银行的信息系统建设遵循以下五个理念。一是围绕精细化管理构建系统架构。湘西长行村镇银行以 CRM 为中心，多维度地整合客户信息，进一步提升湘西长行村镇银行的精细化管理水平，实现了业务营销稳健发展和内部管理提质增效的均衡健康发展。二是努力实现村镇银行经营管理信息系统与核心业务系统的全面融合。湘西长行村镇银行先后建立并投入使用了维修资金系统、对公自助回单打印系统、信贷系统、新综合报表分析系统、商品房预售资金监管系统等信息系统，简化业务开展流程，给村镇居民和小微企业提供更高效便捷的金融服务。三是基于集团思维的信息整合分析方式。湘西长行村镇银行的管理被全面纳入主发起行的管理体系范畴，以主发起行的 IT① 系统为基础，实现金融统计数据系统、TIPS②、OA③ 系统、大数据系统的投产上线，实现了银行管理信息化、经营运作网络化、业务品种多元化和服务渠道电子化，进一步提升湘西长行村镇银行的市场竞争力和经营管理水平。四是与时俱进提升综合服务能力。湘西长行村镇银行不断更新客户端信息系统，完善短信平台，投入使用网上银行系统、手机银行系统，打通微信、支付宝绑卡接口，对接主发起行“呼啦”移动支付，增添社保卡制卡系统、生活缴费系统。这些客户端增强了湘西长行村镇银行基础客群获客手段，提升了客户黏性，实现了支付中介职能与融资中介职能的有机联动。五是系统简洁高效。远程授权系统、电子印章系统、后督系统、国库集中支付系统先后上线并投入使用，促使湘西长行村镇银行的业务办理流程被进一步优化。

① IT（Information Technology，信息技术）是主要用于管理和处理信息的各种技术的总称。

② TIPS（Treasury Information Process System，国库信息处理系统）是横向联网系统向国库内部延伸的不可缺少的支持系统。

③ OA（Office Automation，办公自动化）是将计算机、通信等现代化技术运用到传统办公方式，进而形成的一种新型办公方式。

湘西长行村镇银行信息科技支持保障模式如图 3–7 所示。

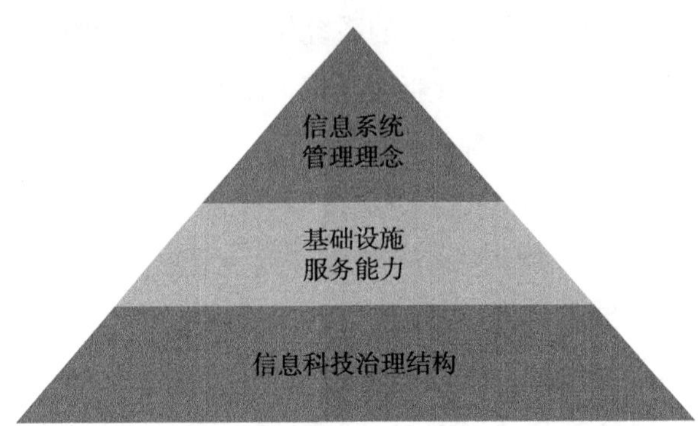

图 3–7　湘西长行村镇银行信息科技支持保障模式

二、线上线下经营融合模式

传统经营模式依赖银行营业网点的开设，无论是客户还是银行的工作人员都需集中在银行网点处理业务。随着科技的不断进步，手机和电脑的普及性和智慧性越来越高，能实现多类型银行业务操作，居民生活也与智能手机联系紧密。基于此，湘西长行村镇银行在不断完善银行网点经营的基础上，逐步开发线上经营体系，以线上线下相结合的模式为湘西州居民提供一个覆盖面更广、业务操作更方便的高效金融服务体系（见图 3–8）。

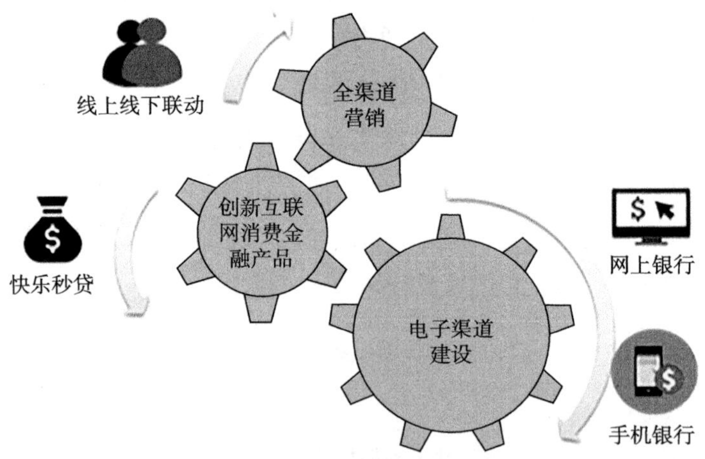

图 3–8　湘西长行村镇银行线上线下经营融合模式

1. 积极完善电子渠道建设

目前，客户更倾向于从互联网获得金融服务，尤其是从移动渠道端。湘西长行村镇银行依托主发起行的金融科技优势，不断推动服务向移动渠道端迁移，先后上线运行了网上银行、手机银行“e 钱庄”。“e 钱庄”可供用户进行注册、银行卡的绑定和解绑、查询类交易、充值或提现、定活互转、无卡取款以及一键支付等业务操作，为个人客户提供了资金管理、金融理财、转账支付等重要电子渠道。此外，“e 钱庄”还为客户提供了湘西自治州电费缴纳、社保参保信息一键查询等服务。

手机银行、网上银行顺利上线运行后，能有效缓解营业网点的柜面压力，实现对偏远山区、集贸市场以及非营业时间金融服务的有效补充，为客户提供 24 小时不打烊、方便快捷的“一站式服务”；同时，也有助于推动服务全覆盖替代网点全覆盖，节约服务成本、扩大服务半径、增加服务内容、提升客户黏度。

2. 创新互联网消费金融产品

湘西长行村镇银行于 2019 年 11 月正式推出了线上信用消费贷款产品“快乐秒贷”，该产品具有“简、快、高、省、长、便”六大特点，打造了申请、审批、放款、还款全线上流程，客户可以通过手机操作自助办理，无须提供任何纸质材料，也无须担保。湘西长行村镇银行根据个人征信、客户等级、还款能力确定利率，年利率最低可至 5.4%，随时放款，用时起息，随借随还，灵活方便，单笔借款最长可达 3 年。贷款用途广泛，可用于购车、装修、医疗、旅游、教育、生活消费等，直击融资难、融资贵、融资慢的社会痛点。截至 2021 年 3 月，“快乐秒贷”产品贷款余额为 2.4 亿元，因方便快捷电子化的办理方式备受好评。湘西长行村镇银行“快乐秒贷”产品的发布，有利于进一步丰富湘西州金融产品，满足大众基本金融需求，推动消费金融发展，也有利于推动全州各级金融机构顺应时代潮流，运用“互联网 +”的力量，提升改革创新能力，为建设美丽开放幸福新湘西添砖加瓦。

3. 进行全渠道营销建设

湘西长行村镇银行通过以下两方面来推动全渠道营销建设。

一方面，加强线上营销渠道建设。湘西长行村镇银行不断完善微信公众号和“e钱庄”等网络平台和营销渠道的建设。湘西长行村镇银行的微信公众号“湘西长行村镇银行”于2014年11月3日建立，现有“关于长行”“精品阅读”“贴心服务”三个模块，分别以湘西长行村镇银行的营业网点和存贷款业务、湘西长行村镇银行的动态与客户服务为中心展开。依托于微信公众号，湘西长行村镇银行推出了存贷款产品的系列介绍、金融和科技知识讲解栏目、系列公益活动介绍等，通过居民日常接触的手机，进一步加强湘西长行村镇银行的产品营销并深化“湘西人自己的银行”这一经营理念。湘西长行村镇银行推出的“e钱庄”通过引入生活缴费服务、跨行取现、定活互转等服务并采用免收手续费的方式，吸引客户更多地使用手机银行，了解湘西长行村镇银行提供的服务与经营理念，并通过优质服务进一步“留住顾客”，形成正反馈效应。

另一方面，联动线上线下营销渠道，共同维系和拓展客户。湘西长行村镇银行定期对客户经理进行培训和检查，要求其在线下办理业务时同样关注手机银行、网上银行、微信公众号的推广营销。客户经理依据客户风险偏好和个人习惯，对客户可能感兴趣的栏目进行重点介绍，引导客户发现线上平台和渠道的优势，不断加强线上线下营销渠道之间的联系。湘西长行村镇银行还重视线上线下渠道的资源整合和价值共享，将每个渠道都视为银行营销战略的组成部分，促使渠道间发挥各自的优势，紧密协作、高度协同、互为补充。

第三节　筹融资模式创新

一、利用转贷款和再贷款筹融资

湘西长行村镇银行作为新型农村金融机构，始终积极履行社会责任，助力精准扶贫。受限于地市级村镇银行，资产净额难以企及大型商业银行，

因此湘西长行村镇银行在筹融资模式上积极创新，抓住与其他银行合作的契机，搭乘国家扶贫转贷款和再贷款的东风，全力助力村镇经济发展。

湘西长行村镇银行契合国家开发银行湖南省分行精准扶贫重大战略，利用自身的网点优势、地缘优势、人员优势，积极争取合作，在国家开发银行湖南省分行的大力支持下，于 2018 年 8 月顺利承接全省首笔转贷款 3 亿元，不仅填补了湖南省扶贫转贷款业务品种的空白，实现了国家开发银行扶贫业务贷款品种在湖南省的顺利落地，也进一步拓宽了湘西长行村镇银行扶贫资金的来源。

湘西长行村镇银行自向国家开发银行湖南省分行申请扶贫转贷款以来，继续做好国家开发银行、中国农业发展银行转贷款及中国人民银行精准扶贫再贷款投放工作，截至 2019 年年末，湘西长行村镇银行扶贫再贷款余额达 3.27 亿元，笔数为 43 笔；国家开发银行转贷款余额达 1.96 亿元，累计转投 335 笔；中国农业发展银行转贷款余额为 0.43 亿元，累计转投 15 笔。

湘西长行村镇银行以产业扶贫项目为载体，以龙头企业、家庭农场、种养大户、专业合作社等新型农业经营主体为合作对象，借助转贷款和再贷款这两种筹融资模式，大力发展涉农扶贫贷款，“精准滴灌”信贷资源，有效带动贫困户脱贫致富。截至 2019 年 6 月，湘西长行村镇银行共支持或带动各类涉农贷款主体 177 户，转投金额 13948 万元，平均年利率为 5.17%。其中，支持龙头企业客户 34 户，转投金额 9048 万元；农业专业大户 25 户，转投金额 2702 万元；专业合作社 3 户，转投金额 430 万元；家庭农场 7 户，转投金额 340 万元；农户 108 户，转投金额 1428 万元；直接或间接带动贫困户 12114 人，其中建档立卡贫困户 3630 人。转贷款和再贷款这两种筹融资模式很好地满足了湘西长行村镇银行的融资需求，推动湘西长行村镇银行更好地为湘西州提供金融服务。

专栏：国家开发银行以转贷款形式为苗寨提供信贷支持

在湖南省古丈县牛角山村苗寨，有一片小茶苗连成的海洋。这些茶苗叫“白叶一号”，村民对这些小茶苗细心照料。然而巧妇难为无米之炊，白茶前期的种植、土地复耕、茶叶培管以及后期的加工、包装、推广等都需要大量的资金，这让牛角山村苗寨的村民陷入了两难。

湘西长行村镇银行与国家开发银行湖南省分行展开合作，在全面了解脱贫情况、茶叶种植情况以及产业发展规划、资金缺口等情况之后，迅速确定了授信方案与信贷资金来源，最终以转贷款的形式向国家开发银行融得资金，并向苗寨投放期限为36个月、年利率低至4.55%的1000万元流动资金贷款，同时，湘西长行村镇银行结合本地实际，为9户经营主体投放“互助五兴贷”共计90万元。

苗寨成功获得国家开发银行湖南省分行的转贷款后，种植“白叶一号”白茶8000亩，建成1个茶厂，带动建档立卡贫困户116户430人稳定致富，惠及相邻11个村、3420户12410人。扶贫转贷款培植的扶贫之花正开满湘西大地，让地区贫困群众享受到了沁人心脾的幸福之香。

二、创新吸收存款模式

近年来，湘西长行村镇银行的各项业务发展得较好，贷款规模逐年扩大。为了满足贷款端的资金需求，湘西长行村镇银行在存款吸收模式上进行创新，提升银行吸收存款的效率与能力。

一是融入村镇居民、服务客群。湘西长行村镇银行在湘西州具有全州全覆盖和工作人员本土化的优势，有利于银行工作人员深入居民社交圈子，将其吸纳为银行储户。湘西长行村镇银行充分发挥自身地缘优势，经常性地开展“金融知识进万家”等社会公益活动，拉近银行与县域居民之间的距离，提高县域居民对银行的认可度。此外，湘西长行村镇银行还安排适当人数的工作人员深入社区和居民生活圈进行揽储工作，借助这种灵活的工作方式吸收储蓄并给商户和农民提供更加个性化的金融服务。

二是充分挖掘商圈商户储蓄能力。基于我国城镇化的推进，湘西州部

分地区已经具有较完整的批发市场、建材家居广场或者是小新商户聚集地。在这些地方，商户的日流水量大，家庭资产余额也较大。湘西长行村镇银行十分重视这部分客户资源，会定期派工作人员跑市场，要求员工时刻以“始终代表着湘西长行村镇银行”的身份严格要求自己，充分了解湘西长行村镇银行的储蓄产品，针对客户情况推荐最合适的产品，维护与客户之间的良好关系。

三是利用差异化负债业务模式。湘西州有10余家银行入驻，同业竞争激烈。在这样的情况下，湘西长行村镇银行深入市场调研，细分客户类型，以中高端个人客户为主要目标客户，全力拓展长尾客户；并采用多元化的产品营销方案，创新多类型储蓄产品，全方位地提升银行的吸储能力。

2010年，湘西长行村镇银行成立首年，存款总额为2.17亿元。10余年间，湘西长行村镇银行存款总量不断增加。截至2017年12月，湘西长行村镇银行存款总量达到了85.41亿元。截至2020年12月，湘西长行村镇银行存款总额时点数为77.01亿元，较2020年年初增加了17.95亿元，较2010年增加了74.84亿元。

在个人储蓄存款方面，截至2020年9月，湘西长行村镇银行储蓄存款时点数为39.84亿元，较同年年初增加了10.33亿元；时期数为34.63亿元，较同年年初增加了7.80亿元，储蓄占比达到57%。三种创新存款吸收模式在存款额快速增长的过程中发挥了重要作用。

第三章　湘西长行村镇银行管理模式创新

第一节　“三维立体”的人力资源管理模式

为了优化人力资源管理体制，提高人力资源管理效率，湘西长行村镇银行结合自身实际打造了“三维立体”的人力资源管理模式。该模式从纵向视角来看，主要分为三个维度。第一维度为湘西长行村镇银行的决策层，主要负责人力资源战略的部署与统筹安排，职责范围包括制定人力资源战略规划、调控人力资源规划实施等。第二维度为湘西长行村镇银行的一线经理，主要负责人力资源管理的核心工作，职责范围包括人员招聘与选拔、绩效考核和薪酬模式确定等。第三维度为湘西长行村镇银行的总行办公室，主要负责基础性业务工作和日常事务管理工作。其中，基础性业务工作包括岗位分析和岗位评价；日常事务管理工作包括考勤管理、档案管理、福利发放等方面。具体分工如图 3-9 所示。

一、第一维度：决策层负责人力资源管理的战略规划制定与调控

1. 制定人力资源战略规划

人力资源战略规划是人力资源管理工作的前提和保障。湘西长行村镇银行决策层深耕于人力资源战略规划的制定，以期更大限度地提高人力资源管理的水平，从而为湘西长行村镇银行的持续经营和健康发展奠定基础。

一方面，湘西长行村镇银行的决策层重视本行人力资源流动率的控制与规划。通过构建科学的员工内部流动体系（见图 3-10），有效地控制本

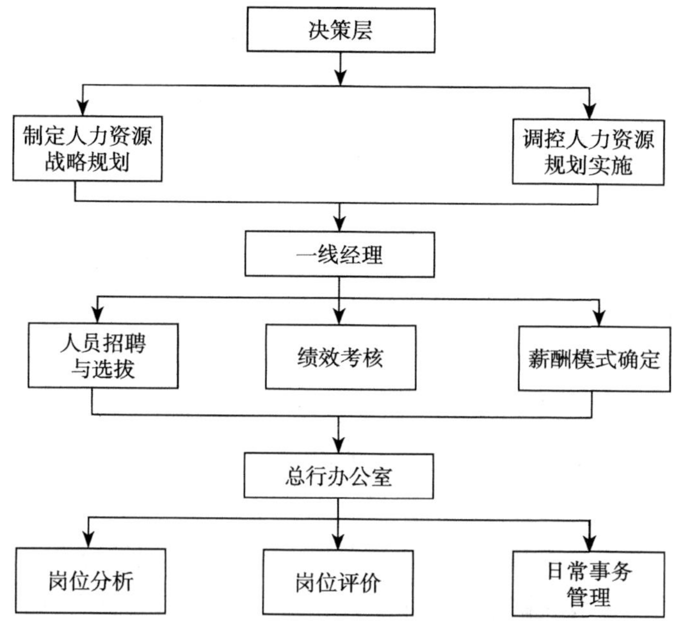

图 3-9 湘西长行村镇银行人力资源管理分工

行的人力资源流动率。员工内部流动体系，以员工主动参与、运用竞聘体系为主要途径，通过有效的学习培训机制，使得构成员工队伍的各要素能在员工内部流动体系中合理流动，以“识人、选人、用人、育人”为准则，最终实现“人—岗—薪”的最优化配置。

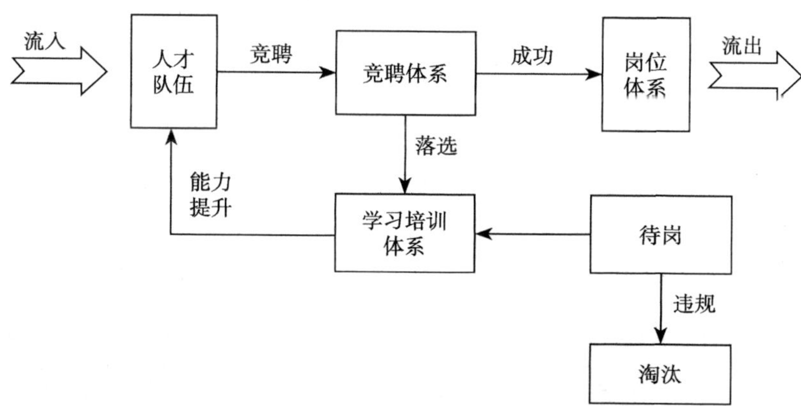

图 3-10 湘西长行村镇银行员工内部流动体系

另一方面，湘西长行村镇银行决策层注重人才培育的长效发展规划。首先，通过制订合理的人才培养计划，逐步形成银行与员工共同发展进步的职业生涯发展体系。其次，加强对关键技术岗位的人员培训，提升相关人员的综合素质，建立与银行发展规划相吻合的业务发展模式和岗位培训模型。最后，加强人才引进，推行“管理培训生计划”，突出校园招聘的优势。湘西长行村镇银行的决策层希望借助人才培育的长效发展规划实现员工综合能力的提升与银行自身的长远发展。

2. 调控人力资源规划实施

湘西长行村镇银行的决策层着力调控人力资源规划的实施，定期对银行所处的具体环境进行深度分析，明确湘西长行村镇银行在发展过程中存在的外部环境威胁和自身发展短板，逐步构建与本行发展目标相吻合的发展战略。同时，为了避免在人力资源规划实施后，规划与实际情况相偏离的情况，湘西长行村镇银行决策层的相关领导动态跟进特定阶段人力资源规划的实施情况，通过评估明确此阶段规划实施过程中取得的成果，对相关结果进行分析和上报，为下一步的人力资源规划的完善奠定基础，将更好的管理经验融入湘西长行村镇银行的建设中。

二、第二维度：一线经理统筹人力资源管理的核心环节

在第二维度层面，湘西长行村镇银行一线经理统筹人力资源管理的核心环节，具体职责包括：人员招聘与选拔、绩效考核、薪酬模式确定三个方面。

1. 人员招聘与选拔

人员招聘与选拔工作的顺利进行是湘西长行村镇银行人力资源规划实施的重要步骤。在人员招聘与选拔上，湘西长行村镇银行主要采取内部晋升与竞聘、岗位调整、外部招聘等几个方法来进行人员的补充。首先，湘西长行村镇银行的一线经理对员工的能力和发展状况进行综合分析与评价，优化岗位状况，使人才在适合的岗位上发挥出优势。其次，在进行外部招聘前，一线经理将对当前岗位的员工数量和质量进行科学分析，制定年度发展规划和机构筹建计划表，进而从实际工作需求的角度，选择社会

招聘、校园招聘等合适的招聘方法。最后，对于存在特殊要求的关键性岗位则采用绿色通道的方式来实施招聘。基于上述步骤，湘西长行村镇银行在人员招聘与选拔上形成了多渠道、多层次的人才引进格局。

2. 绩效考核

绩效考核是对员工完成工作的质量、数量等内容进行的综合性全面评价，是对员工进行奖惩的重要依据。在湘西长行村镇银行的绩效考核过程中，一线经理全程参与，并起到主导作用。由湘西长行村镇银行一线经理牵头，通过对各部门实际情况的分析，以过往的考核结果为依据，湘西长行村镇银行制定了绩效考核的基本标准。

首先，湘西长行村镇银行通过对绩效考核的内容进行创新性的分析，并借助平衡计分卡技术把湘西长行村镇银行的绩效考核指标体系分为成长与发展、内部维护、绩效考核与客户服务等方面。其次，湘西长行村镇银行对本行近年来的财务状况进行科学的分析和评价，寻找关键性的财务指标。最后，采用调查问卷的方式明确最终的绩效考核方法，即对考核方案进行最后筛选，对绩效考核指标进行初步的量化，明确被调查人员对于相关评价指标的满意程度，掌握其对相关指标的贡献度，对业绩指标内容等进行加权重塑。湘西长行村镇银行旨在通过绩效考核指标的设立，来对被考核员工在考察期内的相关表现、个人能力和工作态度等进行全面的分析和评价。与此同时，湘西长行村镇银行考虑到不同岗位、不同业务的差异性，从各岗位的实际情况出发，构建符合岗位与业务特点的人员评价体系，针对不同的岗位设置给出差异化的评价方法。如，对管理类的人员和业务类的人员分别采取强制比例法和排序法来进行绩效考核。

湘西长行村镇银行确定绩效考核指标的步骤如图 3–11 所示。

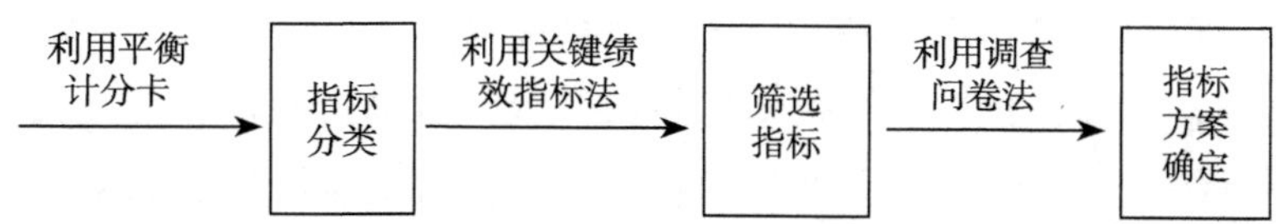

图 3–11 湘西长行村镇银行确定绩效考核指标的步骤

3. 薪酬模式确定

在薪酬模式确定方面，为建立科学、合理、规范的薪酬分配机制，建立现代企业制度下以工资分配为主的激励机制，形成内部竞争，达到吸引、留住优秀人才，充分调动人员积极性，湘西长行村镇银行根据《股份有限公司劳动工资管理规定》《商业银行稳健薪酬监管指引》等国家法律法规的相关规定，量体裁衣制定了一套利于自身发展的薪酬模式。

具体来看，湘西长行村镇银行主要采用基本工资、绩效工资、机动性工资相结合的薪酬模式。

首先，湘西长行村镇银行普通员工的薪酬采取基本工资制度，以员工刚进入银行时确定的基本工资作为起点，随后根据员工的工作状况和入职年限等进行薪资的调整。为了更好地吸引人才，留住高学历人才，湘西长行村镇银行在薪酬方面优先考虑对高层次人员基本工资的调整。与此同时，湘西长行村镇银行内部实施全体员工基本薪资点动态调整的战略，以湘西长行村镇银行的相关业务发展状况、市场动态情况、行业薪资发展水平为基础，对员工基本薪资进行合理调节，以期在物价上涨和同行业薪酬调节的基础上保障员工的基本收入，提高员工的相对收入，提升员工黏性与工作积极性。

其次，湘西长行村镇银行内部的绩效工资可以分为基础性绩效工资、浮动性绩效工资，彼此关联，互相协调和促进。一般情况下，湘西长行村镇银行的员工只要能严格遵守相关制度，及时完成岗位工作即可获得基础性绩效工资。

在浮动性绩效工资方面，每年在湘西长行村镇银行总行制定并下发业绩目标后，前台部门和业务部门会根据具体指标开展工作，最终湘西长行村镇银行通过考核相关部门的指标完成情况和工作质量对部门员工的绩效工资进行适当的浮动性管理。为了更好地激励员工，优化对浮动性绩效工资的管理，湘西长行村镇银行采取行员等级制激励机制来确定并发放员工的浮动性绩效工资。湘西长行村镇银行的行员等级制激励机制遵循“绩效挂钩、按劳计酬”的原则。“绩效挂钩”是指行员等级工资的分配，必须

与业绩、效益挂钩，拉开部门与部门之间、个人与个人之间的收入档次，实现奖优罚劣。“按劳计酬”是指按照责任、能力、贡献的大小，确定行员级次和浮动性绩效工资等级，按岗定酬，异岗异酬，确保浮动性绩效工资制度向优秀人才倾斜，向突出贡献者倾斜。具体来说，行员等级制激励机制按照员工个人对银行所做的贡献大小将员工划分为不同的等级，并根据员工等级，依次设置浮动性绩效工资发放的标准。同时，为了规范行员等级制激励机制，湘西长行村镇银行采用绩效工资分配系数对浮动性绩效工资进行了具体量化。湘西长行村镇银行员工浮动性绩效工资分配系数的具体内容如表 3–1 所示。

表 3–1 湘西长行村镇银行员工浮动性绩效工资分配系数

行员	等级	浮动性绩效工资分配系数
一级行员	一等	3.0
	二等	2.6
	三等	2.3
	四等	2.2
二级行员	一等	2.0
	二等	1.8
	三等	1.6
三级行员	一等	1.4
	二等	1.3
四级行员	一等	1.2
	二等	1.1
五级行员	一等	1.0
	二等	0.8

湘西长行村镇银行根据行员的不同等级，采用不同的工资分配系数，可以将员工的工作量、员工对银行的贡献与其工资紧密结合，激励员工在自身的岗位上发挥更大的个人价值，实现员工与银行的双赢。

最后，湘西长行村镇银行还制定了机动性工资制度。在具体的业

务操作过程中，后台服务部门参照前台部门的管理体系和奖惩措施，完成规定的业务和产品后，即可按月进行买单绩效工资的发放，既提高了员工参与业务营销的积极性，也提高了其业务拓展动力，促进了前台、后台业务合作。

总的来说，湘西长行村镇银行的薪酬模式如图 3-12 所示。

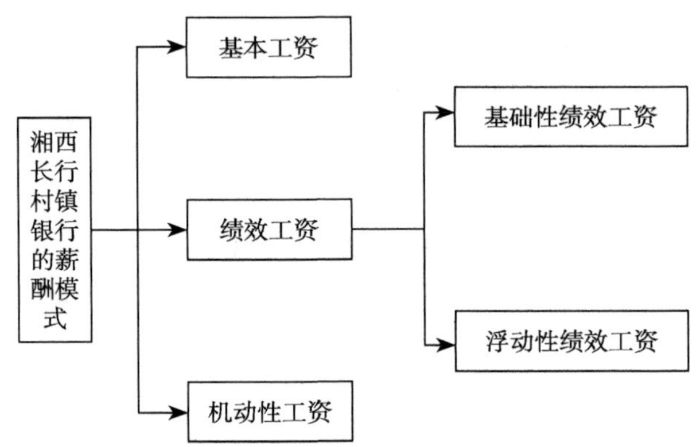

图 3-12　湘西长行村镇银行的薪酬模式

三、第三维度：总行办公室承担人力资源管理的基础业务

在湘西长行村镇银行，总行办公室在人力资源管理方面的工作主要是负责岗位分析、岗位评价，协助一线经理做好人力资源管理核心工作，并同一线经理共同协助决策层做好人力资源规划。

1. 岗位分析

岗位分析是针对银行的具体岗位从工作目的、工作职责、工作任务、隶属关系和权利、条件等方面进行信息收集，并据此做深入分析，从而明确具体的工作条件、要求、人员素质等。

首先，湘西长行村镇银行的总行办公室采用观察法、访谈法和工作日志法收集工作内容、环境等相关信息；其次，根据收集到的相关信息对业务流程、工作细节和管理权限等进行合理的设置，逐步形成新的工作组合，包括管理范围、工作强度、岗位类型等；再次，明确各个岗位的具体任职

要求和考核标准；最后，编制岗位说明书。湘西村镇银行的总行办公室从业务条件、岗位概要、工作环境、工作要求、服务对象等方面入手，对现有人力资源管理制度的内容、标准进行整合。

2. 岗位评价

岗位评价是指对各个岗位的相对价值进行综合分析与评价。岗位评价是寻找企业内部相关岗位薪酬因素的重要方式，依据岗位职责、任职要求、工作环境和岗位供需关系等确定。

在进行岗位评价时，湘西长行村镇银行的总行办公室采用定性和定量考核相结合的方式制定出合理的评价体系，收集员工在具体工作岗位上的表现和成果，并进行评价分析和量化，编制岗位价值评估因素表，并采用合理的绩效考核评价体系，突出员工工作业绩表达的科学性和公正性，为员工薪酬调整奠定基础。

3. 日常事务管理

总行办公室除了要完成岗位分析、岗位评价的工作，其还有另一项重要工作，即对人力资源日常事务的管理，主要包括考勤管理、档案管理、福利发放等几方面的内容。日常事务完成的好坏程度直接关系到湘西长行村镇银行能否正常运营，因此湘西长行村镇银行的总行办公室也十分重视日常事务的管理。

四、"三维立体"人力资源管理模式的成效

通过"三维立体"人力资源管理模式的创新，湘西长行村镇银行三个维度的人员和事务在空间和时间上实现了协调，很大程度上提高了湘西长行村镇银行的管理效率。具体来说，成效主要体现在纵横两个方面。

1. 纵向分析

"三维立体"人力资源管理模式中不仅需要每个维度的参与主体履行好各自的职责，同时还需要各维度之间密切配合，做好协调。决策层需要站在企业发展战略的高度对人力资源进行战略规划，并支持一线经理参与人力资源管理工作。总行办公室则要在其中起到辅助作用，一方面，为一

线经理开展核心业务提供全力协助；另一方面，为决策层做好人力资源战略规划提供周全保障。一线经理负责在人力资源管理的核心业务中把握关键环节，同时协助总行办公室、决策层做好人力资源管理其他方面的工作。

2. 横向分析

三个维度中涉及的每一项工作都需要互相配合，缺一不可。①决策层人力资源战略规划前的大量准备工作由总行办公室负责，同时需要一线经理提供帮助。总行办公室制定出人力资源战略规划后，主要由一线经理执行战略规划。而对规划的评价则是在决策层的领导下，由决策层、总行办公室和一线经理三方共同进行。②在招聘工作中，一线经理通过面试选拔适合企业发展的人才，而整个招聘活动中的前期招聘方案、后期录用环节等由总行办公室提供协助。员工绩效考核工作中，一线经理负责制定考核方法与标准，总行办公室协助考核工作的评估。

"三维立体"人力资源管理模式的创新，将单一维度的管理模式转变为决策层、一线经理、总行办公室三个维度参与主体分工合作、横纵配合的多维度管理模式，有效地增强了湘西长行村镇银行人力资源的竞争力，有利于湘西长行村镇银行在激烈的人才与市场竞争中占据高位。

第二节　"三道防线"主导的风险管理模式

为夯实内部控制基础，有效防范和化解风险，湘西长行村镇银行构建了"前台业务部门自主控制风险、中台管理部门督促管控风险、后台审计内控部门监督管控风险"的风险管理"三道防线"。

一、第一道防线——前台业务部门自主控制风险

湘西长行村镇银行风险管理的第一道防线由各经营机构、业务管理部门构成，其既是规章制度的执行人、直接业务经办人员，也是操作风险的防范主体。在承担业务发展任务的同时，前后业务部门也在进行自身的风险防范

和控制管理，管理的方式主要包括自我评估、自我检查、自我整改和自我培训，以实现自我控制。各业务部门制定本条线各项业务的内部控制措施并确保实施，确保每条线的风险要求得到有效落实、风险隐患得到有效防范；同时，运用相关工具开展风险管理，有效评价并完善本条线业务流程和操作规程的合理性，确保在业务操作和经营管理过程中对风险进行及时控制和监督。

以信贷风险的防范为例：为了降低信贷风险，湘西长行村镇银行建立了完整的贷款审查制度。通过“贷前调查＋贷中审查＋贷后督查”的模式动态了解贷款人的具体情况，以期能够以“慧眼”看透信贷风险，以“利器”管住信贷风险，提高信贷管理的效率。信贷风险管理模式具体分为以下三个部分。

1. 详细的贷前调查

在湘西长行村镇银行进行信贷业务之前，调查人员将对贷款申请人的信用情况、经济收入水平、历史贷款记录、历史贷款还款情况以及信用担保等情况进行详细的调查。

调查方式包括现场调查和非现场调查两种。由于小微企业和农户缺乏完备的财务信息和信用信息，湘西长行村镇银行将现场调查作为风险控制的重要手段，同时要求风险审批专员和客户经理进行现场调查，利用风险管理人员的专业性和客户经理对客户情况的了解来确保流程的高效以及信息的准确。在贷前调查阶段，湘西长行村镇银行主要采用产业链交叉印证的方法，即调查必须做到“三进三看”，即进车间、进仓库、进财务系统，看电表、看水表、看排放。通过严格的现场调查，从侧面考察贷款申请人真实情况，核实贷款申请人的贷款规模是否合理以及还款能力是否达到要求。非现场调查主要包括对贷款申请人的企业注册信息、收入负债情况、业务经营状况、银行流水等进行的调查。

2. 严谨的贷中审查

在贷中审查过程中，湘西长行村镇银行主要对贷款申请人的基本情况进行真实性审查，在检查授信材料是否完整的同时，对贷款申请人的偿债能力、业务风险、授信价格和抵押担保等方面进行审查。在此阶段，湘西长行村镇银行着重考虑贷款申请人的违约成本，即不归还贷款的敞口对处

在正常经营状态下企业声誉的影响；同时，采用浮动式的违约成本测量口径，将企业贷款敞口的大小与贷款申请人的经营能力挂钩，允许经营能力强的企业大敞口，经营能力差的企业小敞口。

为了确保贷中审查的有效性，湘西长行村镇银行还致力于将与贷款申请人有关的“软信息”作为信贷决策的参考项。审查员在审查过程中以现金流、销售收入、还款意愿及企业的违约成本为指标，把测算贷款申请人的还款能力作为重点，重视贷款申请人的第一还款来源，对贷款申请人的抵押担保并不做硬性要求，对无抵押担保的信贷贷款申请人不会“一票否决”，而是通过与贷款申请人面对面交谈和第三方核查等方式，将贷款申请人生意合作伙伴的评价、家庭关系是否融洽、有无不良嗜好、邻居的评价和口碑等非财务信息包含在审查范围之内，综合考察贷款申请人的信用状况。

除此之外，湘西长行村镇银行对抵押物进行“伸缩式”价值管理，根据不同贷款申请人的实际情况，对贷款申请人进行信用评级，根据评级结果对其抵押物价值采取不同的政策。对于信用良好的贷款申请人，湘西长行村镇银行对其抵押物进行一定程度上的价值放大，评级越高的贷款申请人放大的倍数越大，最高可至 1.5 倍；而针对不可抵押登记的厂房、土地，可以通过所在村村委会、银行、企业签订三方协议的方式，给企业提供贷款。同时，湘西长行村镇银行在对抵押物的价值进行估算时不仅主要参考抵押物的实际价值，还把抵押物对贷款人的重要程度作为参考依据纳入抵押物价值估计的考虑因素。

3. 科学的贷后督查

湘西长行村镇银行贷后督查这一环节，主要由办理贷款业务的客户经理负责，风险管理部、合规管理部也需配合客户经理进行贷后管理。湘西长行村镇银行还设置了风险预警专员，在每笔贷款发放后 15 天内对贷款申请人逐户进行回访，对贷款发放金额、利率、用途、是否受托支付以及贷款申请人的还款情况、信用状况、抵押物与担保人现状进行追踪，动态评估贷款申请人的财务健康程度与经营情况，防范贷款申请人利用预付信贷资金进行盲目扩张。除此之外，为了更好地把控信贷风险，风险预警专员也负责贷款早期预警及催收工作。

通过“贷前调查＋贷中审查＋贷后督查”的模式，湘西长行村镇银行可以较为全面地了解和掌握贷款申请人的经营状况以及贷款的风险情况，有利于及时发现风险隐患，采取相应风险防范和控制措施，确保信贷资金的安全。同时，贷款“三查”制度的执行情况，也是在贷款出现风险后，对相关责任人员进行责任追究或免责的重要依据。

二、第二道防线——中台管理部门督促管控风险

湘西长行村镇银行的风险管理第二道防线由合规管理部和风险管理部等部门构成。这些部门主要负责指导、检查、监督和评估第一道防线的工作，并统筹开展内部控制制度建设工作，具体负责风险管理运行构架的建立和维护、风险管理政策制度的制定以及风险管理方法、工具、标准的开发与推行。同时，这些部门还对第一道防线的履职情况按要求展开检查，并就检查出的问题监督落实整改，评价考核第一道防线整改工作质效，也为第三道防线的再检查、再监督和内部控制评估提供了依据。

为了提高风险识别的精准度，迅速准确识别风险源头，看透风险，避免对风险“隔雾观花”，湘西长行村镇银行的风险管理部门构建了“三层风险金字塔”的识别与管控体系，如图 3-13 所示。

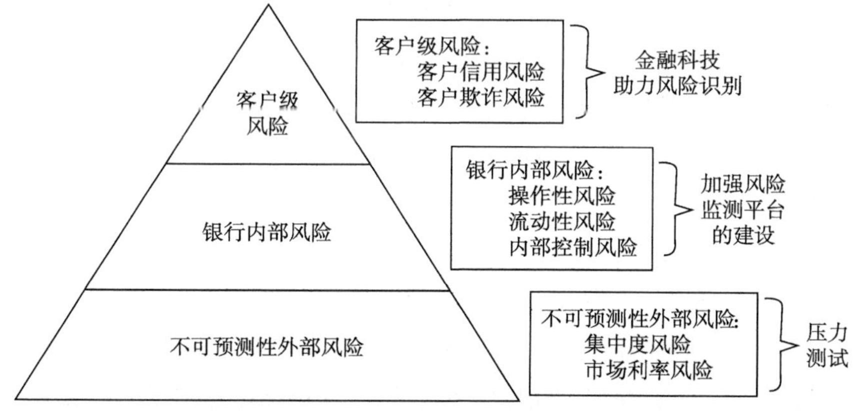

图 3-13　湘西长行村镇银行风险识别与管控体系

“三层风险金字塔”的顶层为客户级风险，中间层为银行内部风险，底层为不可预测性外部风险，三层风险由下而上叠加而成，越底层的风险发生概率越小，但是一旦发生，整个金字塔倒塌的概率越大。

1. 客户级风险的识别

在客户级风险识别方面，湘西长行村镇银行将客户分为两类进行客户级风险识别。对于企业级客户，湘西长行村镇银行运用“三流三迹”法，即通过数据的闭环管理来进行风险的识别。第一，物流闭环。立足于客户的五大经营轨迹（生产、采购、销售、库存、物流），通过查看企业的财务报表来排查客户的潜在风险。第二，资金流闭环。查看客户交易对手的资金来源与去向。第三，产业流闭环。湘西长行村镇银行的金融服务与风控紧密跟随客户产业发展的脚步。通过此项方法，湘西长行村镇银行旨在动态追踪信贷客户的信用状况，通过详细数据，甄别客户级风险，减少客户违约频率。

对于个体工商户，因其授信额度较小，潜在风险相对可控，湘西长行村镇银行主要是依托公民联网身份核查系统对客户身份进行核查，同时借助对其资金流向、营业时间方面的追踪，动态识别个体工商户的潜在风险。

与此同时，湘西长行村镇银行注重利用金融科技来助力客户级风险的识别。湘西长行村镇银行以主发起行长沙银行股份有限公司的系统为基础，通过嵌入大数据系统的方式开发出计算企业信贷额度的新型算法，利用交易流水、纳税额度、中国人民银行征信等变量内容对企业各维度的风险特征进行刻画与全貌识别，系统将自动计算出应提供给信贷企业的授信额度，防范企业使用预付的信贷资金进行盲目扩张，造成客户级风险增加的不良后果。

2. 银行内部风险的识别

在银行内部风险识别方面，湘西长行村镇银行主要针对操作性风险、流动性风险及内部控制风险采取对应举措。针对操作性风险，湘西长行村镇银行通过四方面的举措来提高操作性风险的动态识别和控制能力。一是建设操作性风险非现场监测平台。运用风险监控模型进行内外部数据分析，获取信

贷资金流向异常、账户异常、员工异常等预警线索，提高非现场监测力度。二是建设操作性风险、内控合规、检查整改、非现场监测、员工行为管理“五合一”的操作性风险与内控合规管理系统，实现操作性风险、内控管理、合规管理、运营风控、员工行为管理的线上化协同管理。三是通过系统嵌入方式固化监控流程。建设印章管理系统，将关键印章嵌入“印控仪”，并与信贷业务管理系统、法审系统等对接；建设征信前置系统，监测征信查询的异常行为。四是建立操作性风险五项机制。围绕“管好业务、管好资金、管好员工”的工作目标，通过做好包干、排查、监测、报告、追责五项机制，建立“检查管理—问题整改—违规积分—员工管理”的操作性风险与案件防控闭环管理。

3. 不可预测性外部风险的识别

在不可预测性外部风险的识别方面，湘西长行村镇银行主要针对集中度风险与市场利率风险采取相应举措进行风险识别。对于面临的集中度风险，湘西长行村镇银行的合规管理部在日常运营中结合金融机构的风险资产额度、资本消耗、未来外部政策变化、市场环境调整等多因素做出判定，评估技术方法的适用性并做出下一步战略政策变化的建议。与此同时，合规管理部使用压力测试的方法来进行定期常规检测，并根据压力测试的结果设置有关风险的最低标准，形成警戒值，提高日常的监测效果。这充分暴露了隐藏在企业、行业、地区间的复杂相关性，有利于精准地判断出湘西长行村镇银行所面临的集中度风险。

对于面临的市场利率风险，湘西长行村镇银行的合规管理部通过按期审查本行年度财务报表，来分析银行自身的资产负债结构，核查资产与负债的匹配情况，减少市场利率风险突发的可能性；并且对新发起或实行的业务活动及时进行事前市场利率风险的评价与估量，结合每种业务的特征及相关因素来识别市场利率风险。

湘西长行村镇银行通过构建“三层风险金字塔”，实现风险识别的“体系化”，这不仅大大提高了风险识别的精准度，也有利于提升湘西长行村镇银行的第二道防线的风险管理效率。

三、第三道防线——后台审计内控部门监督管控风险

湘西长行村镇银行的第三道防线由审计部、监事会办公室和风险管理部及关联交易委员会等部门构成。通过系统化、规范化的方式，这些部门对全行的经营活动、风险管理、内部控制和公司治理的适当性和有效性进行检查评价，是内部控制体系的重要保障手段，也是对中台管理部门风险督促管控的有效补充和再督导。

在第三道防线中，各部门各负其责、各司其职、有效互动，其中：审计部主要负责对经营活动、风险管理、内部控制和公司治理的适当性和有效性开展独立评估，对湘西长行村镇银行的区域性、战略性、系统性重大问题进行审计和检查，对涉及全行的风险管理和内部管理活动进行审计确认，同时对风险管理制度的落实情况进行再监督，协助第一道和第二道防线提升风险管理能力。监事会办公室以及风险管理部及交易关联委员会等部门主要负责调查和处理违反规章制度的员工，查处各种违法违规行为，并对违法违规行为实施责任追究，对在执行规章制度中各级机构、部门和员工的失职行为实施问责管理，负责制定员工异常行为管理标准和要求，对员工的异常行为进行甄别和排查，对第一道、第二道防线的员工行为进行督导，防控内部廉洁风险。

第四篇

展望篇

第一章　湘西长行村镇银行发展的新机遇和新挑战

第一节　新发展格局下湘西长行村镇银行的发展机遇

一、国家战略纵深推进提供全新发展机遇

长江经济带建设、中部地区崛起等国家战略机遇，引领开放新格局的“一带一路”倡议，在宏观层面为湖南省经济的发展带来了政策利好。在深刻领会了中国共产党第十九届中央委员会第五次全体会议的精神和习近平总书记在湖南省考察时的重要讲话精神后，湖南省大力实施“三高四新”战略，坚持创新引领开放崛起，着力打造国家重要先进制造业、具有核心竞争力的科技创新、内陆地区改革开放的高地，在推动高质量发展上闯出新路子，在构建新发展格局中展现新作为，在推动中部地区崛起和长江经济带发展中彰显新担当，奋力谱写新时代坚持和发展中国特色社会主义的湖南省新篇章。湖南省将以此为契机，加快构建开放型经济新体系，开创跨越发展新格局，为湖南省金融业发展带来了重大政策利好。对于国家农村金融增量改革的重大成果——村镇银行，政府在政策上也有诸多的支持，政策利好是村镇银行发展的重要外在机遇。以稳健的步伐用好用活这些政策资源，可以驱动村镇银行在以金融的力量助力本地经济发展的同时，将自身发展更好地融入本地战略之中，实现双赢。因此，湘西长行村镇银行可以抓住国家战略和政策带来的利好，坚持思想下沉、机构下沉、服务下沉，

提升农村金融服务的供给水平，尤其是加大对民生、商贸、文旅、环保等项目的帮扶，贯彻“一县一品、一行一策”的经营策略，助力“绿色湘西”工程，积极主动地融入湘西的经济发展战略中，不断提高农村金融供给能力，进一步围绕村镇银行“小而精”的目标，明确业务转型方向，加强产品创新。

二、内需市场潜力释放激发多样化金融需求

经济的持续快速发展，为金融业的发展奠定了物质技术基础、市场基础和体制基础。近年来，湖南省经济运行保持总体平稳、稳中有进、稳中向好的良好势头，居民收入稳步增长，为湖南省村镇银行的发展提供了扎实的基础和发展的动力。

首先，湖南省地区生产总值增速明显，为村镇银行的发展提供了良好的宏观经济环境。2019 年，湖南省地区生产总值为 39752.12 亿元，较上年增长 7.6%，基本保持了较为稳定的增长速度（见图 4–1）。

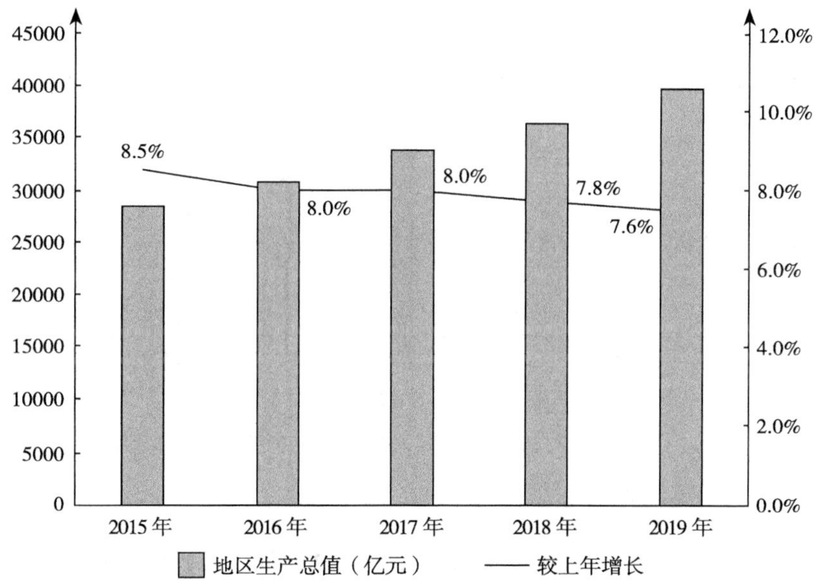

图 4–1　2015—2019 年湖南省生产总值及其增长速度

数据来源：国家统计局。

其次，湖南省居民收入稳步提升，多元化的金融需求刺激村镇银行发展。近年来，我国农村经济的快速发展与农业产业化程度的加深带动了农民收入的迅速增长，同时农民通过外出打工获得的工资性收入也因为整体经济的发展而获得增长，农民收入的增长是村镇银行可持续发展的基础。2019 年，湖南省居民人均可支配收入为 27680 元，较上年增长 9.7%，其中农村居民人均可支配收入为 15395 元，较上年增长 9.2%（见图 4–2）。随着城乡居民收入的增长，城乡居民投资理财的观念也在逐步加强，对金融产品和金融服务的需求不断增加，城乡居民在住房、投资理财等方面也有旺盛的金融需求，为村镇银行实施差异化、特色化经营提供了市场空间。

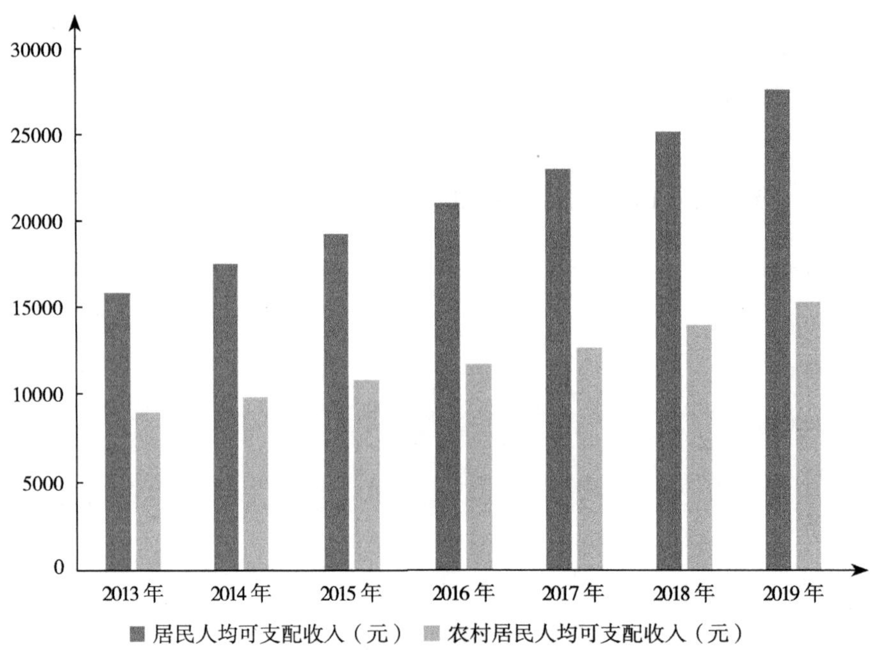

图 4–2　2013—2019 年湖南省居民和农村居民人均可支配收入

数据来源：国家统计局。

农村经济发展产生了巨大的资金需求，满足这些需求仅靠财政是不够的，而农业的弱质性及高风险性也使以现代信贷技术为核心的大型商业银行对开发农村金融市场兴趣不大。与此同时，农村商业银行、中国邮政储

蓄银行在小额信贷方面并无特别的优势，较难完全满足农村地区的金融需求。村镇银行的出现恰好可以填补这一供给空白。村镇银行针对农户及农村地区小微企业小且分散但总量巨大的金融需求，开发出了能够真正契合农村金融市场需求的小额信贷产品或服务。因此，农村地区在新发展阶段强劲的金融需求为村镇银行的可持续发展提供了保障。

最后，后疫情时代下银行零售业务转型仍在推进，双循环格局驱动消费升级，为银行零售业务转型打开了空间。在构建国内国际双循环新格局的背景下，扩大内需成为主要抓手之一。由此可见，银行业消费信贷规模将受政策端、需求端和互联网发展的共同驱动，保持较快增长。而在经济下行压力加大、对公业务不景气的形势下，零售业务转型几乎成为银行业的必经之路。从湘西州人口数量上看，农村人口高出城镇人口约 26 万人；从湘西州银行的存款体量上看，个人储蓄存款体量是对公存款的 2.62 倍。由此可见，在湘西长行村镇银行的潜在客户中，更广的资源在农村，存款来源更大的空间在储蓄，新的市场增长点更多地集中在零售业务而非对公业务。2020 年，湘西长行村镇银行的零售业务转型取得突破，储蓄存款占比达到 55.45%，创历年新高；全年新增储蓄存款超过 13 亿元，增幅达到 44.70%，为湘西州同业第一。湘西长行村镇银行继续把握双循环下银行零售业务转型的机遇，在发展中具有巨大的优势。

三、资源配置格局转型加速金融供给侧改革

随着新发展格局与我国资源配置格局转型的持续推进，金融资源配置的效率得到进一步提高，相应地提升了地区金融供给水平，为村镇银行提供了良好的发展环境。

首先，现代化金融体系建设促进地方资源配置升级。金融供给侧改革由重数量向重效率演进，金融机构发展重点的转变，为村镇银行通过改革抢占市场提供了机遇。如完善与现代中央银行制度相适应的货币政策和宏观审慎政策双支柱调控框架，健全具有高度适应性、竞争性、普惠性的现

代金融体系，建设更高水平的开放型金融新体制等一系列政策的推行，为湖南省金融改革的发展提供了广阔的市场空间，有利于提升全省金融资源的配置效率。同时，地方资源配置的转型升级将吸引更多优质金融机构入驻，这将优化农村金融供给，提高地区整体的金融水平，并延伸出新的金融需求。村镇银行经营效益和资产质量的变化表明，“存量博弈”对小型机构的影响大于对大中型机构的影响，因此，在金融机构的发展重点向提升效率和加强创新转变时，湘西长行村镇银行可以把握住农村地区发展出的新需求，进行差异化的创新，实现“客户分层”与“产品分层”，重点关注小规模经营、农户产业发展和消费性信贷需求，抢占自身具有相对优势的市场，形成具有差异性、灵活性和适应性的金融产品创新体系。

其次，利率的市场化改革能够引导资源有效配置。湘西长行村镇银行可以把握利率市场化契机，设计更具竞争力的金融产品，优化金融供给。在利率市场化背景下，一方面，市场化的利率环境更加宽松，村镇银行将享有更多的自主经营权利。在更加宽松的利率环境中，村镇银行不用像利率管制下那般与其他商业银行争取大客户资源，可以转而积极发展数量较多的中小客户资源。在此过程中，湘西长行村镇银行可以充分发挥自身的地缘优势，考察当地农户和农业方面的特殊需求，根据当地的实际情况，对比同类竞争者的业务模式，有针对性地制定相关的存贷款利率，实现金融市场上的“薄利多销”，解决小微企业的融资难题。同时，也对更多的小微企业形成吸引力，扩大银行自身的信贷规模。另一方面，利率市场化必然带来金融产品的创新。湘西长行村镇银行可以借此机会，利用自己规模小的优势，转变经营理念、调整产业结构、创新金融产品，充分发挥地缘优势，根据客户群体的特殊性实行差异化经营，从而优化客户结构，用特色化的创新金融产品吸引客户。

最后，新发展格局下各要素更加自由、公平地流动，会创造更为公平的市场竞争环境，有利于金融资源，尤其是农村金融资源的合理有效配置，客观上会促进村镇银行的改革发展和不断创新。随着农户金融知识的不断丰富和对村镇银行认识的加深，资源配置格局转型背景下抓住机遇勇于创

新的村镇银行会获得更多认可，进而促进村镇银行业务量的提升。同时，为了打通各要素的流通渠道，建设高标准的市场体系，激发市场主体的活力，政府将充分发挥间接调控的职能，将精力更多地放在如何运用行政手段、法律手段和舆论手段为整个金融市场创造更加公平有序的竞争环境上。金融市场的日趋完善，将从供给端为村镇银行提供有力的支持，会促进村镇银行在公平竞争环境下不断发展壮大。

四、基础设施现代化保障金融业稳健发展

加快形成以国内大循环为主体，国际国内双循环相互促进的新发展格局，是党中央基于国内外发展形势作出的重大战略部署，是事关全局的系统性深层次变革。基础设施建设是国民经济的支柱和基础，是塑造双循环格局的重要先手，具有强大的乘数效应，将带来农村数字化及治理体系、营商环境等多方面的优化，为农村金融的发展带来了全新的机遇。

首先，农村数字化建设的大力推进提高了农村金融服务的效率。一方面，逐渐完善的基础设施为搭建农村支付体系提供了硬件支持。随着农村数字化的推进，金融机构对农村地区自助服务终端、验钞机等网点配套设施的投入将进一步加大。同时，农户对数字化技术的熟悉程度将随着数字化水平的提高而提高，有助于金融机构在农村地区建立“现金支付 +POS 机支付 + 线上支付”的多元支付体系。另一方面，数字货币的推行也为村镇银行带来了新的机遇。2020 年 9 月，中国人民银行与城银清算服务有限责任公司签署了战略合作协议，为 260 家村镇银行开通数字货币功能，由此可见，数字货币在村镇银行中的运用会成为一种发展趋势。在数字人民币的运行机制中，村镇银行作为数字人民币兑换、流通等一系列相关服务的提供者之一，将直接成为流量的入口。这将成为当下村镇银行传统的线下获客模式以及依靠外部合作引流的线上获客模式的强有力的补充，也是村镇银行借鉴互联网思维创新商业模式的契机。在这一契机中，村镇银行可以通过数字人民币提升普惠金融数字化水平，依托其技术和使用方式降低了解客户和提供金融服务的成本。同时，数字人民币带来的数据资产，有

助于村镇银行拓展交易业务和提高智能风控水平，以数字人民币为源头的资金在银行与企业间的流转路径将通过数据的形式得以清晰展现，做到清晰画像、精准营销与智能风控。

其次，农村治理体系的改善将进一步优化农村信用环境。农村治理体系和治理能力现代化建设的必要路径是用社会主义民主法制规范“熟人信用”，加强社会主义核心价值观对农村“熟人信用”的引导，打造新型农村治理信用体系。随着农村治理体系的优化，农村信用环境将进一步得到优化。且随着信息技术的普及，村镇银行可以利用物联网、大数据、云计算、区块链等技术推进客户大数据的采集、管理和使用工作，完善重要农业资源数据库，构建个人和企业信用数据的共享数据库，缓解农村金融发展中遇到的信用数据缺失难题。

最后，金融服务基础设施建设相关政策为村镇银行创造了良好的营商环境。一方面，农村产权制度改革促使农村产权交易体系的进一步健全，将为村镇银行业务的开展提供便利。推动双循环互动发展，最根本的是持续改善营商环境，而打通农村要素交易渠道是推动农村营商环境改善的抓手。随着农村土地确权的完成，农村土地承包权的物权保护得以加强，使得农村土地通过流转交易平台等方式进入市场成了可能，这将为村镇银行创新抵押物开辟新的可行路径，有利于村镇银行拓宽业务范围、提高风险管理能力，实现更好更快发展。另一方面，创新农村基础设施投融资体制机制，构建多元化投融资新格局，为村镇银行提供了信贷新思路。农村基础设施建设已经成为带动国民经济发展的一项重要抓手，政府大力支持银行业金融机构开展收费权、特许经营权等担保创新类贷款业务，完善涉农贷款财政奖励补助政策，支持收益较好、能够市场化运作的农村基础设施重点项目开展股权和债权融资，建立并规范发展融资担保、保险等多种形式的增信机制，提高各类投资建设主体的融资能力。在此基础上，村镇银行既能享受农村基础设施带来的便利，还能起到引导社会资金流向农村基础设施的桥梁作用，相对于其他金融机构更加具有地域优势，有利于享受政策倾斜带来的红利。

第二节　乡村振兴全面推进背景下湘西长行村镇银行的发展机遇

一、乡风文明引领信用体系建设新风尚

1. 信用文化传播提高村民素养

为促进乡风文明建设，湖南省推广乡风文明考核体系，开展乡风民风调查测评，挖掘整理出一批弘扬传统美德、符合时代要求、贴近生活实际的好家规、好家风，并开展“讲述家风故事”等活动，引导群众更加注重家庭教育，培育好家风，以家庭为单位形成良好的道德氛围，杜绝失信违约等不良风气的滋长。除此以外，县市区政府推动“村村通”广播、益村APP（手机软件）等多种媒介的综合运用，加强社会主义核心价值观宣传，倡导文明新风，弘扬先进典型，将诚信意识注入每位村民的心中。文明新风吹遍乡村，对当地村民有着潜移默化的影响力，诚信观念的提升能够促使借贷的村民养成按时足额还款的好习惯，村镇银行给予农户的贷款回收率也能相应提高，村民按需贷款，量力而行，贷款的质量将得到相应提高。

2. 信用体系建设强化风险管理

按照湖南省社会信用体系建设要求，湘西州组建了由中国人民银行牵头、各金融机构参与的金融信用体系建设领导小组，并提请州政府将金融信用体系建设纳入政府目标管理绩效考核；同时，开展专项行动，监查征信系统接入机构，试点农村信用体系建设，加大征信自助查询机的投放。这一系列金融信用体系建设的举措极大地改善了湘西州的信用环境，截至2020年6月，湘西州共建成信用乡镇51个、信用村466个；农户信用建档439010户，建档率达74.58%，评定信用农户为370064户，其中建档立卡贫困户为165054户，评级覆盖率为100%，对建档农户授信232371户，累计放贷249亿元。湘西州中国人民银行征信系统的健全与完善给湘西长行村镇银行带来了发展红利，与中国人民银行征信系统对接，湘西长行村镇银行可以更加便捷地获取企业与信贷客户的信用情况，进行更为准确的信用评级，有利于增强风险管理的能力。

二、生活富裕催生多元金融服务新需求

1. 农户收入提高带来金融需求

湘西州已经实现了全面脱贫，积极转入乡村振兴的示范区建设阶段，发展换挡提速。脱贫攻坚取得全面胜利的显著成效极大地提升了居民的生活水平，闲余资金增多会给村镇银行带来更多的存款需求。部分农户依托扶贫政策的支持，参与了地方特色产业的生产与投资，也会相应地提升贷款需求，更加符合其要求的金融产品会有更好的发展潜力，这对村镇银行开展更为丰富的金融业务提供了良好的需求环境。

2. 小微企业发展增加融资需求

随着乡村振兴战略的推行，农村产业获得极大的发展，社会经济活力增强，小微企业发展加快。湘西州各区县通过要素保障、精准服务和政策扶持等方式助推小微企业壮大做强，鼓励州内企业主动对接资本市场，推动涉农企业进行股改，小微企业发展的数量和质量都有一定程度的提升。与此同时，在乡村振兴战略支持和农村生活条件改善的情况下，一批年轻人回到了乡村，带动了一批小微企业的兴起。政策的鼓励和人才的引进，使得小微企业对自身企业价值挖掘打造的重视度得到提升，认识到品牌在市场竞争和利润提升等方面的重要作用，并结合行业特点，大力围绕品种、品质、品牌做文章。比如古丈县茶叶产业的牛角山、英妹子，食品产业的神土地、春风合、采杰民族食品等通过多种形式培育品牌形象，部分企业更是大力融入京东、淘宝等知名电商平台进行销售，实现了壮大电商经营主体、培育网络品牌、拓宽网络销售渠道的目的。农村小微企业的发展提升了当地村民的生活水平，激励着更多的村民参与其中，对金融的需求也更加迫切。村镇银行贷款审批手续便易，决策周期短，利率较低，对于急需资金的小微企业和个体工商户而言有着强烈的吸引力。

三、产业兴旺迸发金融经济共生新活力

1. 地方特色产业形成旺盛需求

湘西拥有引领农村经济发展的八大特色产业，其中，湘西椪柑、湘西猕猴桃、古丈毛尖茶、保靖黄金茶等特色农产品更是享誉国内外市场。2020 年亚洲开发银行给予湖南省湘西州 28.49 亿元贷款来支持乡村振兴与特色产业发展，主要进行人居环境改善、特色农产品发展、产业价值链提升、支撑体系建设四方面内容，有利于以典型带动片区发展，形成特色产业供应链。湘西州特色农业质量得到较大的提升，永顺国家现代农业产业园、龙山省级农业科技园成功获批。湘西州新增州级以上农产品加工企业 8 家、家庭农场 200 个、农民合作社 509 家；新增“三品一标”[①]52 个，“湘西香伴”农产品公共品牌影响力不断增强，大宗农产品实现产销两旺。地方特色产业蓬勃发展，带动地区实体经济壮大的同时，也形成了一批高质量的企业，它们以地方特色产业为支撑，有着较为稳定的现金流和盈利环境，对金融服务有着旺盛的需求。

2. 农村产业融合扩展服务深度

随着全面实施乡村振兴战略的深入开展，湘西州农村各产业都呈现较快的发展趋势，全省各产业的良好发展也给农村地区产业的融合发展注入动力。

以 2020 年经济数据为例，湖南省地区生产总值较上年增长 3.8%，第一产业增长 3.7%，规模以上工业增加值比上年增长 4.8%，固定投资比上年增长 7.6%，进出口总额比上年增长 12.3%，县域经济呈现质量趋好、总量扩张、民生改善、效益提升的良好态势。湖南省县域产业结构更是呈现“以农业为主导的县域经济”“以工业为主导的县域经济”和“以服务业为主导的县域经济”三足鼎立之格局，宏观产业结构正处于优化的阶段。在此背景下，湘西州积极推进新型城乡建设，全州城镇化率达到 47.8%，着力提升城镇品质。农产品加工、商贸物流等专业特色小城镇的建设，有利于

① “三品一标”是指无公害农产品、绿色食品、有机农产品和农产品地理标志。

农村第二、三产业向县城和重点乡镇集中。

湘西长行村镇银行可以把握农村产业融合的机遇，对各地休闲农业、观光农业等发展情况全面调查摸底，根据其现金流特点和抵押担保能力等，创新有针对性的产品，推进农业与教育、文化、健康养老等产业深度融合，发挥自身的比较优势，占据更为广阔的农村金融市场。

四、生态宜居增添绿色金融发展新动能

1. 绿色信贷资源倾斜力度加大

湘西州积极践行习近平生态文明思想，将乡村振兴举措与生态文明建设深度融合，加大各项政策资源向绿色金融的倾斜力度。2020 年，湘西州政府印发《湘西自治州推动矿业绿色发展实施方案》，在风险可控、商业可持续的原则下，鼓励银行业金融机构研发支持矿业绿色发展的特色信贷产品，在环境恢复治理、重金属污染防治、资源循环利用、深精加工和高新产品研发等领域加大资金支持；鼓励政府性融资担保公司开发支持矿业绿色发展的担保业务产品，为绿色矿山企业和项目提供增信服务。同时，湘西州政府也鼓励矿业企业与相关银行机构建立战略合作关系，搭建企业与银行机构的联系平台，推动绿色金融发展，推动矿业企业的绿色改造，激发新动能，冲破矿业企业当前的资金短缺困境。生态宜居是乡村振兴中十分重要的一环，绿色产业会获得政府更多的扶持，政府将引导社会资源向绿色信贷产品流动，为村镇银行发展绿色金融提供坚实后盾。

2. 绿色服务需求推动产品创新

近年来，湘西州贯彻“绿水青山就是金山银山”的发展理念，初步形成了绿色发展的经济基础，极大地增加了州内的绿色服务需求。湘西州相继建立了一批绿色无公害农产品基地、现代农业示范区和农业科技示范园，初步形成了以柑橘、猕猴桃、茶叶、蔬菜、油茶、中药材为主的种植业和以湘西黄牛、黑猪为主的养殖业等特色产业发展格局，走出了一条依靠绿色农产品的致富路，产生了相应的信贷资金需求。与此同时，旅游产业呈现“井喷”式发展，2020 年，湘西州共接待国内外游客 5490 万人次，实

现旅游收入460亿元，旅游服务业成为带动当地绿色消费和绿色增长的重要产业。各种创新型的旅游消费贷将成为银行未来的主要贷款产品。2020年，当地三大产业对经济增长的贡献率分别为13.4%、28.1%、58.5%，服务业是经济增长主力军，居民服务业、物业管理业、商务服务业、民办教育等新兴行业的营业收入增速明显快于传统行业。以服务业为主的产业结构，具有低能耗的特点，满足了绿色发展对地区产业结构的总体要求，给村镇银行带来新的产品需求，在一定程度上推动其进行产品创新。

五、治理有效提供营商环境优化新保障

1. “放管服”改革提升服务效率

2019年，《湘西自治州人民政府关于进一步深化“放管服”改革优化营商环境推进经济高质量发展的实施意见》发布，在全省率先开展营商环境评议评估工作。湘西州政务大厅及州政务服务中心摆放了30多台自助服务终端，实现了办税服务、出入境服务、征信查询、公积金服务、企业登记、金融服务等服务365天24小时自助办理。同时，村民们也有了自己的政务服务中心，可以办理劳动就业、社会保障、社会救助、税务登记等50多项与村民生产生活密切相关的行政事项，全面推行“湘西e路通”信息化服务平台，实现群众办事不出村。“放管服”改革使企业减轻了经济负担，办事流程得到简化，创业更加方便，形成了良好的营商环境，吸引了更多的投资。企业通过政务服务中心获取金融服务，能更加迅速地与村镇银行对接，增加了村镇银行获取客户的渠道，依托政务服务中心形成的高效服务方式能够帮助村镇银行提升客户满意度，为其发展提供有力支持。

2. 规范化治理降低服务成本

湘西州积极创新乡村治理方式，大力推行以“学习互助兴思想、生产互助兴产业、乡风互助兴文明、邻里互助兴和谐、绿色互助兴家园”为主要内容的农村“五兴”互助基层治理模式，着力提升乡村治理水平；加强培育基层干部法治为民的意识，严格依法行政，以党务、村务公开窗等方式，对办事流程、财务数据等进行阳光公开，通过集中帮扶、流动服务等方式，

将金融服务送到农企、农民身边；推动乡村自治、法治、德治建设实践，有效化解因疫情产生的信用违约、经济纠纷等问题。村内违约情况明显减少，基层干部的服务也为金融知识的传播提供了一条途径，居民金融意识提升，在一定程度上降低了村镇银行进行风险控制的成本，有效的乡村治理为村镇银行提供了良好的发展环境。

第三节　金融科技加快布局背景下湘西长行村镇银行的发展机遇

继农业革命、工业革命后，数字经济展现出强大的发展潜力，为银行业商业模式与业务模式的创新提供了契机。在金融科技对银行业务的影响日益增强的背景下，村镇银行如何抓住这一机遇，将传统业务与金融科技相结合，则显得尤为重要。村镇银行运用金融科技可以创新经营管理模式，降低经营成本，规避经营风险，提升客户体验，解决获客成本高、科技力量不足、业务区域受限等问题。若村镇银行能依托主发起行的科技支撑或者自建符合自身定位的特色系统，抓住数字化转型机遇，就很有可能在改革的洪流中实现弯道超车。

一、金融科技发展促进银行管理信息化

金融科技正在深度重塑银行业态。银行业金融机构通过使用大数据、人工智能和区块链等现代化技术，对竞争对手、市场等的数据进行分析，突破以往传统金融行业数据分析计算量庞大、数据分析不准确、数据分析面过小的局限，充分地满足传统金融企业对于经营管理方面数据的需要。不同的数据分析结果，能够让传统金融企业了解自身发展方面的优势以及存在的问题，从而在进行政策调整和决策方面更加科学合理，促进自身经营模式的创新和变革。金融科技给银行业的转型变革注入了新动能，在资产负债管理、运营管理、风险控制、客户体验管理等领域得到了充分应用，帮助银行不断优化

管理流程，通过“科技+管理”的模式提升管理效率，实现自动化和信息化管理，提高业务效率和服务水平，从而推动了银行业的发展。

相比于大型商业银行，湘西长行村镇银行数字化的开展时间较短，但在管理信息化方面依然存在较大发展机遇。

一是信息化管理和系统建设经验较为丰富。2003 年以来，我国各类银行逐步更新升级自身系统，重塑自身管理体系，有一批银行已经对此有较为丰富的经验。湘西长行村镇银行主发起行长沙银行股份有限公司同样也在这方面投入了大量的人力物力资源，以“移动优先、数字驱动”指导思想来引领信息化管理系统的转型升级，已研发并上线运行了信贷业务管理系统、现金管理系统、OA 系统等数十个相关系统，并紧跟金融科技发展趋势，不断对其进行更新升级。

二是相关文献研究较为丰富。在知网上，相关文献达到 80 多篇，且集中在近 10 年。有较为充足的学术研究作为支撑，湘西长行村镇银行在开展信息化管理系统建设时理论基础十分扎实。

三是湘西长行村镇银行在金融科技上的投入也与日俱增，湘西长行村镇银行自 2014 年开始推进金融科技建设，首年投资 80 万元，之后每年的投入金额都有所提升，进一步保障了信息化管理体系的建设。

因此，在数字化的时代背景下，湘西长行村镇银行若能充分利用主发起行的科技体系支撑效果和研究成果，展开与其他银行的沟通交流，就能推动经营管理信息系统与核心业务系统的全面融合，实现管理信息化、经营运作网络化、业务品种多元化和服务渠道电子化，进一步提升市场竞争力和经营管理水平。

二、金融科技发展促进银行客户长尾化

对于传统银行而言，要保持竞争力，就要降低成本、提升效率。但传统银行过度依赖网点或终端，客户黏性不足，信息的割裂对前后台联动造成了阻碍。这阻碍了传统银行充分挖掘现有客户需求、获取新客户，销售部门很难完全照顾到广泛且分散的客户的需求，客户体验不佳，造成线下

产品的销售规模很难扩大。数字银行则可打破上述局限，依托大数据及人工智能技术，实现智能化营销，在金融科技的助力下，提升线上渠道获客、活客和转化效率，打破传统银行的发展桎梏，最终实现长尾效应。

三、金融科技发展推动业务渠道无缝化

对于备受掣肘的线下渠道，为了降低成本，增加效益，国内银行业使出浑身解数，对网点和 ATM 机进行转型改造。而对于线上渠道而言，即便银行拥有了 APP，可以为客户提供 24 小时快捷、灵活、多样的服务，也面临着线上线下的分离，难以为客户提供贴心的一致服务。

目前，综合无缝的多渠道销售已成为业内共识。改变以线下网点为主的渠道模式，拓展网点外的营销，实现网点内和网点外互联，创造线上社交营销和智能客服，实现线上线下互联。通过渠道全覆盖，可以显著提升睡眠客户触达率、增加活跃客户的黏性。银行的销售渠道需要进行革命性的变革，以打造无界营销模式。

此外，采用先进的大数据分析模型，可以实现精细化的客户经营，做到全面基础画像和实时动态画像相结合，在合适的时间，通过合适的渠道，为客户配置合适的产品和服务，让渠道变被动为主动。

四、金融科技发展实现银行产品场景化

银行传统的金融产品在流程上还要依赖线下操作，许多金融产品采用当场填单或电话回访的形式，还要借助手工填写、人工处理和分析，工作人员再将处理过的信息录入系统中，各个业务环节相互割裂，难以沉淀有效的用户数据。

随着行业竞争的加剧，符合客户需求的产品受到越来越多的重视。银行必须更加深入地了解客户，以提出更符合客户需求的创新解决方案。从本质上讲，银行需要以用户为中心，数据正好是银行了解客户的关键。随着新兴技术的场景化运用，数字银行大大提高了采集数据的效率、分析信息的能力。银行可以基于客户需求，通过对场景化数据的分析，根据特定

场景，自动配置最优的产品，为客户提供更为个性化的服务，最大化提升客户体验。同时，银行还可以基于丰富的多场景数据，进行产品风险模拟，匹配最优化的个性化定价。产品上线后，银行可以根据业务反馈的数据，调整产品策略。

五、金融科技发展实现银行风控智能化

对于很多传统银行而言，业务管理复杂、欺诈手段多、风险管控人力投入大是普遍面临的难题。线上业务流程更便捷，但网络欺诈、黑客等新手段不断涌现，而线下贷款的人工审核效率低下、风控决策依据缺失，这些难题制约着银行个人贷款业务的快速发展。尤其是线下贷款审核方面，传统信贷风控的大部分环节，如申请、审核等均需人工干预，进件平均成本高、效率低。借助金融科技的力量，银行可以进行风控的全流程智能化改造，比如在贷款场景中实现渠道管理、进件配置、反欺诈、面审、风险评估等多方面的高度智能化。

从实践看，基于数字技术开发的金融壹账通，能够通过在线申请、智能认证、微表情远程面审、智能风控引擎等环节，将贷款发放的时间缩短至几分钟，并大幅降低了不良贷款率。前沿技术的运用可使贷款申请流程简化 60% 以上，极大地提升了业务效率，例如，小额贷款发放时间由过去的几个小时甚至几天大幅缩短至 3~5 分钟。效率的提升节省了大量的人力、物力，也带来了更好的客户体验。同时，前沿技术的引入也提升了欺诈风险识别能力，银行还能因风控能力的提高而显著增强市场拓展能力。

六、金融科技发展实现银行运营自动化

在数字化时代，银行传统的运营方式应加快转型。传统的运营方式普遍成本高、效率低，通过金融科技对银行的业务运营体系和客户服务流程等进行智能化改造，优化资源配置，降低运营成本，已成为银行业转型的共同选择。银行采用智能客服机器人，以智能机器取代大量话务员，节约客服人工成本；引入 RPA（机器人流程自动化）技术等，替代大量人工，

提升运营效率，实现差异化、个性化服务，提升服务质量，改善客户体验。比如，金融壹账通的智能客服，运用了前沿的自然语言处理、自动语音识别等人工智能技术，对运营流程实现全渠道数字化升级，实现客服线上化、数字化、智能化。从实践来看，智能语音导航与在线机器人能解决80%的咨询问题，大大提升了服务效率。

第四节　湘西长行村镇银行发展的内部挑战

一、现有资本结构仍需优化

1. 股权结构有待完善

根据《村镇银行管理暂行规定》，村镇银行持股比例最大的必须是银行业金融机构，且持股比例不能低于20%，即所谓的“主发起银行制度”。从目前我国成立的村镇银行情况来看，该制度带来的是股权的高度集中，主发起行处于绝对控股的地位。湘西长行村镇银行亦是如此，发起行长沙银行股份有限公司的持股比例达51%，当地民间资本的持股比例相对较小。股权结构过于集中可能导致大股东决策效率降低的情况，将损害其他小股东的利益。然而，如果股权结构过于分散，又容易导致股权约束弱化的问题。因此，进一步优化股权结构，并在股权相对集中的基础上保持股权的分散性是湘西长行村镇银行下一步需要着手解决的问题。

2. 资本补充渠道有限

商业银行的资本补充渠道一般分为内源资本补充渠道和外源资本补充渠道。内源资本补充大部分靠增加留存收益，外源资本补充渠道包括债务融资和股权融资。湘西长行村镇银行自成立以来资本充足率一直保持在10%以上，但总体呈现递减趋势，资本补充能力有所下降（见图4–3）。出现这种现象主要有两方面的原因，分别是其常规性的外源资本补充能力较弱和内源资本对资本补充的贡献度亟待提高。

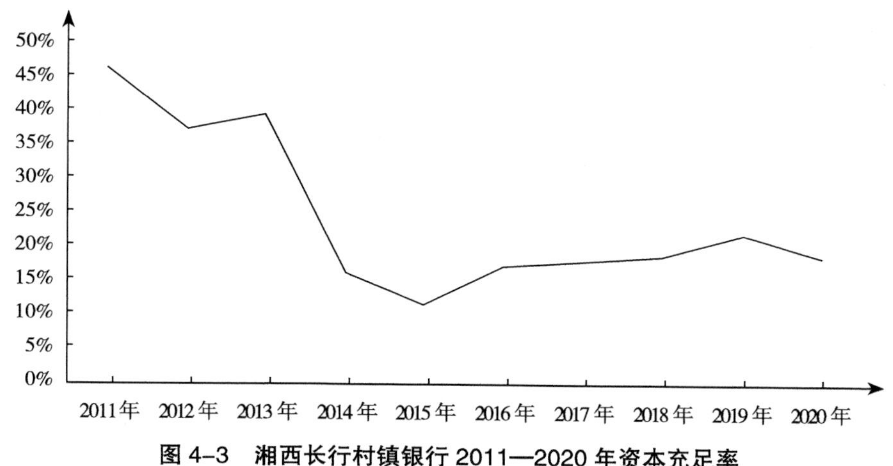

图 4–3　湘西长行村镇银行 2011—2020 年资本充足率

（1）常规性的外源资本补充能力较弱。

在银行利润增速逐步放缓的趋势下，传统的利润留存补充资本的方式有所受限。村镇银行资本较少，资产规模较小，监管部门对村镇银行的营业业务进行的限制，使得村镇银行在拓展融资渠道方面愈发受到约束。目前，我国村镇银行采取的外源资本补充方式主要是增资扩股。2016 年和 2017 年湘西长行村镇银行进行了增资扩股，实收资本从原始股本 2 亿元增加到 5.60 亿元，资本公积增加了 1.44 亿元，为资本补充 5.04 亿元，资本扩充显著，股权结构由原来的 8 家法人股东扩大到 16 家法人股东和 160 余个自然人股东。但是增资扩股难以成为长期性的外源资本补充方式，监管部门对村镇银行股本结构的设置限制较为严格。我国地方性的、农村性的并且符合入股条件的机构数量较为有限，一定程度上阻碍了民间资本投资村镇银行。此外，村镇银行的主营业务是信贷业务，经营规模小，公信力较差，社会认知度低，使村镇银行增资扩股存在着一定的困难。

（2）内源资本对资本补充的贡献度亟待提高。

内源资本补充是通过银行自己内部的资金积累来满足银行经营的资金需要，但数额的大小存在很大的不确定性。我国商业银行在这方面的能力普遍较弱，与银行自身的利润增长能力较弱有关。这也是湘西长行村镇银行发展过程中存在的困扰。在发展初期，湘西长行村镇银行的资产规模相对较小，利润增速缓慢，在2015年到2017年，存贷款业务飞速发展，利润大幅上升，但受到规模效应的影响，从2017年下半年起，存款增速减缓，使湘西长行村镇银行的贷款增速也随之减缓，内源资本对总资本的补充能力不断减弱。

二、金融业务开展范围受限

1. 现行业务品种单一

目前，基于服务“三农”的宗旨，村镇银行的业务范围受到较多限制，例如不能开展理财、投资、信用卡等业务，多为传统的存、贷、汇业务，盈利渠道单一，发展不平衡，竞争力较弱。湘西长行村镇银行也不例外，其收入主要是贷款利息收入、同业利息收入以及少量的手续费佣金收入，盈利渠道比较单一。在发达国家，银行业不比拼贷款规模，而是将竞争的焦点放在中间业务及金融服务上。而我国银行利润的主要来源仍然为贷款利息收入，高度依赖存贷利差。这种粗放的经营方式，导致银行必须通过再融资满足其发放贷款的需求，从而保障其稳定的利润增长。在经济下行趋势下，仅依靠存贷利差来盈利满足不了银行的可持续发展要求。要想改变这种局面，发展中间业务成了湘西长行村镇银行的不二之选。

2. 产品创新动力不足

在各个村镇银行的业务范围基本相同的情形下，能否根据当地的产业特点和结构，结合当地从事相关产业的农户、小微企业和社区居民的金融需求，提高创新能力，提供符合市场需求的差异化、特色化金融产品和服务，在更好地满足特定客群融资需求的同时，更具针对性地支持农民增收和县域经济发展，决定着村镇银行未来在市场竞争中的成败。湘西长行村镇银行每年新推出的产品数量较少，未完全形成围绕企业生命周期和居民生活场景设计的产品体系，新产品成效不明显，缺乏有市场影响力的产品，也缺乏为客户量身定制产品及提供系统解决方案的能力，产品开发多依靠主发起行。此外，推出新产品后的营销渠道较为单一，客户了解村镇银行

的金融业务和产品一般只能通过银行网点，而网点覆盖又相对欠缺。

三、金融科技转型动力不足

村镇银行经起步至发展已历经10余年，在金融行业逐渐成了“支农支小”的重要生力军。近年来，金融科技企业全面跨界渗透，金融科技带来的普惠式、智能化、场景型金融，有助于扩大普惠金融覆盖范围、提高金融服务效率、降低金融体系投资和运营成本、实现金融风险可控及商业银行全面数字化转型。目前，大型银行通过成立金融科技子公司，推进业务数字化转型，在线上获客、生态构建、场景设计、智能风控、精准营销等方面取得了显著成效。相较而言，天然禀赋羸弱的中小银行，自身缺乏数字化转型所需的人才和技术储备，加之地域、品牌等与大型商业银行相比也有一定差距，难以吸引“金融+IT”复合型人才加入；在技术方面，云计算、人工智能、大数据和区块链等高端科技的自主研发投入巨大，见效周期也相对较长，中小银行很难独自承担，使中小银行在构筑数字化转型的基础上“捉襟见肘”。而在数字化转型进程中，多数中小银行对数字化转型的认知度不够，数字化转型有形似而无神似，还仅仅停留于对金融科技水平的持续提升上，未能充分认知和理解“以客户为中心”的理念，未将其贯彻到产品创新、渠道建设、服务流程优化、风控管理等各方面，导致各方面的数字化进程缓慢，效果并不理想。因此，在大型商业银行金融科技不断创新迭更换代的冲击下，村镇银行潜在客户大量流失的危机，也让中小银行体系下的村镇银行的生存环境日益严峻，息差收窄，监管趋严，数字化转型迫在眉睫。

湘西长行村镇银行的信息科技水平主要依附主发起行长沙银行股份有限公司，在主发起行不遗余力的支持下，自身的信息科技水平得到大幅度的提高。但是，湘西长行村镇银行的信息科技能力依然较低，科技数据的全面应用能力较弱，数据挖掘和分析能力不足，科技自主研发能力相对薄弱，缺乏独立部署科技转型的能力，各系统之间缺乏统一的顶层架构设计，实现信息共享的难度大，难以快速响应、支持产品创新和管理创新。在全行业数字化转型的洪流下，湘西长行村镇银行的转型速度落后于大中型银行，通存通兑渠道不足，汇兑结算慢，获客成本高、业务区域窄、服务效率提升难，难以跟上现代金融运营模式。

四、人才队伍建设亟待加强

湘西长行村镇银行员工的文化素质、专业技术技能和道德素质以及与当前日益激烈的市场竞争要求、不断提升的金融需求的适应度还需要提升，缺乏既熟悉本地情况又精于金融业务的复合型人才。目前，湘西长行村镇银行在人才队伍建设中还有以下两点可以改善的地方。

一方面是岗位设置的科学规范度还需要提升。银行内的基础性操作员工偏多，而创新性、专业性员工较为不足，人岗匹配度需要提高，因事设岗、因岗设人，才能获得更好的工作效果。

另一方面是员工招进来易、留住难，人才评价和激励机制有待完善。目前，湘西长行村镇银行的大部分基层网点分布在各个乡镇甚至是偏远山区，招聘的大学生入职后也会被分往各家基层网点去做一线工作，这与大学生的工作期望不符，他们在职业规划中难以看到晋升空间。而且乡镇生活相比城市生活更加枯燥、单调、沉闷，现实的工作条件与理想的工作环境落差大。

这些因素就会使新员工“先就业、后择业、招得进、留不住”的现象普遍存在。

五、风险管理机制有待完善

1. 管理组织架构尚需进一步健全

一是管理岗位不够细化。目前，湘西长行村镇银行已建立“三会一层”，在董事会下设立了风险管理委员会，并设立了专门的风险管理职能部门开展风险管理工作。但已设立的风险管理组织架构仅停留在总行宏观层面，职能部门及基层分支机构仍未设立与风险管理相配套的岗位，未设立负责审议风险管理战略与政策、制度与程序、风险状况、控制措施与工作规则

的风险审查委员会。二是部分职责不够明确。“三会一层”中，未明确决策层的股东代表大会、董事会、监事会以及高级管理层在风险管理中的管理职责；业务管理职能部门未明确本部门、本条线的风险管理职责，造成风险管理部门与其他部门在风险管理方面的职责边界模糊，工作重复，效率不高。三是业务流程不够明晰。风险管理的“三道防线”层次不够明晰，业务流程需进一步优化。

2. 风险管理基础相对薄弱

当前，湘西长行村镇银行的风险管理基础还较为薄弱，风险管控手段与方法有待改进，资本管理水平需要进一步提升，主要体现在经营管理比较粗放、内控基础不足等方面，具体表现在以下三个方面。一是内控机制不够健全。村镇银行的管理制度虽然照搬主发起行的，但与其他商业银行相比，还存在个别制度长期缺失、授信审批流程不够完善、内部审计不够到位等问题，内部管理也存在形式化、周期化、简单化的现象，尚未形成覆盖各项业务风险环节的管理制度。二是人员素质和数量与业务发展不甚匹配。由于村镇银行客户的贷款金额普遍偏少，而贷款笔数众多，信贷业务人员的业务管理半径大、人均管理账户较多，专业人才相对缺乏，存在风险隐患。三是风险缓释能力较为不足。受企业经营管理不善、贷款期限与企业生产期不匹配等因素的影响，部分借款人的还款能力弱化，导致村镇银行的不良贷款持续增加。

3. 风险化解机制尚待完善

湘西长行村镇银行需要根据自身的风险管理和控制要求，对贷款申请人进行全面的风险评估，要求贷款申请人提供收入来源、抵押物、担保人等详细信息，但很多时候贫困农户难以完全满足这些条件，缺乏相关权证、无法找到合适的担保人或担保人征信存在逾期等情况频发。同时，湘西长行村镇银行所在县域经济基础相对较弱，产业链薄弱，不能形成持续的生产能力，所介入的扶贫项目产生的经济效益较低，偿还能力弱，造成较高的信用风险。目前，在风险分散和化解机制方面遇到的困难主要是还款来源有限、担保方式不足、担保机制不健全等。

4. 风险管理能力有待提高

一是技术人才引入不足。虽然湘西长行村镇银行拥有数量足够的风险管理人员，但精通风险控制和风险计量技术的专业人才相对较少，针对农户和小微企业的研究还不够深入，尚未形成与市场需求相吻合、与自身实际相符合、有实效的风险管理思路、方法、工具，风险评估、预警也相对简单。二是人员素质有待提升。由于历史原因和村镇银行用工制度等因素的制约，目前湘西长行村镇银行管理人员和一线员工的从业经验相对欠缺，专业素质相对较低，业务操作技能和知识相对"老化"，法律法规意识淡薄，且部分管理人员存在重经营、轻管理，重速度、轻质量的思想，甚至有以牺牲内控为代价发展业务的倾向，最终导致湘西长行村镇银行的经营和盈利能力大打折扣。

第五节 湘西长行村镇银行发展的外部挑战

一、农业供给质量和供给效益尚需提升

1. 农业供给质量不能完全满足人民群众追求美好生活的需求

我国农业供给质量不高，突出表现为生产结构有待优化、产业结构有待提升、区域结构有待调整。

在生产结构方面，近年来，农业供给侧结构性改革，调减玉米种植面积，增加大豆种植面积，提高规模化养殖比例，推动渔业减量提质，农业生产结构发生了积极变化，但是粮食供需结构性矛盾依然突出，具体表现在以下三方面。一是稻谷、小麦产大于需。2020 年，我国稻谷和小麦的总产量稳居世界第一，但每年还需进口大量优质稻谷和专用小麦。二是玉米、大豆的产需存在一定缺口。自 2019 年我国首次出现玉米年度内产不足后，缺口持续扩大，而大豆的产需缺口一直都较大，需求基本依靠进口解决。三是非粮食领域的需求旺盛。我国已成为全球水果进口大国，2020 年，我

国水果进口金额首次突破百亿美元。此外，有限的饲草资源和较大的环境压力使我国牛羊肉供给偏紧，而牛羊肉消费需求日趋扩大。

在产业结构方面，虽然农村的第一、二、三产业的融合发展持续推进，各类新型农业生产经营主体和服务主体数量快速增加，规模日益扩大，但三大产业内部存在许多问题。第一产业缺乏高质量、大品牌的优质产品，中国玉米、大豆的单产水平、生猪的饲料转化率、奶牛的产奶量都与国际水平存在差距。第二产业缺乏科技含量高、竞争能力强的龙头企业，产后储藏、保鲜、包装、分级和商品化处理能力不足，农产品加工链条短、附加值低、副产物综合利用率不高等问题依然存在。第三产业的农业生产性服务业起步艰难，服务主体规模小、服务对象重大轻小、服务产品同质化严重、服务监管相对滞后。

在区域结构方面，我国的粮食生产过度集中于水土资源紧张的东北、华北地区，蔬菜种植过度集中于气候条件优越的南方，环保压力下南方水网密集地区生猪养殖规模大幅下降，造成北粮南运、南菜北运、南猪北养，既增加了流通成本，又加剧了区域资源环境压力。

农业供给侧结构性改革，从某种程度上讲，主要是对作为供给主体的新型农业经营主体的调整与改革，这对农村金融机构做好新形势下的金融服务“三农”工作提出了新的要求。各农村金融机构要认真研究国家和地方政府出台的农业供给侧改革有关政策，结合各地农业产业发展实际，调整信贷政策，创新金融产品，优化信贷结构，切实提高金融服务“三农”的水平。金融机构应适应土地制度改革，开展农地金融业务，调整对新型农业经营主体的信贷政策和金融产品，进而调整、优化农产品生产结构，使农业生产要素实现最优配置，提升经济增长的质量和数量，使农业“去库存、降成本、补短板”落到实处，为打造质量好、结构优的农业产业提供金融支撑。

在农业供给侧结构性改革的背景下，众多金融机构发挥自身优势，在广阔的农村金融蓝海市场中寻求市场机会，村镇银行将与国有银行、股份制商业银行和城市商业银行等金融机构在农村市场同时展开竞争。村镇银行作为银行中历史较短、体量较小、员工较少的金融机构，在与其他金融机构同台竞争时，在保持深耕市场获取自身优势的同时，还要积极创新，开展特色化经营，这就对村镇银行的经营管理水平提出了极高的要求。

2. 农业生产经营的比较效益较低

我国农户户均耕地面积小，土地流转成本高，农业生产经营规模偏小。根据第三次农业普查数据，全国现有农户 2.3 亿户，户均经营规模为 7.8 亩，经营耕地在 10 亩以下的农户为 2.1 亿户。小农户数量占到农业经营主体的 98% 以上，小农户从业人员占农业从业人员的 90%，小农户经营耕地面积占总耕地面积的 70%。因此我国农业劳动生产率不高，农户无法获得与非农产业相近的收入水平。尤其是自 2011 年以来，由于土地租金、农资用品及人工等成本的持续上升和粮食售价遭遇“天花板”，种粮净收益开始逐年下降。2016 年，下调稻谷和小麦的最低收购价后，种粮亏损渐成常态。即便农户家庭经营不考虑自营地地租成本，2018 年亩均种粮净利润也低于 100 元，按户均 7.5 亩耕地计算，家庭种粮年纯收入不足 750 元，远低于外出务工的月收入。与此同时，我国农业产品品牌多、杂、乱，影响力小，社会信任度不高，对假冒伪劣产品监管不严，导致品牌农产品溢价水平低，无法实现优质优价。如果农业生产经营比较效益下降的趋势不能得到根本性扭转，农户粗放经营、降低复种指数甚至撂荒等问题将趋于严重，农业将陷入供给质量不高与经营效益低下的恶性循环。

目前，我国农业产业呈现新型主体与传统农户并存的态势，但多数仍是小规模经营，亿万承包农户依然是种粮主体，“辛苦一年不如外出打工两个月”已是小农户经营的常态，农业生产经营的比较效益低可能引发农民的种粮积极性下降，由此导致农村劳动力大批外迁，产生农村“空心化”现象。这种现象的出现对村镇银行的发展也提出了新的挑战。一方面，农村劳动人口流失导致农村人口减少，留守在农村的居民以孩子和老人为主，直接导致村镇银行服务对象数量下降、市场范围的缩小。另一方面，农村的大量资源被闲置，没有参与要素市场循环，无法产生经济效益，同时，城市更高的收入水平和更好的发展机会使高素质劳动力涌向城市，农村缺

乏高素质人才带动农村经济发展，间接导致村镇银行所处的发展环境发生改变。

在乡村振兴背景下，农村“空心化”现象是需要被正视的问题，但也要认识到，农村“空心化”现象并不可怕，也并非无解。目前状况下，一定数量的耕地撂荒客观上为耕地保护、土壤治理和高标准农田建设提供了“天时”，为土地多样化利用、发展规模种植养殖提供了“地利”，可以将农村“空心化”作为耕地保护和发展现代规模特色农业的契机。要把离乡的人吸引回来，不仅要靠乡愁，还要靠产业。“空心化”的乡村，缺的是年轻主力，要想将人才吸引到农村，吸引工商资本下乡，需要产业的支撑。通过政府牵头、社会资本参与的方式，为农村居民提供便利，鼓励其返乡创业，促进农村产业建设，进而提高农业生产经营的比较效益，吸引更多的人回到农村参与建设，实现经济的良性循环。

村镇银行的信贷资金是重要的社会资本，村镇银行引导信贷资金进入农业提质升级项目，提高农业生产经营效益。一方面，吸引人力资源回流到农村，间接促进村镇银行发展。另一方面，村镇银行通过与政府的合作，扩大自身影响，提高声誉。但村镇银行应当以何种形式参与农业提质升级项目、提供何种金融产品鼓励人才返乡，都需要村镇银行根据实际情况进行分析。

二、农村基础设施与环境建设存在短板

1. 农村基础设施质量与标准亟待提高

随着近年来国家对乡村基础设施建设的持续投入，农村基础设施得到极大改善，但是与广大农民群众的需求相比仍有差距。农村公路基本实现了“村村通”，但建设质量和标准有待提高，不少地区尚没有实现道路通组入户，养护任务重与资金不足的矛盾也日益突出，村道失养、失管、以建代养现象较为普遍。农村物流设施严重不足。农村饮水条件得到了明显改善，但水源水质问题依旧突出，供水工程质量参差不齐，运行管理维护机制不健全，普遍存在管理维护资金不足问题。有效热力

管网等能源基础设施在农村的普及率还较低。此外，互联网是农村金融发展的重要媒介，但目前城乡互联网普及率的差距仍较大，农村的网络设施建设需要加强。截至 2020 年 12 月，我国城镇地区的互联网普及率为 79.8%，农村地区的互联网普及率为 55.9%，城乡差距达 23.9 个百分点，较 2010 年缩减了 7.1 个百分点。根据 CNNIC（中国互联网络信息中心）中国互联网络发展状况统计调查数据，10 年来，我国互联网普及率的城乡差距虽然有所缩减，但差距始终维持在 20 个百分点以上，农村的互联网设施建设还需持续推进。

就湖南省乡村振兴的成效而言，尽管近年来对农村基础设施建设的投入在不断加大，但农业基础设施功能老化、改造缓慢等问题仍普遍存在，远远不能满足农业生产和农民生活的需要。一是农田水利设施档次有待提高。目前，喷灌、滴灌、渗灌设施的耕地面积仅占全省灌溉面积的 1.8% 左右。二是许多方便生产生活、提升生活品质的设施有待完善。如幼儿园、小学、公交车、社保服务点、金融服务点等仍然不足，40%~70% 的行政村尚未有上述设施，就学难、出行难、文娱缺的情况比较普遍。另外，地区差别大，“长株潭地区”的农村基础设施和公共服务设施较好，“大湘西地区”“湘中地区”和“湘南地区”的普遍落后。位于“大湘西地区”的湘西长行村镇银行在提供金融服务时难免会受到地区条件的限制。

农村基础设施数量少、质量差，会对村镇银行的金融服务形成一定程度的阻碍。一方面，农村基础设施上的短板，难免会影响社会资本对乡村项目的投资热情，也会影响相关业态产能的释放。有的社会资本选对了绿水青山，却因基础设施不配套、不完善，项目建成了，开不了园，迎不来客，“绿水青山”无法变成“金山银山”。另一方面，提高农村基础设施质量和标准能为金融服务乡村振兴提供条件。改善乡村基础设施，不仅能激发本地村民的创业热情，也能吸引到更多好的社会投资项目。这就为金融服务乡村振兴、支持新型经营主体创造了条件。金融服务乡村振兴需要商业可持续，乡村基础设施改善了，人流、物流、信息流变得通畅了，创业和投资项目的盈利也就有了保障，银行的信贷风险也能因此降低，进而促进

村镇银行的可持续发展。

2. 农村人居环境与公共服务需改善

当前，农村人居环境整治三年行动[①]取得了显著成效，但与人民群众生活密切相关的不少领域仍需改进。在村容村貌方面，不少地区有新房没新村，有新村没新貌。受资金和人才的制约，许多村庄建设无规划，一些编制完成的村庄规划缺乏科学性、合理性和可操作性，且村庄规划执行难，导致违规占用耕地乱建房屋的现象时有发生。在污水、垃圾治理方面，农村污水、垃圾处理设施单位建设成本和运行成本高、收集难，农户生活污水没有得到有效管控。在农村卫生厕所改造方面，改厕政策落实得还不够，技术支撑不足，缺乏长效运行机制，一些地方厕所粪污没有得到有效处理和资源化利用。在公共服务方面，我国基本公共服务供给存在典型的“重城市、轻农村”现象。农村教育、医疗卫生、养老、文化体育是基本公共服务的突出短板。农村普惠性幼儿园数量缺口大，幼儿园“大班额”现象普遍，乡村学校硬件设施弱、教师紧缺的问题较为突出，不少地区的中小学被撤并，许多家庭只能到县城或乡镇所在地陪读。虽然当前基本消除了乡村医疗卫生机构和人员“空白点”，但乡镇卫生院设施条件和医务人员明显不足，专业性强、技术水平高的医疗机构在乡村布局的意愿不强，政府对乡村医疗的投入力度仅能解决基本的医疗问题。农村市场化、社会化养老服务欠缺，养老机构覆盖率和服务水准偏低，空巢老人赡养问题突出。农村文化体育服务依然相对薄弱，近年来虽然建成了大量农家书屋、活动广场等农村文体设施，但因投入不足、人才短缺等原因，乡村文体服务供给数量依然严重不足，供给质量较低，与广大农民群众的需求相差甚远。

在乡村振兴的时代背景下，抓好农村人居环境整治，提升农村公共服

① 为加快推进农村人居环境整治，进一步提升农村人居环境水平，2017 年 11 月 20 日，十九届中央全面深化改革领导小组第一次会议通过了《农村人居环境整治三年行动方案》。2018 年 2 月，中共中央办公厅、国务院办公厅印发了《农村人居环境整治三年行动方案》，要求各地区各部门结合实际认真贯彻落实。方案提出，到 2020 年，实现农村人居环境明显改善，村庄环境基本干净整洁有序，村民环境与健康意识普遍增强。

务水平，加强农村污染治理和生态环境保护，都将为投资市场开辟颇为可观的蓝海。持续推进农村人居环境和公共服务水平的改善，才能更好地提高村民生活水平，激发农户、企业灵活多样的融资需求，给村镇银行带来发展保障。

3. 农村地区的支付服务环境有待优化

农村地区的支付服务环境建设是金融服务“三农”的重要组成部分，是打赢脱贫攻坚战、实施乡村振兴战略的内在要求，但目前我国农村地区的支付服务环境仍不容乐观。第一，村镇银行移动支付业务受农村地区思想观念的影响发展不畅。农村地区的一些群众对非现金支付工具的认可度较低。主要原因在于当地群众习惯现金交易，未培育出转账意识；认为移动支付不安全；移动支付平台操作复杂。第二，农村的金融机构网点布局不合理，难以满足农村支付结算的需要。从现有网点布局来看，村镇银行主要在县城设立营业网点，只有少部分村镇银行选择在乡镇地区设置服务网点，而且村镇银行基本没有参加助农取款点建设。村镇银行经营的主要方向依然是资产负债业务，精力多投放在吸收存款、发放贷款上，支付产品和服务供给不足，支付服务对乡镇和农村地区的辐射能力较弱，与新型农村金融机构的职能定位相冲突，难以满足居住分散的群众对支付结算的要求，在打通农村基础金融服务“最后一公里”工程上还有很多工作要做。第三，村镇银行在农村地区所做的支付结算宣传不到位。由于在农村地区宣传支付结算知识和业务的成本高、收益低，各金融机构基本把宣传集中在县城区域内，在农村地区的宣传力度不大。

支付工具中尚未嵌入社交、购物等特色功能，对产品的推广造成一定阻碍。而村镇银行传统的支付工具和手段居于支付业务的主导地位，且相对集中和单一。在支票、银行汇票、商业汇票、本票四种业务中，村镇银行以办理支票业务为主。在电子支付业务方面，村镇银行在所在地区布放的 ATM 数量不多，且多数没有申请银行卡收单资质，无法拓展商户和布放 POS 机，银行卡受理环境有待改善。手机银行和网上银行业务的主要功能局限于查询和转账汇款，在一定程度上阻碍了银行卡的申请和使用。此外，村镇银行都拥有相对应的主发起行，村镇银行的运行方式、内部管理、业务模式、服务手段与主发起行的相差无几，且互相参照借鉴产品服务，导致业务同质化现象严重，差异化、个性化服务不突出。

村镇银行在深化支付结算服务、开拓非现金支付产品方面亟须加强，以便利用具有吸引力的产品来达到宣传支付结算知识和业务的效果，提高群众认知水平的同时为自身发展提供良好的支付服务环境。

4. 农村地区信用环境建设相对滞后

农村地区的信用环境建设是现代农村经济发展的基石，也是金融支持精准扶贫的基础。我国农村贫困地区的信用环境建设仍存在滞后现象。

一是银农间信息不对称。随着城镇化的推进，搬迁和外出务工的农户数量日益增多，人员流动性较大，而金融机构无法全面覆盖贫困地区，对贫困农户的经济状况缺乏详细了解，无法准确识别出信用、经济“双破产”的失信贫困农户，信息不对称现象比较突出。同时，多数农户或村级经济体信息验证困难。农村地区的信贷投放面临贷款用途难追踪、违约行为难处理、失信行为难制裁的现况，容易出现逃废债务、合同违约等现象。

二是农户的信用观念淡薄。一方面，农户受教育水平较低影响其形成正确的信用观念。贫困户的受教育程度相对较低，信用观念淡薄，家庭负担重，没有致富的路子，脱贫内生动力不足，不积极劳动致富，过度依赖扶贫工作队的救济，误将银行的扶贫贷款看作无偿帮扶，极易埋下风险隐患。另一方面，经营不善导致其无法建立良好的信用习惯。部分农村小微企业由于经营不善，“三角债”较多，逃废债务的现象较为严重，对银行贷款“敢借、敢用、敢不还”的思想普遍存在，这在一定程度上制约了金融机构业务下沉的力度和深度。

三是农村居民金融基础知识较为匮乏。农村地区长期缺乏优质教育资源，农户受教育程度普遍偏低，对金融基础知识的了解更是少之又少，其对政策的理解有限、信用履约意识淡薄、对金融政策的变动不敏感。金融基础知识的匮乏使农户对金融市场存在排斥心理，对银行等金融机构产生明显的距离感。此外，农村居民缺乏对各类金融服务和投资理财产品的认知，无法准确识别出潜在风险，缺乏自我保护能力，容易受到违规借贷平台和非法借贷组织的欺骗。

三、乡村治理体系和治理能力有待提高

1. 乡村治理基础有待夯实

党的十九届四中全会提出推动治理现代化，并强调在构建基层社会治理新格局过程中推行网格化管理。起初，网格化管理是破解现代城市社区治理难题的产物，直至 2007 年浙江舟山渔村开始探索实施网格化管理模式，使基层社区网格化管理实现了从城市社区到农村社区的过渡性转变。此后，浙江富阳、福建三明和湖北宜昌等地启动农村社区网格化管理探索实践，逐渐形成了特色鲜明的基层乡村网格化管理模式。自此，网格化管理成为推动乡村治理现代化的关键手段。当前，随着血缘性和地缘性的减弱，群众的集体意识弱、内生动力不足，“事不关己、高高挂起”的心态普遍存在，群众的凝聚力和创造力没有得到有效发挥。在农村网格化管理模式的实施过程中，村民参与的积极性有限导致网格化管理的效果差强人意。网格化管理模式强调“主动式参与”的重要性，村民的配合度直接影响网格化管理的效果，但村民参与度不高的问题普遍存在。

乡村治理的经济基础薄弱。我国的村落是生活共同体，居民相互之间存在诸多共同利益，合作基础尤为广泛，但不少地区没有发展出有效的村集体经济实现形式。在国家力量无法到达每一个农村“神经末梢”的情况下，农村生产力水平低下与生产生活高度复杂之间的矛盾必须依靠农民合作来解决。农民合作通过组织与制度创新，以分工与联合的方式，在分散农户之间调节内部资源分配，使公共产品的外部效应内部化，从而获取经济发展的规模效应，改变市场中的力量对比，提高农业增收的可能性。由此可见，农民的动员与合作，是乡村治理最重要的前提。

金融作为社会发展中最重要的资源之一，既是推动农村社会发展的长

效动力，也是关乎农村社会结构稳定的重要因素。而在当下我国农村，金融并没有成为农村发展经济的源泉与活水，农村金融的长期缺位，导致农村居民金融需求难以被满足，资源难以变为资产。但金融科技的发展，已具备将农民已有数据进行加工整理的能力，通过技术整理分析，数据可以客观、直观反映出农村经济发展、生产生活现状，也正是数据的相互验证，科技手段可以准确反映金融服务对象实际金融需求。但由于自身规模小和发展时间短，村镇银行科技化程度和数字化水平在银行业金融机构中并不突出，如何深入挖掘服务主体需求并实现精准投放金融资源，对还处于发展阶段的村镇银行而言也是巨大的挑战。

2. 乡村治理模式亟须创新

长期以来，我国乡村治理主要采用的是自上而下的上传下达、包保责任、层层落实的单轨治理模式，是一种被动式的乡村治理。随着改革的深入，乡村治理主体逐渐由一元向多元转变，尽管理论上多元共治的治理体系是非常科学的，但实施起来存在一定难度。目前，我国的乡村治理模式是“政府有限参与，以村民自治为主导”，这种治理模式以基层自治为核心，强调村民的自我管理、自我教育和自我服务。这种模式存在数据缺乏、信息滞后以及短视等问题，治理效果欠佳。

金融发展到现阶段，已经形成以数据为关键生产要素、以科技为核心生产工具、以平台生态为主要生产方式的现代金融服务模式，这不仅是金融理念的演进，更是服务模式的深层变革。金融从另一角度为乡村有效治理打开了一扇门。只有将金融置于社会全景之下，融入农村社会生活、乡村治理，面对农村社会痛点，服务城乡整合和乡村振兴，金融机构才能在农村发挥竞争优势，实现可持续发展，体现金融服务乡村治理的有效性和专门性，成为农村社会变革、社会治理、社会秩序中不可替代的变革性力量。

过去银行和客户间多是较单一的存贷款关系，而今银企间的关系正被重新定义和改写，金融机构的思维和行为方式也需要被重塑。现实中，传统金融、商业金融的思维定式使城乡之间依然存在数字鸿沟、信息鸿沟，农村金融迫切需要修建新的“水利工程”。若金融在农村还是像奢侈品一样高高在上，那么金融一定无法促进社会合作、有效治理，金融的应有作用也就无法发挥。金融机构应在实践中自觉、主动地对标治理的目标与要求，通过先进的科技系统促进党务、村务、财务等老百姓关心的事务制度化和规范化。村镇银行可以通过共享方式，建成统一的智慧乡村综合管理服务平台，引导管理服务向基层延伸，为农民提供多种多面的服务与产品，构建线上与线下、网络与实体结合的乡村便民服务体系；依托电商平台，积极对接农村产业发展需要，主动吸引优质涉农商户进驻平台，协助拓宽农产品销售渠道，助力农村产业升级。农村居民通过乡村便民服务体系，进行生产要素的整合，建立合作互助组织，提高要素生产率。在建立乡村便民服务体系的过程中，村镇银行需要对各级农业农村政策进行详细的解读，深入了解农户需求，积极整合各项资源，这对村镇银行的专业能力提出了更高的要求。

四、村镇银行的外部营商环境有所制约

1. 宏观经济环境发生了深刻变化

中国共产党第十九次全国代表大会（以下简称党的十九大）以来，我国经济体制改革持续推进，经济发展进入了新时代，由高速增长阶段转向高质量发展阶段，长期向好的基本面没有改变，但当前仍处于增长速度换挡期、结构调整阵痛期、前期刺激政策消化期“三期叠加”阶段，不可避免地影响了村镇银行的市场拓展和资产质量。

一是随着第一产业增速的放缓、城镇化的持续推进，部分农村地区的“空心化”速度加快，农村人口持续外流，金融需求响应转移，压缩了当地村镇银行的市场空间。

二是经济增速下滑、淘汰落后产能、贸易摩擦前景未明，导致小微企业的风险敞口加大。村镇银行的小微信贷业务占比较高，村镇银行属于当地信贷准入门槛较低、抵押担保条件较为宽松的银行机构，资产质量承压预期高于同业机构。

三是随着县域经济、现代农业的发展，“三农”的部分多层次金融需求与村镇银行体量小、业务品种单一的矛盾日益突出。涉农企业在部分金融需求无法得到满足、金融服务便利性受阻的情况下，往往带动上下游产业链客户及加盟农户共同流失，使村镇银行的优势无从发挥，生存空间受到挤压。

四是新发展格局衍生出来的不确定性给村镇银行的资产负债管理以及风险管理增加了难度。“十四五”时期是我国构建以国内大循环为主、国内国际双循环相互促进的新发展格局，通过优化经济结构、提升创新能力等措施迈入经济高质量发展新阶段的关键时期。一方面，新的发展格局和发展阶段将引致企业经营模式的变革以及个人财富积累方式的变化，传统的资金运作模式将被淘汰，新的资金运作模式将逐步发展壮大。银行作为资金的主要运作载体，也须随着资金运作模式的创新而调整自身的运作模式，这就要求商业银行重塑自身的资产负债表。然而，相比于大型商业银行资产负债结构底盘扎实、运行稳健来说，村镇银行受历史因素、区域经济金融的影响，资源禀赋、体制机制以及管理效能等方面的水平各异，应对新环境、新格局带来的不确定冲击的能力有限。如何应对经济金融新格局，做好资产负债表重塑工作，是村镇银行“十四五”时期所面临的重大挑战。另一方面，从短期来看，尽管当前新冠肺炎疫情得到了有效控制，但随着相关临时性支持政策的退出，前期积累和隐藏的风险将不断释放，特别是一般性财政收入紧张的政府，存在地方政府债务风险隐患，对于与地方政府密切绑定的中小银行来说，风险管理将面临较大压力。从长期来看，“十四五”时期，我国将着力推进以国内大循环为主、国内国际双循环相互促进的新发展格局的构建，这势必会带动全国经济发展动能、格局和重心出现新的变化和调整，这种新变化和新调整，在创造机遇的同时，也会衍生更多的不确定性，引发新型风险，将为风险管理基础薄弱的村镇银行带来挑战。

2. 市场竞争更加激烈

随着县域经济的发展和银行业市场竞争的加剧，各类银行业金融机构

都着手挖掘“三农”及小微金融市场的巨大潜力，传统意义上的蓝海成为银行业金融机构进军开拓的焦点，各金融机构不断推陈出新的各类措施使村镇银行的竞争达到了白热化的阶段。

一是大型商业银行响应政策号召，把缓解小微企业融资难、融资贵的问题作为重点工作推进。监管部门对金融机构的小微企业增量和占比指标进行考核监测和正向激励，激发金融机构的内生动力，解决不愿贷、不敢贷的问题，一定程度上抢占了村镇银行的部分目标客户并压降了其盈利空间。二是近年来，股份制商业银行向“三农”和小微金融市场进军，不断延伸服务渠道，普惠金融市场已成为各行竞争的“主战场”。对比村镇银行，股份制商业银行虽然在本土化、特色化服务方面不占优势，但在品牌形象、系统建设等方面优势明显。三是城市商业银行、农村商业银行对当地“三农”、小微业务的重新布局。作为深耕当地历史较长、机构布局覆盖面较广、本土化服务较为成熟的独立法人金融机构，城市商业银行、农村商业银行与村镇银行同样具有人缘、地缘优势，有能力利用强大的“网点 + 网络”服务体系，为“三农”和小微企业客户提供快捷、周到的优质服务，给湘西长行村镇银行未来的发展带来了更大的挑战。

在各方金融机构主体竞争加剧的情形下，银行的业绩将不再完全取决于资产规模，收入结构和资产质量将发挥更重要的作用，从而使大型银行和中小银行间的分化扩大。具有较好的资产负债结构以及资产质量，并且在科技创新上走在前列的大型银行将实现更好、更快的发展，而部分中小银行，特别是非上市的城市商业银行、农村商业银行、村镇银行等，则受制于化解风险、解决资本缺口等问题，难以跟上大型银行的发展步伐。与此同时，中小银行个体之间将呈现“马太效应”①。经营管理领先、积极探索转型的村镇银行，有着良好的基础和较强的能力，将会把握经济发展机遇，实现自身的快速发展；而被风险事件困扰的村镇银行，处境将愈加艰难。如何能够跟上新时代的发展潮流，实现高质量发展，成为“十四五”

① 一种强者愈强，弱者愈弱的社会分化现象。

时期村镇银行经营发展所必须思考的核心问题。

3. 城乡融合发展面临阻碍

地乡资源要素自由流动依然面临诸多体制障碍，城乡产业融合发展机制不健全，成为城乡发展不平衡、不协调的重要原因。

一方面，城乡资源要素自由流动不畅。长期以来，人、地、资金等资源要素从农村单向流入城市，导致农村发展缺乏要素支撑。在人力资源要素方面，城乡二元户籍壁垒没有根本消除，农业转移人口市民化进展缓慢，城市人才入乡的激励机制不健全。在土地要素方面，城乡统一的建设用地市场尚未建立，农地流转不畅、产业发展配套用地缺乏、“两权”抵押贷款难等问题普遍存在，农村集体经营性建设用地入市尚未大规模推广，且面临价格形成机制不完善、收益分配机制不健全难题；农村宅基地“三权分置”改革进展较慢，有偿退出和有偿使用难。在资金要素方面，财政“支农”资金使用效率低、整合困难，城市工商资本下乡限制多、权益保护不力，城乡金融资源配置严重失衡，农村金融创新不足、信贷成本高昂，金融风险分散和防范机制不健全，村镇银行在发展上会受到资金的约束，难以配置更好的服务设施，进而降低了对高质量客户的吸引力。

另一方面，城乡产业融合发展机制不健全。计划经济时期形成的城乡二元经济结构依然阻碍着农业现代化进程。从产业链看，农村第一、二、三产业融合发展不深，乡村旅游发展步伐偏慢，规范化和标准化水平偏低，农业功能和乡村资源挖掘开发不够，以小农家庭经营为主的农业生产经营体制无法有效对接城市大市场。从价值链看，产中环节的收益与产后环节的收益脱节，农民所分享的产业链增值收益偏少。从融合平台看，特色小镇、各类农业园区等城乡产业协同发展平台的市场化建设运营机制不健全，开发模式不成熟，同质化竞争普遍，发展活力不足。城乡要素流动与产业融合的阻碍使村镇银行在乡村的发展潜力无法得到充分释放。

4. 政务环境尚有提升空间

优化营商环境在很大程度上依赖政府进一步转变职能。中国共产党第十八次全国代表大会以来，党中央深入推进全面从严治党，对政治生态进行净化和修复，取得了显著的效果。健康的政治生态环境为优化营商环境、促进形成经济发展新格局打下了良好的基础。相较于过去，当前我国行政部门的服务水平已有了很大提升，但一些问题依然存在。第一，服务意识不强、思想观念转变不到位。例如，部分政府工作人员不作为和慢作为，一些拥有审批权限的工作人员由之前的“吃拿卡要”转变为“推绕拖”，“管理”而非“服务”的官本位思想严重。第二，政府部门主动性不强、沟通意识差。例如，一些政府部门在对企业上报的项目进行审批时，擅自减缓行政审批的速度，对于一些有争议的内容未能及时与企业开展沟通。第三，政府服务与人民群众对美好生活的需求之间仍存在着一定的差距。比如，随着互联网、数字化浪潮的到来，信息技术与经济社会加速融合，服务变得易得化，带来了生产方式和生活方式等前所未有的深刻变革，对政府能否更加精准、快速、高效地治理提出了新的要求。然而，目前政府更多地还在用传统的手段为老百姓服务，治理能力显得越来越落后。为此，亟须通过大数据的应用实现精准施政、精准治理、精准管控，通过打通数据孤岛提高政府服务效率，通过“数据多跑路，百姓少跑腿”的改革提升百姓的获得感，提升政府在人民心目中的地位。

未来，我国需要进一步优化营商环境、提升营商环境国际排名，需要对制度体制进行深入改革，加速构建服务型政府，构造良好的政银合作关系，为村镇银行的发展提供更加有力的支持。

民间投资在现有的政务环境下受到一定程度的制约。尽管政府大举破除市场壁垒，推动“非禁即入”，为各类所有制主体创造公平竞争的市场环境，从法律上、制度上、政策上找不到制约民营经济发展的要素，但民营经济、民营投资还是面临着事实上的“玻璃门”“弹簧门”“随机门”，面临着许多“难言之痛”。民营投资占到我国投资规模的60%以上，是促进创新和增加就业的重要主体，这些“痛点”问题不找到、不解决，不仅影响整体营商环境的改善，影响民间投资的运营，也将从根本上制约我国经济高质量发展。民间资本作为村镇银行资本份额的重要组成部分，在促

进村镇银行稳健发展、强化“支农支小”服务方面起到了非常积极的作用；民间投资受到政务环境的约束，则会在一定程度上影响村镇银行资本实力的提升，降低其抵御风险的能力，同时也会影响村镇银行公司治理的有效性。

5. 农村信贷环境尚需改善

农村地区的信贷准入条件难以满足。村镇银行作为地方法人金融机构，在贫困地区践行金融精准扶贫使命时，常常会面临承贷主体缺乏、借款人年龄超限或失信等困扰，主要原因有以下两点。

一是难以落实有效还款来源。贫困地区的现代化农业基础薄弱，大多以传统农业为主导，商业模式不成熟，受农产品市场价格波动的影响，部分农户存在跟风学样的现象。但由于供需之间存在时间差，农作物的种植周期与其价格波动错位，经常会出现滞销和过剩的现象，供需不平衡在相当程度上导致农户收入时好时坏。此外，湘西州作为一个以农业为主要产业的少数民族自治州，发展水平和速度远远不及发达地区，农业产业化发展相对落后的问题始终存在，农业产业具有生产成本高、发展水平低等特点，一旦遭遇冰冻、暴雨、干旱等自然灾害或是农作物价格下跌等情况，农户的收入会急剧减少甚至亏损。收入来源的不稳定导致有效还款来源难以落实，成为金融机构服务“三农”客群时面临的主要困扰之一。

二是严重缺乏合规承贷主体。农村地区的青壮年大多选择外出务工，留守在家的多为生产力有限、文化素质偏低、年龄偏大的农户。大多数留守农户可以维持基本生活，对产业发展的需求和意愿不强，对金融机构的信贷需求不足。而村集体经济或农村经济合作组织呈现散、小、弱的特点，大多采用家族粗放式管理方式，技术实力有限、市场竞争力较弱，同时因不是法人单位、财务制度不健全、股东意见不统一、抵押物存在纠纷等原因，符合银行信贷准入条件的优良客户占比相对较小，金融机构难以从中寻觅合适且合规的承贷主体。

经过10余年的发展，湘西长行村镇银行坚守扎根县域、服务“三农”、助力县域经济发展的使命，为湘西州地区经济的发展贡献了重要力量，自

身的发展规模和经营水平也得到了显著扩大与提升。同时，在发展历程中，湘西长行村镇银行也遭遇了许多困难与挑战，如融资成本高、信贷投放压力大等。在全面分析湘西长行村镇银行的所思、所做、所创的基础上，笔者认为应该加快村镇银行发展转型步伐，围绕如何践行使命助力地区经济发展、推动自身改革以实现健康可持续发展进行探索。

第二章　村镇银行改革发展的总体思路

第一节　指导思想

在我国经济结构转型的重要时期，村镇银行要以党的十九届五中全会精神为指引，立足当下、着眼长远、把握大势，研究新情况、展现新作为，认真贯彻中国共产党第十九届中央委员会第五次全体会议“优先发展农业农村、全面推进乡村振兴”的要求，以党的十九大和十九届二中、三中、四中、五中全会精神为指导，深入贯彻落实习近平新时代中国特色社会主义思想、习近平总书记关于金融工作的系列重要论述和在湖南考察时的系列重要讲话指示精神，把握“以人民为中心”一条主线，贯彻“创新、协调、绿色、开放、共享”五大发展理念，坚持“回归本源、优化结构、强化监管、市场导向”四项重要原则，以“服务实体经济、深化金融改革、防控金融风险”为三大主要任务，为经济社会高质量发展贡献农村金融力量。

第二节　总体要求

1. 合理定位，服务乡村振兴战略

2019 年 12 月 20 日银保监会办公厅在其发布的《中国银保监会办公厅关于推动村镇银行坚守定位　提升乡村振兴战略能力的通知》中对村镇银行服务乡村振兴的适配性和能力提出了要求，强调“支农支小”是村镇银行的培育目标和市场定位，村镇银行应始终坚持扎根县域，致力成为服务乡村振兴战略、助力普惠金融发展的金融主力军，在考虑经济效益的同时也应兼顾社会效益，实现“支农性”和“商业可持续性”之间的平衡。

2. 深耕本地，发挥自身比较优势

村镇银行应在自身所在的县（市）域范围内开展业务。中国银监会在2007年发布的《中国银监会关于加强村镇银行监管的意见》中明确规定，禁止村镇银行跨县（市）发放贷款和吸收存款。村镇银行深耕本地，不盲目扩大经营规模，能够帮助其发挥自身金融产品和服务“地域性”的比较优势，产品更具针对性，更容易为小微企业和农民所接受。

3. 特色经营，实施本土人才战略

村镇银行应当坚持本土化经营，吸收当地的人才来进行日常管理，以较低的成本获取“软信息”，有效解决村镇银行在开展业务时所面临的信息不对称问题。同时，在招纳当地员工的基础上，也应积极吸纳当地优质民营资本入股，不仅可以加快村镇银行融入当地市场的速度，也有助于形成更加有效的银行治理结构，增强综合实力和发展后劲，更有利于未来长远的发展。

4. 加快创新，走高质量发展道路

当前金融科技在发展过程中已经展现出了重塑金融业的力量。因此，村镇银行在坚持定位特色的同时，也要注重对金融科技的运用，实施金融科技与地缘优势“双轮驱动”的战略。在我国经济社会转型的关键时期，村镇银行应当充分利用国家经济结构调整、产业转型升级带来的空间，及时调整发展战略，直面新常态，把握新机遇，加快创新小微金融产品和服务，走高质量发展道路。

5. 做精做细，走特色化发展道路

村镇银行在发展过程中，做“小而美的银行”这一方向不可变，村镇银行是为“三农”和小微企业服务的，基于定位约束、资本约束和使命约束，村镇银行必须坚持做小、做散、做深。做“小而新的银行”是方向，村镇银行要充分发挥决策链条短、市场反应快等小法人银行的优势，在处理好

短、中、长期利益的基础上提前布局、提早创新，为未来的变化做好准备。做“小而强的银行”是未来，村镇银行的强大应体现在机制体制灵活、创新变化快、响应客户需求快、服务效率高、培养“三农”和小微忠诚客户能力强、风控能力和赢利能力强等方面。

第三节　发展目标

1. 坚守党管一切的政治定位

建立完善适合村镇银行自身特点的治理机制，研究探索微小银行如何有效发挥党组织在公司治理中的核心作用，确保坚持正确的政治方向。

2. 坚定打造“小而美”的特色

村镇银行要以“小而美”的微小银行为特色，牢牢坚守战略定位，以提供基础金融服务为使命，实现业务范围和经营区域的“两小”。

3. 坚持“小而强”的发展要求

推动村镇银行的主发起行更加规范、有效地履职，科学制定并持续完善村镇银行的中长期发展战略，建立对村镇银行的内控评价机制，落实风险处置牵头责任。

4. 积极探索村镇银行的管理模式

积极稳妥培育发展村镇银行，坚持规模化、集约化组建，引导村镇银行向中西部地区倾斜，稳妥推进“多县一行”与投资管理型村镇银行试点，使村镇银行更好地融入当地经济社会的发展体系之中，助推当地经济社会发展。

第四节　发展重点

宏观经济环境的变化和行业竞争的加剧，使村镇银行在前期飞速发展后进入瓶颈期，这要求村镇银行找准自身定位，有明确清晰的发展战略。

一、坚定“支农支小”初心不动摇

一些村镇银行前期粗放发展，存在市场定位偏差，盲目追求扩大业务规模和提高发展速度，存在存贷款垒大户问题，虚假繁荣后往往问题频发。一是造成存贷款金额大起大落，且存贷款期限错配严重，容易引发流动性风险。二是大额授信超过村镇银行的风险管控能力，村镇银行的信贷人员由于专业知识、技术手段有限，在贷前调查、贷中审查、贷后督查中对大额信贷客户的股权结构、实际经营产业、异地投资、民间借贷等很多情况不能完全掌握，从而造成较大风险隐患。三是出现不良贷款后清收处置困难。由于村镇银行规模小，出现大额不良贷款时对当期不良指标率影响较大，压力之下清收心情急迫，从而在处置谈判中处于不利地位。此外，大额不良贷款借款人、担保人的还款能力较差，还款意愿较弱，甚至产生“债多不愁”的想法，不愿配合处置。四是削弱了客户经理的营销能力。一些客户经理的绩效靠少数“大户”，不再愿意去跋山涉水、走村入户做营销，拼劲干劲减退，主动营销的能力弱化，对培养一支有战斗力、会营销的客户经理队伍产生了负面示范效应。五是不利于村镇银行夯实客户根基。大额存贷款比例高了，必然导致总客户数偏少，造成村镇银行业务在当地的受众面狭窄，知名度不高，对村镇银行的长远发展十分不利。

二、探索特色发展模式不停步

村镇银行由于规模较小、组织架构扁平化、决策链较短，更有利于根据当地实际情况及时、灵活、准确地调整自身经营方案，以形成更高效的经营模式。在股份制银行、当地农村商业银行也越来越重视小微客户的情况下，村镇银行应贴近当地市场需求，进村、进居民区，要求片区（网格）责任客户经理了解每一户人家（商家、厂家）的基本情况，同时借助各类平台，与社区结对共建、与客户同作同息，充分融入当地的生产、生活环境，发掘需求，通过研发差异化、特色化产品，满足“三农”和小微企业的迫切融资需求。一是加快产品升级创新。根据市场及客户需求，通过举

办小微企业对接会等方式，有针对性地开发、推介惠农支小产品，为当地小微企业、农民等提供更多的金融服务。二是在创新中切忌盲目照抄大中型银行的产品，而是要在充分调研当地经济特点、产业结构、区域需求等基础上，推出有特色、有销路、接地气的创新金融产品。三是创新产品不能搞点缀式的政绩工程。要在风险可控的基础上形成一定规模，做成拳头产品，才能打响品牌，真正在当地形成口碑声誉。四是主发起行要在产品设计方面提供指导和支持。一方面，将成熟的“支农支小”信贷技术和产品复制到其他村镇银行。另一方面，主发起行要为村镇银行设计本土化的产品提供政策咨询和业务创新指导，从而降低村镇银行的产品开发成本，使村镇银行的发展少走弯路。五是探索跨界合作模式，做强“金融+”服务。构建银民联动机制，互通有无，资源共享。同时，村镇银行董事长、高级管理人员要多下基层，充分了解一线的需求和困难，把村镇银行的特色优势发挥出来。

三、发展数字化普惠金融不松懈

当前，金融科技方兴未艾，对村镇银行留存客户产生了一定冲击，但村镇银行也可借助金融科技带来的机遇，直面竞争，完善自己在信息科技上的短板，加快数字化转型。村镇银行应紧跟时代潮流，借助主发起行的力量，加快补齐自身科技短板，发展符合机构定位的数字化普惠金融。

在发展方向上，一是拓宽结算渠道。在完善ATM自助设备、网上银行、手机银行等原有业务渠道的基础上，积极建设推广银证转账、扫码支付、微信等第三方的绑定支付等功能，满足小微商户的移动收单需求，拓宽结算渠道，丰富结算产品，给客户提供更丰富、更方便的服务。二是丰富申贷方式。通过科技手段拓宽信贷申请渠道，例如通过人脸识别技术快速核实客户身份，通过信贷申请人的各类信息节点结合微表情分析技术设置反欺诈系统，综合中国人民银行征信及第三方数据开发风控引擎，实现精准授信等，从而提高信贷业务的便利性和安全性，降低信贷风险，提高办贷和审批效率，进而增强市场竞争力。三是提高审贷精度。通过大数据智能

分析，建立精准信贷模型，解决小微企业由于与银行之间存在信息不对称而无法获取信贷资金支持的难题，使小微企业享受进一步的金融服务，实现真正的普惠金融，助力小微企业发展。四是加大营销力度。加快智慧银行建设，助力营销。一方面，通过厅堂内各类智能设备的应用，释放传统柜员，充实营销队伍。另一方面，通过全面实现无纸化办公、移动办贷，降低运营成本，提高业务办理效率，提升客户体验。五是提升中后台的工作效率。通过科技助力贷后督查、审计监督、不良追偿，节约了贷后督查成本，提高了审计监督的及时性，扩大了审计的覆盖面，遏制了变更通信方式等恶意逃废债务行为，使中后台更好地履职尽责。

第五节　发展步骤

一、完善治理结构，夯实发展之基

完善村镇银行的治理结构对于村镇银行的可持续发展具有重要的意义。完善治理结构一方面要正确处理村镇银行与主发起行之间的关系，另一方面要正确处理大股东与小股东之间的关系。

1. 正确处理与主发起行之间的关系

必须明确的是，村镇银行与其主发起行同属独立的法人机构，二者在法律上具有平等的地位。主发起行是村镇银行的发起者，也是村镇银行的控股股东，主发起行应该在经营管理、人力资源、信息技术等方面给予村镇银行帮助，但不应该过度干涉村镇银行的日常经营，尤其不应该为了自身利益促使村镇银行的经营活动偏离国家的政策导向。主发起行的工作重点在于帮助村镇银行提高内控水平，实现科学管理，在对村镇银行的监管过程中，应注意不要过度或缺位。

2. 正确处理大股东与小股东之间的关系

村镇银行的资本投入要与当地经济发展水平相适应，资本规划要与主

发起银行的经营能力相协调，资本运营要与自身的市场定位相匹配。村镇银行的股权结构决定了其即便不设置董事会、监事会，也能保证决策、执行、监督、经营管理四个方面有合理的分工与制衡。村镇银行的实际管理者一般是主发起行委派的银行从业人员，不利于调动小股东的积极性。村镇银行高级管理层应该定期向大股东及小股东公开全行业务工作进展，以及未来的中长期发展规划，应充分尊重大股东和小股东的意见，严格按照业务流程受理关联客户的信贷需求，并接受大股东与小股东的定期或者不定期的财务检查及非财务检查。

二、破解资金瓶颈，解决发展之要

村镇银行可以向中国人民银行申请“支农”再贷款支持及利率优惠支持。“支农”再贷款能够帮助村镇银行缓解资金压力，提高村镇银行抵御风险的能力。村镇银行要获得中国人民银行的“支农”再贷款，必须满足中国人民银行设置的多项条件，因此村镇银行必须尽力去优化自身的信贷业务，加强风险管理，提高自身的影响力和公信力。目前已经有多家村镇银行获得了中国人民银行发放的“支农”再贷款。

如果村镇银行的资金出现流动性问题，还可以依照有关规定向中国人民银行申请头寸再贷款。尤其是当村镇银行受制于自身的条件而无法满足“支农”再贷款的条件时，获得中国人民银行的头寸再贷款是其补充头寸、解决流动性危机的有效方法。

村镇银行还可以获得中国人民银行的再贴现支持。为了支持金融机构针对“三农”和小微企业的信贷业务，中国人民银行会给予这些金融机构一定的再贴现支持。村镇银行通过获得再贴现支持，可以有效缓解贷款到账慢、融资成本高等引发的资金流动性问题，增加村镇银行的资金来源。

三、大力推进金融产品与服务的创新，保持发展活力

我国村镇银行成立的时间较短，业务创新能力明显不足，金融产品与服务同质化的现象较为严重。目前传统存贷款仍是大部分村镇银行经营的

主要业务，而村镇银行要想获得持续性的发展及以金融支持的方式带动农村经济的发展，就必须不断推进金融创新，开发设计差异化、个性化的金融产品和服务。

1. 创新贷款模式

村镇银行为了实现持续的发展，需要开发新的贷款模式以满足农户及小微企业多样化的金融需求。为农户提供的贷款，可采用小额无担保贷款模式，以村镇为单位，通过评定该村贷款农户的信用情况，确立其信用等级，根据不同的信用等级设计相应的信贷产品及贷款监管流程；可建立信贷员联保制度，聘请各村中担保能力较强且威信较高的村民为银行的信贷员，实行联保制度，有效降低不良贷款风险。对于缺乏抵押品的贷款农民，可创新抵押方式，如以林地、农村房屋等的所有权为质押，以设备、订单等为抵押的新融资方式。针对小微企业提供的贷款，可结合实际情况将不同种类的贷款产品捆绑起来，设计出组合型的涉及企业资产、负债等各领域的融资新产品，为小微企业提供综合性的服务。

2. 积极开展中间业务

村镇银行要根据当地农村经济发展的状况调整业务结构，适当地降低传统存贷业务所占的比率，提高中间业务的比重。在技术、设备等条件允许的条件下，积极开展租赁、保险、电子银行、保管、代理发行、个人理财、金融咨询等中间业务。

四、加强人才队伍建设，发展中坚力量

金融行业的特殊性及内在要求，决定了对金融从业人员的素质要求比较高。目前，村镇银行处于经营发展的初期，要想实现持续、稳定的发展，就要重视人才队伍的建设。

要完善人力资源管理制度，加大对优秀人才的培养力度。首先，要建立合理的人才队伍建设机制。要借鉴国内外村镇银行的成功经验，并根据所处地域农村经济发展的实际需要，建立适合本行发展的人力资源管理机制，注重选拔任用机制、绩效考评机制及激励保障机制等机制的实施，

通过建立科学合理的机制来加强人才队伍的建设。其次，要培养当地的金融人才。再次，要提升从业人员的综合素质。加强对员工业务、技术方面的培训；注重企业文化及职业精神的培养；督促员工加强对相关农村金融法律法规的学习。最后，要完善内部培训机制。向其他国有银行、股份制银行学习，建立系统、完善的人才培训机制，引进具有金融人才培训相关经验的师资，制订详细的培训计划，培育金融人才。

村镇银行的市场定位为服务“三农”，它的业务与服务具有一定的特殊性，初期的业务开展与推广对村镇银行的良性发展起着很重要的作用。一方面是从高等院校引进具有金融专业知识的高才生，充实员工队伍。另一方面是可从社会中引入具有金融业从业经验的经营人员及高级管理人才，利用他们的专业技能及丰富的管理经验促进村镇银行稳健发展。

第三章　村镇银行助力地区经济高质量发展的实现路径

第一节　发展科技金融，促进中小科技企业健康发展

一、重点支持农业科技发展

村镇银行可以将一部分重心转移到探索支持农业科技发展的路径上。湖南是传统的农业大省，拥有一些实力雄厚的现代农业科技龙头企业，但仍存在与其相配套的科技金融产品创新不足的问题，农业科技研发和技术推广都有一定的融资瓶颈。一方面，村镇银行可以主动寻求与国家农业科技发展规划项目或是省级农业科技项目对接，给予资金支持，降低信贷的风险水平。村镇银行可以尝试与现代特色农业科技和科技园区农业项目相结合的金融创新，开发适合农业科技企业不同发展阶段的金融产品，如可以推行农业知识产权质押融资、围绕核心农业企业的产业链融资产品、农业科技成果推广和转化链贷款等。另一方面，吸收本土农业科技龙头企业入驻村镇银行。随着农业科技企业的发展，一部分企业拥有了出资村镇银行的资本实力，村镇银行可以充分利用这些入驻村镇银行的龙头企业的农业科技优势，为客户提供农业科技融资方案、农业科技信息、农业科技产学研合作咨询等优质服务，并相应地推出农户联保贷款、农户土地承包经营流转权抵押贷款等新的农村金融产品。

二、打造科技金融服务体系

金融业对科技型小微企业发展的支持力度在不断加大，村镇银行可以在行内打造一套较为完整的科技金融服务体系，抢占一部分市场先机。

首先，为科技型小微企业提供信贷支持。开发科技贷，利用财政科技风险补偿资金，解决地区科技型小微企业融资难、融资贵的问题。为科技型小微企业贷款建立绿色通道，提供专项额度，进行专项审批，通过政银合作、持续支持，打造一批生命力强、快速成长的科技型小微企业。

其次，成立科技支行。以“主打信用贷款、创新还贷方式、全面利率优惠”一记“组合拳”着力破解地区科技企业“融资贵、担保难、还贷忧”的三大难题。针对科技型小微企业的“轻资产、高发展、重创意”特点，推出“银科贷”系列信贷产品，突出信用贷款和创新还款方式，同时推出“续贷宝”业务，通过新贷还旧贷，创新还贷方式。

最后，实施专门的考核政策。做科技金融业务，需建立差异化的考核政策，加强对科技贷款户数、金额、企业成长性、产品覆盖等方面的奖励，提高科技金融在机构关键指标考核中的权重，给予 FTP[①] 利润补贴，提高村镇银行的吸引力。

三、强化科技金融的支持保障作用

科技金融与村镇银行结合发展需要村镇银行做好支持保障。一方面，村镇银行可以与信保基金等第三方机构签约，为科技型小微企业提供贷款风险担保。对于入驻当地的科技型企业，信保基金会优先提供增信服务，特别是对于那些贷款信用记录和有效抵质押品不足但产品有市场、项目有前景、技术有竞争力的科技型企业，信保基金会推出专项产品，村镇银行可以与之配合，助力科技成果转化。另一方面，村镇银行要建立农业科技金融绩效考核和风险监控机制，通过农业政策性保险和农业科技贷款风险补偿，增强自身抵御风险的能力。

① Funds Transfer Pricing，内部资金转移定价。

第二节　推进产业金融，助力打造先进的制造业高地

一、健全制造业支持信贷政策

制造业的周期性明显，村镇银行可以制定与制造业周期相契合的信贷政策，建立支持政策体系，为提高制造业金融的可获得性和服务质效助力。一是确定制造业专项贷款额度。将贷款到期腾出的规模优先用于制造业贷款投放，从信贷资源分配上予以倾斜。二是优惠贷款定价。对制造业客户、中长期贷款 FTP 计价和贷款拨备计提给予优惠，提高分支机构支持制造业的积极性。三是加速授信审批。对制造业客户开辟绿色通道，坚持“特事特办、急事急办”的原则，并加大平行作业力度，优先受理、优先审查、优先审批，改善客户体验。四是加大对分支行的授权力度。按照权责对等、能力匹配原则，在充分评估的基础上下沉审批权限，简化制造业小微客户的业务办理流程，提升服务效率。五是完善制造业贷款尽职免责规定，健全制造业贷款“敢贷、愿贷、能贷”机制。

二、突出与制造业重点领域的合作

村镇银行要结合客户需求，突出服务特色，支持当地特色产业，关注新能源技术、智能技术、生物技术等新型制造业重点领域在农业中的运用。一方面，加强对国家产业政策的研究和对制造业市场的调研。钢铁、煤炭、有色金属、水泥、平板玻璃五大行业经过国家供给侧的“三去一降一补”①，已被重新洗牌，行业内部发生了深刻变化。村镇银行可以大力支持农业机械制造产业在新基建、新技术、新材料、新装备、新产品上的融资需求，择优支持传统制造业技术改造升级、淘汰落后产能，促进高水平农业机械

① “三去一降一补”指去产能、去库存、去杠杆，降成本，补短板。

制造产业做强做优。另一方面，村镇银行要坚持以客户为中心，深入理解制造业企业的生产经营特点，以客户的实际生产经营需求为出发点，发挥自身专业优势，为客户提供最有效的金融产品。村镇银行要引导客户对生产经营、固定资产建设、对外投资等做出科学的融资规划，合理安排融资资金和还款计划，优化资本与财务结构，防范融资和偿债风险，提高财务稳健性和抗风险能力，打造新型的银企合作关系。

三、提供制造业综合金融服务

针对制造业企业的融资诉求，村镇银行应提高评级授信能力，加快产品创新，为企业提供一站式金融服务。

一是根据制造业特点，匹配不同的定性、定量评价指标权重，科学进行客户评级授信。要适度调高制造业企业的信用等级；对授信需求合理、还款保障充分的制造业大型客户，可以给予信贷优惠。

二是优化产业链金融服务，提高制造业产业链的融合度。以制造业产业链上的核心企业为切入点，在未来通过保理、订单融资、保兑仓等产品，解决核心企业上下游客户的资金需求，助力打造先进制造业产业集群。

三是创新中长期信贷产品，优化企业债务结构。开发制造业“研发贷款”，支持企业进行技术研发，减轻企业的研发费用压力。

四是稳健推广投贷联动业务，助力培育新兴产业。对不同发展阶段的制造业客户，提供全生命周期的金融产品和服务体系。

第三节　发展绿色金融，推动地区经济绿色转型发展

一、提供多元化的绿色金融产品

村镇银行的客户群体中有大量的小微企业和农户，村镇银行可以通过灵活的信贷政策以及创新产品模式，如与政府的绿色担保基金合作、推动

政府建立绿色信贷损失分担机制等，提供多元化的绿色金融产品。除了加大对绿色产业的贷款投放，积极调整自身资产负债结构向绿色转型，村镇银行还可以通过发起、承销及投资绿色金融信贷债、绿色债务融资工具、绿色金融信贷资产证券化、绿色产业基金等方式积极参与绿色金融的直接融资。一方面，村镇银行可以积极参与绿色金融信贷资产证券化的发起与承销，包括作为发起机构以投向绿色交通、可再生资源和节能环保等项目的银行贷款作为基础资产发行绿色信贷资产支持证券，以及作为主承销商承销其他金融机构发行的绿色信贷资产支持证券。另一方面，村镇银行可以与政府、上市公司及产业龙头企业合作参与绿色产业基金，绿色产业基金可以投入绿色产业基础设施建设，也可以为龙头企业针对上下游和战略目标的并购提供融资。

凭借多元化的绿色金融产品，村镇银行将绿色金融与绿色农业、农村环境污染治理、精准扶贫和“支农支小”相结合，满足大量的小微企业和农户的绿色融资需求，还能实现绿色金融与普惠金融的相互促进、协同发展。

二、提供专业化的绿色金融服务

村镇银行要严格执行监管部门关于绿色项目的认定标准，并积极探索通过科技的方式来落实监管要求。同时，村镇银行应重点关注国家相关产业政策规划和调整的情况，并加强行业研究，对各绿色行业的发展进行更深入的了解，结合国家宏观政策、行业发展趋势等，综合研判社会效益和经济效益，确保在风险可控的情况下积极支持绿色产业的发展。

在业务流程上，村镇银行应促进完整的综合金融服务方案的形成，建立覆盖低碳产业链上下游的绿色金融产品体系，并严格界定和规范各层级经营机构在绿色金融业务方面的职责分工、流程管理、内控管理与信息披露等，将有限的资源投入对推动绿色金融发展最重要、最关键、最紧迫的产业上。

第四节　推动区域协调，加大民生建设金融支持力度

一、积极服务“三农”，助力新农村建设

作为新生的农村金融机构，村镇银行在推动农村经济发展和美丽乡村建设中的作用不可忽视。一方面，村镇银行可以通过提供产品与服务来助力新农村建设。例如，利用贷款助力农民易地搬迁政策的实施，为缺乏资金购买安置房的农户提供优惠贷款支持。另一方面，村镇银行要立足于自己的专业优势，与政府的管理机构合作，在农村地区开展金融知识宣传活动，提高农民的金融素养。例如，进行反金融诈骗的宣传，通过宣传活动切实提高农村居民的风险防范意识，助力美丽乡村的建设。

二、缩小城乡收入差距，推动共同富裕

村镇银行的主要服务对象是农户与小微企业，村镇银行是“支农支小”的生力军，在助力脱贫攻坚的过程中发挥了重要作用。在巩固脱贫攻坚成果与乡村振兴有效衔接的关键时期，村镇银行应当继续发挥自身的作用，持续为农户与小微企业提供金融支持。一方面，村镇银行要始终坚守“支农支小”的功能定位，努力做精做细，以满足农户和小微企业在不同发展时期、不断变化的发展需求。另一方面，村镇银行要始终加大对小微企业的支持力度。目前，小微企业是国民经济的重要支柱，为解决就业问题贡献了重要力量，村镇银行应当进一步加大对小微企业的支持力度，以促进就业，进而提高农村居民的收入，缩小城乡收入差距，促进共同富裕。

三、加强金融机构之间的交流，促进协调发展

村镇银行可以与县域内的其他金融机构如农村商业银行、中国农业银行以及中国邮政储蓄银行等合作，在地区内的金融网点空白的乡村建立农

村金融综合性服务站，逐步建成集“小额助农取款服务、农村信贷融资中介服务、金融业务咨询代理、农村信用体系建设、非现金支付工具推广、‘三农’保险推广、金融知识宣传”等多功能于一体的金融便民站点，以金融的力量支持民生基础设施建设，促进协调发展。

第四章　村镇银行接续推进乡村振兴的主要措施

村镇银行为服务“三农”和深化农村金融体制改革而生，现阶段已经成为服务乡村振兴与助力普惠金融发展的主力军。实施乡村振兴战略，必须要解决资金来源问题，在这一过程中，国有政策性银行和大型商业银行是为乡村输送资金的“主动脉”，村镇银行则是将资金送达基层的“毛细血管”。

第一节　赋能农业提质升级，助推乡村产业兴旺

一、扩大金融覆盖范围，孵化新型经营主体

随着农业现代化进程的加速，以农业产业化龙头企业、家庭农场、农民合作社为代表的新型农业经营主体大量涌现。这些新型农业经营主体将成为推动农村产业发展的中坚力量，蕴藏着巨大的市场潜力。

首先，发挥本土优势，加大服务广度。村镇银行要充分利用人缘、地缘等优势，结合“软信息”挖掘潜在客户，提升客户黏性，凭借优质的服务做到以客带客，形成良好的正反馈效应，将新型经营主体纳入村镇银行的服务范围，提升金融服务的可得性。

其次，通过平台合作，加大服务深度。村镇银行要与银商[①]、银担、银保、银电等平台合作，通过第三方引流批量获客，拓展业务渠道。一方面，能够缩短客群转化路径，降低村镇银行的获客成本；另一方面，通过与平台

① 银联商务有限公司，国内最大的银行卡收单专业化服务机构。

的深入合作，代理、代办业务，提供一站式服务，简化了客户的操作流程，降低了客户的时间成本。

最后，强化个性设计，提升服务质效。村镇银行要设计适合乡村发展需求、具有针对性的信贷、理财、保险等金融产品。根据农村土地所有权承包权经营权分置改革、农村集体产权制度改革等的推进情况，推动信贷产品创新；根据贷款主体的生产经营活动设立中长期低息贷款，灵活设置还款期限；与政府合作推广农业保险产品，规避自然灾害对农业生产可能带来的不利影响，降低经营主体可能面临的风险。

二、提升服务企业的能力，助力龙头企业腾飞

寻求产、供、销整合，实现经营集约化、规模化、品牌化是农业龙头企业发展的主流方向，是企业追求低成本、高附加值、高收益的可行路径。这个发展的过程需要大量资金的支持，村镇银行作为乡村重要的金融资源供给方，能够为农业龙头企业的发展贡献力量。

一方面，村镇银行为农业龙头企业开通授信绿色通道，建立授信申报的统一模板，提高审批效率和专业化水平。同时，对农业龙头企业申请的贷款因企施策，设置相对较高的风险容忍度，允许其先行先试，并为农业龙头企业配置专业的客户经理队伍，加大对相关行业动态、专业知识的培训力度，提升服务的专业性。

另一方面，村镇银行利用金融科技，有效地突破地域限制，提升触达及连接客户的能力，降低单笔业务的服务成本，还可以利用大数据和人工智能等技术获取企业的综合数据来分析其生产经营能力、消费能力和消费偏好，以客户需求为标准进行内部重组，并据此为客户“量身打造”差异化产品和个性化服务，以满足其多样化的金融服务需求。

此外，村镇银行应积极支持辖内农业龙头企业实现产业链式发展。在种植环节，支持龙头企业自主或和农民合作社合作完成大规模的土地流转，实现规模化生产和统一管理，提高产品品质。在加工环节，支持龙头企业引入先进粮食加工设备，合理扩大产能。在销售环节，助力龙头企业打造

自有品牌，提升议价能力，提升产品附加值。

三、精准对接项目需求，支撑特色产业发展

当前，我国经济已经由高速增长阶段转向高质量发展阶段。未来，农业的发展方向就是尽快向数量质量效益并重的集约型农业发展方式转变，这使得一些技术含量高、附加值高、绿色生态的农业产业领域迎来了巨大的资金需求潮。

村镇银行要结合乡村振兴的重点领域、当地各级政府的产业发展规划及村镇银行自身的经营模式，立足于乡村区位交通、资源禀赋以及产业特点，主动对接服务所在地政府产业的发展需求及本县域的优秀特色产业，将金融资源向特色产业倾斜。精准对接重点产业项目的融资需求，有针对性地为特色产业壮大、产业链升级、产业园提档提供服务。加大对产业带动型、土地合作型、工农融合型等新型农村集体经济模式的支持力度，强化对高端智造业、电子商务等新型产业的金融支持。

乡村产业发展不是某一产业单独发展，而是三大产业共同发展。通过推出特色化信贷产品，推动农村三产融合，重点支持县域优质景区、古村落保护等，唤醒乡村沉睡的自然资源、社会资源和人力资源，激活乡村资源要素，实现乡村产业的全面发展和全要素生产率的提高。

第二节　支持基础设施建设，打造生态宜居家园

一、支持基础设施新改造，推动农村设施提档升级

良好的生态环境原本是农村的最大优势和宝贵财富，“生态宜居”“村容整洁”也是乡村振兴的内在要义。遗憾的是，恰恰是生态和人居环境问题成了乡村振兴的短板。化肥农药的过量使用、地下水的长期超采、耕地的重金属污染等，逐渐透支了农业产能，破坏了乡村的生态环境；厕所等

乡村基础设施的落后、生活垃圾的污染、排污体系的缺失、村容村貌缺乏规划等，恶化了乡村的人居环境。

因此，在推进美丽乡村基础设施的规划建设过程中，村镇银行必须坚持“绿色银行”的经营理念，积极支持农村安全饮水、电网改造、道路硬化、绿化、垃圾处理、污水处理、通信设施等基础设施建设工程，大力支持纳入国家规划的农村环境综合整治、农地整治修复、农业高效节水灌溉等项目。村镇银行应该率先拉动乡村基础设施建设投资这驾马车，针对各地美丽乡村示范村的特点，在补齐基础设施、公共服务、生态修复等短板上精准发力，促进水、电、路、气、房、讯等基础设施向乡村延伸，打通城乡硬件融合的“最后一公里”。

二、助推特色小镇建设，塑造美丽农村新风貌

建设特色小镇，是增强农村地区自我发展能力、造血能力，推动区域持续健康发展的重要抓手。村镇银行必须研究城乡建设规划和国家配套系统性融资规划，立足特色小镇的区位交通、资源禀赋、产业特点等，合理配置金融资源，为其在基础设施建设、特色产业开发、公共服务体系完善、历史人文资源保护等方面提供优质的金融服务。

一是坚持因地制宜、稳妥推进。从各地实际出发，遵循客观规律，加强统筹协调，科学规范引导特色小镇开发建设与脱贫攻坚有机结合，防止盲目建设、浪费资源、破坏环境。二是坚持协同共进、一体发展。统筹谋划脱贫攻坚与特色小镇建设，促进特色产业发展、农民转移就业、易地扶贫搬迁与特色小镇建设相结合，确保农民就业有保障、生活有改善、发展有前景。三是坚持规划引领、金融支持。根据各地发展实际，精准定位、规划先行，科学布局特色小镇生产、生活、生态空间。通过配套系统性融资规划，合理配置金融资源，为特色小镇建设提供金融支持，着力增强贫困地区的自我发展能力，推动区域持续健康发展。四是坚持主体多元、合力推进。聚集各类资源，整合优势力量，激发市场主体活力，共同支持贫困地区特色小镇建设。

三、提升金融服务水平，扩大金融支持范围

一方面，要加强农村金融服务力量。目前，村镇银行的网点覆盖面有所扩大，但由于乡镇地域广、所属行政村较多、人口分布分散等原因，村镇银行还应继续增加金融服务网点。同时，村镇银行还要提高员工人数和员工专业度，保证农户的金融需求得到有效满足。

另一方面，要大力推广新型金融科技。目前，仍然有大量农户对物理网点的依赖性较强，多数农户认为手机银行、网上银行等金融服务平台不够安全，对互联网金融持有戒备心理，乡镇网点往往出现排长队的现象。村镇银行要大力推广新型金融科技，鼓励农户综合运用网上银行、银行卡、ATM、手机银行、移动支付等。

同时，村镇银行要注重切身关注农户的现实问题，服务村民拆迁安置房和村集体物业，对接休闲农业和乡村旅游，关注乡镇卫生院、社区卫生服务机构和村卫生室标准化建设，以及农村社区综合服务中心等公益性养老服务设施建设等。

四、改善农村人居环境，创新发展绿色信贷

村镇银行因为扎根于当地、“支农支小”的使命，必须围绕“三农”实际开展工作，从日常金融需求、特色产业经营到美丽乡村建设，村镇银行可以通过提供符合农户需求的金融产品和金融服务，解决广大“三农”客户在生活、生产经营中遇到的各种资金难题，助力乡村振兴。作为一项投资周期长、见效慢、收益回报低的基础建设，乡村生态建设的金融资本长期处于缺位状态。但从另一个角度讲，这给村镇银行占领乡村生态建设这一空白市场提供了较多的业务发展机遇。村镇银行未来可以通过设计专门的绿色信贷产品来助力乡村“厕所革命”、生活垃圾及排污治理。通过尊重自然、保护生态，推动乡村自然资本加快增值，实现“百姓富、生态美”的统一。

随着国家推进生态文明建设力度的逐步加大，优惠扶持政策逐渐增多，

村镇银行应紧紧抓住历史机遇，持续开展与各地区农业生态建设项目和环境治理项目的沟通对接，创新农业投融资机制，建立健全与农村绿色金融发展相匹配的制度规则、标准要求以及服务体系，通过绿色股票、绿色债券、绿色基金等融资工具加大融资力度，提高生态金融管理水平，提升生态资本运营水平和效率，为打造生态宜居的美丽乡村提供强有力的金融支撑。具体而言，在风险可控的前提下，村镇银行可以开发针对不同主体的小额贷款产品，改变“春放秋收冬不贷”和贷款不跨年的传统做法，推广“一次授信、随借随还、循环使用”；探索推广“无还本续贷”信贷产品，缓解贷款期限与农业生产周期错配的矛盾。在风险可控的前提下，不断推广农民专业合作社贷款、农村青年创业贷款、妇女创业贷款、扶贫小额贷款等涉农信贷品种。在合规合法的前提下，创新各类权利质押、动产质押等担保方式，积极开展集体林权抵押、渔船（含休闲渔船）抵押等信贷业务，探索开展公益林补偿收益权质押等融资方式创新。

美丽乡村建设是美丽中国建设的重要组成部分，村镇银行在支持美丽乡村建设的过程中，必须充分认识其金融需求公益性、多元化、均衡性等特点，积极主动承担起部分金融支农的责任，增加农村金融机构的网点数，着力化解城乡二元金融结构矛盾，加大对美丽乡村基础设施建设、公共服务配套设施建设等的投入力度，不断巩固在发展绿色经济中的地位，让城乡居民望得见山、看得见水、记得住乡愁，切实助推城乡融合发展。

第三节　推动信用环境改善，服务乡风文明建设

一、传播金融知识推动村民素养提升

有效的传播和扩散是信用文化得以传递和运行的关键，村镇银行应开展多渠道、多层次的信用文化宣传工作。首先，在农村地区广泛开展

各种形式的金融知识宣传和普及活动。依托村级宣传栏、微信公众号等载体，举办征信知识讲座、信用座谈，充分利用报纸、广播、电视等传统媒体和微博、微信等互联网新兴媒体进行大力宣传，普及金融知识，提高公众的金融知识水平，同时增强居民的征信意识和信用意识，营造“守信光荣、失信可耻”的良好社会氛围。其次，建立信用文化宣传网。利用自身平台优势，建立以农村信用文化普及为主，兼具政府信用、金融信用查询为一体的信用文化宣传网，并向政府申请专项基金或农村文化基金，为农村信用文化的培育提供长期稳定的资金支持。再次，强化信用文化教育和培训。主动深入校园，进行金融知识的宣传，加强金融信用、法制信用教育，培育合格的信用文化传播者和践行者，在通过各种校园竞赛进行宣传的同时为自身吸收储备人才。最后，深化信用文化创建活动。加强“三信”的培育和评比，有效扩大农民的守信范围，激发农民的守信意识。村镇银行可以以信用文化为切入点，借助信用大数据平台，进行信贷产品创新，引导农民、新型农业经营主体形成“信用是一种无价的社会资本”的认识。

二、提供乡风文明建设项目金融支持

抓乡风文明建设，也就是抓农村精神文明建设，各级党委、政府都十分重视，真抓实干，提升农民思想道德素质，改善农村生活环境，从而带动农村经济社会发展。乡风文明建设正在项目化、具体化。乡风文明建设工作是全方位的、各层级的工作，牵涉广泛，内容丰富，需要详细的规划和足够的资金支持，以促进乡风文明建设正常化、项目化。村镇银行可以与政府合作，支持乡村讲师团工作站、新时代文明实践中心（所、站）和农村科普书屋等文化阵地的建设，积极参与开展公益下乡演出、农村志愿服务普及等志愿服务项目，支持开展乡村学校“中华经典诵读”活动、“我们的节日”主题活动和“践行新思想、巾帼大学习”等主题宣传活动，支持开展寻找“最美家庭”系列活动、农村好人好事推选活动和“星级文明户”选树活动等榜样评选活动，支持开展文明村镇创建活动、文明家庭创建活动等文明创建项目。村镇银行要配合有关单位和乡镇，研究政策措施、健全工作机制，有条不紊地支持乡风文明项目，推进工作，进而扩展自身的业务范围。

三、创新金融服务给予贷款有力保障

村镇银行要主动发挥自身的力量，创新金融服务，支持乡风文明的建设。第一，村镇银行可以发放“乡风文明贷”，为农村地区的文明户、道德模范以及好人等先进人物发放贷款。该种贷款能够提供低利率、低准入门槛和低担保等一系列特色服务，并且为申请者开通绿色通道，简化申请、审批和发放流程，安排专门的客户经理提供上门服务，为申请者提供最大的便利。第二，创新抵押担保方式。当借款者向村镇银行提供的存款、贷款本金和利息以及抵押担保越多时，村镇银行的信用环境越好。村镇银行可以引入担保公司为企业的贷款提供担保，设置租赁权质押为村镇企业提供抵押担保；村镇银行也可以探索农舍抵押、农机具抵押、宅基地抵押、门店抵押以及政府债券、企业债券、养老保险和医疗保险索赔等具有预期收益的有价证券质押贷款等新型业务。第三，村镇银行可以拓宽融资途径，吸收客户的闲散资金；或根据农户和村镇企业不同类型的资金需要，拓宽创新信贷产品的种类和范围，进而提高村镇银行的贷款回收率和存款吸纳能力。

四、强化农户征信管理形成良好乡风

村镇银行可以强化对农户的征信管理。第一，对农户信息采集、加工、管理、使用、披露等环节进行规范，正确处理农户征信过程中所涉及的隐私权、查询权、知情权、异议权等问题，增强具体工作实施的合法合规性。第二，在全面采集农户个人信息的基础上，为农户建立信用档案，然后为信用户的小额贷款提供优惠；村镇银行可以在发放贷款时对企业的经营状况、资信状况等做出详尽调查，从而确定贷款政策。第三，制定科学合理的农户信用评价机制和奖惩机制，积极推进“文明诚信幸福

村”创建活动，将评价结果作为银行确定授信额度大小、衡量利率高低等的参考依据，对信用好的村组优先给予优惠政策，营造“好信用建好档案，好档案得优质贷款”的良好氛围。第四，以寻找支持致富带头人、优化农村信用环境为抓手，立足当地实际情况，推广小额信用贷款和“家庭亲情贷”系列贷款产品。在借款者中建立农户之间相互监督的机制，发挥竞争的优势，对形成不良贷款的联户联保进行拆分，对符合条件的通过提供“家庭亲情贷”的方式重新授信。这些对重塑农村诚信文化、营造良好的信用环境将起到重要的推动作用。第五，以坚持不懈地深入开展“整村授信”为契机，加强与政府、村委的沟通对接。通过村干部等关键人“背靠背”评议，以及客户经理实地走访摸底，筛选人品好、诚信度高的优质客户，进行实地入户考察，采集村民基本信息，掌握客户具体的金融需求，从而确定出授信白名单。同时，借助村委广播、宣传摊点、流动宣传车等途径，提高农民的诚信意识和农村地区的信用水平，为振兴乡村经济营造良好的信用环境。第六，建立村镇银行与其他农村商业银行间的信用信息共享机制，形成统一的行业规范，使农户和村镇企业的信用评级得到这些机构的认可。此外，特殊的地缘环境使关系型贷款可以成为村镇银行和其他农村商业银行的重要经营产品，客户的人品、口碑等“软信息”直接决定关系型贷款的质量。因此，应将“软信息”纳入信用信息共享机制，对农户的“软信息”进行有效识别。

第四节　助力乡村多元共治，推动乡村有效治理

一、围绕治理主体，增加金融供给

习近平总书记指出，要尊重广大农民意愿，激发广大农民积极性、主动性、创造性，激活乡村振兴内生动力，让广大农民在乡村振兴中有更多

获得感、幸福感、安全感。乡村振兴，关键在人。因此，村镇银行在发展过程中要聚焦治理体系中的农民这一关键性要素。金融体系作为国家治理结构的重要组成部分，其存在价值与国家的治理需求是相互联系的。在农村，银行提供的基础金融产品和服务，与乡村治理、农民需求中涉及的诸多公共产品、公共服务具有密切的关联性。基于这种密切的关联性，村镇银行助力乡村治理的过程，也就是紧紧围绕农民的诉求，实现金融资源高效、有效配置，着力解决农民最关心、最直接、最现实利益问题的过程；也是加大金融供给，促进农民持续增收、过上美好生活的过程。在全面实施乡村振兴战略的背景下，乡村良好的发展前景吸引了人才、资金和技术等资源要素。退役军人返乡就业创业，被征地农民等现代农民、新型经营主体的出现，改变了农村经营的现状，这些主体将是农村金融发展的主体和最积极的因素，也是农村治理的关键。

乡村振兴方兴未艾，金融科技的蓬勃发展，赋予金融服务农村难得的机遇，也提升了其专业能力。村镇银行通过科技手段大力发展数字普惠金融，加大对农民和新型经营主体的信贷投入和保险保障，实现金融资源精准高效落地，提供生产、生活、生态全面金融服务，促进形成乡村治理主体多元化格局。一方面，数字普惠金融“低成本、低门槛”的特点使信贷和保险等金融产品的可得性显著提升，农业发展资金和风险管理手段增多，规模化生产趋势明显，从而推动专业种植大户、家庭农场和农业企业等新型农业经营主体的数量增加。另一方面，数字普惠金融提供产业发展资金并有效管理农业风险，且伴随着脱贫攻坚和乡村振兴战略的实施，多地通过引入外来企业并建立“龙头企业 + 农户”的模式推动产业发展，这也使外来企业等外部型主体和“龙头企业 + 农户”的联合型主体在乡村治理中的作用增强。

二、服务农村改革，聚焦集体经济

发展集体经济，把村集体的经济实力转换成乡村治理的经济基础，用经济基础夯实乡村治理的民意基础。在农村，仅凭行政指令或简单说教，难以促进农民合作。而金融资源对农村生产生活的浸润，农民对生产生活的期待及对美好生活的向往，使金融资源的获取成为农民合作的动机，金融手段为农民合作带来可能。在市场机制的作用下，通过金融来配置农村经济和社会资源，在充分尊重农民自主权和选择权的前提下，鼓励农民建立真正意义上的互助合作组织，如各种协会、各种联营等，发挥互助合作组织的经济功能，助力农村经济发展。事实证明，只有建立金融服务乡村振兴的制度与模式，才能有农村、农业、农民的可持续发展，才能为乡村有效治理提供经济、社会、政治基础。

集体经济组织是金融服务农村市场的巨大蛋糕，也是当下推动乡村有效治理的重要载体。在全面开展农村集体资产清产核资、集体成员身份确认、集体经营性资产股份合作制改革中，村镇银行应提供全面的金融服务。在提供基础性金融服务的同时，释放农村改革的金融红利，把改革举措兑现成看得见、摸得着的金融资源。积极为农村集体经济组织和农民提供股金理财、股权融资和其他涉农增值配套服务，助力集体资产保值增值。大力推广农村承包土地经营权抵押贷款、农民住房财产权抵押贷款、农村集体经营性建设用地使用权抵押贷款、林权抵押贷款产品，创新支持农村土地整治项目。这些不仅是农村抵押资产融资模式的确立，也是加快农村集体产权制度改革的现实路径，而农村集体产权制度改革又是乡村治理中最重要的环节之一，用金融的优势壮大农村集体经济组织的优势，维护其特别法人地位和权利，在推动资源变资产、资金变股金、农民变股东的过程中提供有力的金融资源供给，壮大后的农村集体经济组织必定为乡村的有效治理提供有力的组织保障。村镇银行通过金融投入和信贷投放，整合政策资源和社会其他资源为农村集体经济发展开辟新路径。

三、发挥资源优势，丰富治理手段

网格化管理是传统治理模式和互联网结合的产物，能够有效克服传统治理模式存在的缺陷并充分发挥互联网等信息技术的优势。但在现行

的乡村网格化管理的过程中，网格信息管理平台的建设落后，为了保证群众的诉求能够通过网格化管理模式得到快速有效的解决，一套完善的管理机制和一个高效的管理平台必不可少。然而，受到农村地区资金不足、技术有限和人才不足等方面的限制，大部分农村地区的网格化管理模式的信息管理平台建设达不到预期效果，甚至部分地区根本没有条件开展网格化管理。

村镇银行作为农村地区的优质企业，拥有较强的资金、技术和人才优势，在此基础上，村镇银行可以运用自身的这些优势，牵头搭建智慧乡村农村金融综合服务平台，发展“基层组织＋互联网”以及基层网格化管理等创新治理模式，村镇银行的资金、技术和人才优势有效地弥补了网格信息管理平台建设落后的缺陷，解决了网格化管理存在的资金和技术难题。“基层组织＋互联网”模式利用网络信息技术为村民提供高效且优质的服务，提高村级综合服务信息化水平。

此外，村镇银行可以尝试将信息收集与农户金融产品、服务的获取直接挂钩的模式，即将农户积极配合完成信息采集工作作为农户获取金融产品、服务的前提，并与网格化管理平台进行农户信息共享。村镇银行经营与网格化管理挂钩后，一方面，村镇银行与政府管理部门实现信息共享，可以直接节省一部分信息收集成本，使村镇银行降低自身经营成本，政府管理部门降低治理成本；另一方面，基于村镇银行金融供给的网格化管理模式将信息收集与农户金融产品、服务的获取直接挂钩，农户为获得贷款会积极配合村镇银行的信息收集工作，这大幅提升了农户的参与积极性，从而提高了信息收集效率，有利于增强乡村治理的效能。

村镇银行通过整合政府、社会组织和村民等多方力量，形成多元共治格局，同时运用数字信息技术提高治理精细化水平，既继承了网格化管理的优势，又弥补了网格化管理的缺陷，同时兼顾农村金融发展，将有效推动乡村有效治理。

第五节　对接农村金融需求，助力实现生活富裕

一、立足服务“三农”定位，承担社会责任

村镇银行是为服务“三农”而设立的。农村金融是“三农”问题的核心之一，备受关注。村镇银行作为服务于“三农”的金融机构，承担着致富农民、发展农业生产、推动新农村建设的重任，它的宗旨是为所在区域的农民、农业和农村经济发展服务，扩大农村金融供给，满足农村广大小微企业和贫困群众多样化的金融需求，缓解市场机制本身的缺陷所造成的资源不能有效配置的问题，进而推动农村经济发展，从而实现农村居民生活富裕。同时，村镇银行作为新型商业性金融机构，不但要追求利润最大化的经营目标，而且要承担相应的社会责任，在促进农村居民生活富裕方面充分发挥作用。《村镇银行管理暂行规定》赋予村镇银行支持农村经济发展的法定责任，村镇银行是按照《中华人民共和国商业银行法》成立的商业性金融机构，应承担保护存款人和其他客户的合法权益，维护金融市场秩序稳定，促进县域经济发展的使命。

村镇银行应坚持“当地人自己的银行”的发展理念，通过机构、产品、服务的下沉，逐步扩大金融服务覆盖面，尤其是在一些偏远地区，可以建立金融助农服务站帮助农民解决一些金融需求，为更多的客户提供满意的服务。同时，村镇银行也应积极为“三农”以及小微企业量身打造具有特色的新型金融产品、提供特色化服务，将金融资源精准对接当地的各类型农户的金融需求，提升农村居民金融服务的可获得性。

二、发挥相对优势，创新服务理念

不同于其他传统金融机构的分级机构，村镇银行属于独立法人，扁平化的管理结构具备决策路径短、信贷审批通过率高、放款速度快等优点。

与中国农业发展银行、中国农业银行、中国邮政储蓄银行、农村信用社等金融机构相比，村镇银行凭借自身在经营地区、客户定位以及产品服务方面的相对优势，可以深入地了解服务对象，在获得客户、理解农村居民的金融需求等方面具有先天的优势，能够有效且及时地满足县域贫困地区小微企业和农村群众的金融需求，立足于当地的农村金融市场开展业务。与中国农业发展银行、中国农业银行、中国邮政储蓄银行、农村信用社等传统金融机构在地级市、县域设立网点，主要为中高端个体户、地方重点企业与城乡居民提供金融服务相比，村镇银行重点面向农业大省与经济欠发达省份的县域及乡域地区的农户与特色小微企业，其“支农支小”特色更为显著。尽管传统金融机构的发展时间较长，具备先导优势，资金基础更雄厚，业务覆盖面广，涉及存款、贷款、理财、结算等所有金融业务，但在产品与服务方面针对农户、农村缺乏创新，未能积极利用当地的特色资源，而村镇银行不仅因地制宜，提供多样化的创新型金融产品，如林权抵押贷款、政银保等，还创新服务理念，变“坐商”为“行商”，解决交通不便、地域信息流通不畅等因素造成的农户无法及时获得金融产品、服务的情况。村镇银行因注册资金要求较低，经营规模较小，组织结构较简单，管理成本相对于其他传统金融机构来说较低，与民间借贷相比，村镇银行的贷款利率较低，因此，村镇银行需要凭借在决策流程、地缘、产品与服务等方面的优势，及时为县域乡镇地区的农村居民提供性价比更高的金融服务。

村镇银行可以通过设立金融服务站、推出金融服务车下乡服务群众、构筑服务网络、工作人员实地采集数据建档立卡等，结合县域贫困农户多样化的金融需求，改进金融服务理念，“上门”提供金融服务，从多渠道来满足农户的金融需求，真真切切地把金融服务下沉至乡镇，向广大群众提供更好更优、更加便捷安全的金融服务，为乡村振兴工作创造有益的金融环境。

三、加强银政合作，提高服务能力

虽然我国村镇银行的原则是为所在区域农业、农村和农民的经济发

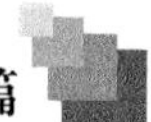

展服务，扩大农村金融供给，满足农村广大小微企业和农户多样化的金融需求，但村镇银行作为商业性金融机构，其本质是企业，而企业均以追求利润最大化为营运目标，营利性是其不可摒弃的重要特性。村镇银行在日常运营中，会产生商业效益与社会效益间的内在冲突。近年来，财政部门通过贷款贴息、颁布政策法规等手段惠及村镇银行，缓解了村镇银行日常工作中社会效益与商业效益的冲突，以求调动村镇银行精准对接“三农”金融需求的积极性。一方面，国家已出台多项政策，从税收与财政补贴等方面支持村镇银行的发展。另一方面，财政部门对小额信贷提供利息补贴以提高村镇银行将资金投放于涉农贷款的积极性，从而缓解农村地区小微企业“融资难”以及真正有需求的农户“贷款难”的“两难”局面。村镇银行应充分利用政府政策方面的扶持，积极助力农村地区的金融发展，实现乡村振兴与农民富裕。村镇银行作为我国农村金融的重要部分，借力财政资金发展普惠金融，积极践行“普惠式金融观”。优胜劣汰是自然界的法则，也是金融市场的法则。村镇银行要在激烈的市场竞争中留存下来，必须进一步与政府合作，充分利用政策优势，落实并推广普惠金融。村镇银行要围绕构建全方位、多层次、广覆盖、可持续、风险可控的现代普惠金融体系，在优化网点布局、加快机具投放的政策基础上，积极发展新型业务，拓展服务领域，在金融机具与互联网金融、外部电商平台合作方面做好文章。

村镇银行应抓住银政合作的特点，根据当地的实际金融需求，创新合作方式，开发新产品，提高服务能力。银政代理服务类业务合作不应局限于财政、税务、社保、公积金等部门，所有有自有资金现金流的政府部门都可以成为村镇银行中间业务的合作对象，如公立医院、学校等。比如，银医合作，村镇银行以自身优势为依托，与医院合作搭建信息互通平台，以银行发达的网络服务职能，为医院及患者提供便捷的结算服务，并顺理成章地将医院的存贷款业务、医疗增值金融服务等业务收入囊中。加强银校合作，可以大力发展学生卡、校园卡服务，在当地初中、高中推行以学生家长银行卡为结算方式的校园卡、学生卡一卡通业务。银政

中间业务合作也不局限于结算业务上的合作，还可以借鉴其他银行的经验，拓展资产管理服务、专业咨询服务等合作领域。在存款业务合作方面，村镇银行不能只把眼光放在政府性资金奖励存款上，应当利用银政合作机遇，提高自身的社会影响力和认可度，提高政府工作人员、普通居民在村镇银行的开户率，提高银行个人存款额度，以优惠政策吸引个体工商户、企业开户，提高银行的对公存款额度。创新产品形态，更多地依靠产品本身的前瞻性带来经济效益，而不是依赖政府担保，这样不仅更符合村镇银行的长远利益，也更有助于推动当地经济的发展，从而实现农村地区的富裕。

第六节　聚焦乡村协同发展，推动三产融合发展

一、探索三产融合扶贫贷款，助力小微企业高质量发展

一直以来，民营小微企业融资难的问题是阻碍民营企业发展的“拦路虎”。村镇银行应主动提升站位，探索以支持农村产业发展、助力农民增收、精准扶贫为核心的三产融合扶贫贷款。通过支持民营小微企业，形成政银企满意、农民受惠、多方共赢的格局，为支持民营小微企业高质量发展、精准扶贫注入新活力。

在探索三产融合扶贫贷款时应注意以下几点。首先是优化产品。村镇银行要广泛调研、充分征求意见，在对该贷款进行试点时，将试行过程中出现的问题及时与上级行进行沟通反馈，从贷款产品的顶层设计上进行完善。其次是提高效率。应建立以客户为中心的综合金融服务体系，开辟小微企业办贷绿色通道，提高审查审批效率，促进信贷资源优先向小微实体企业倾斜。最后是优化监管。对承贷主体、用款企业进行穿透式管理，对企业的现金流进行动态跟踪，及时掌握企业的经营状况，通过有效监管促进企业依规经营。

二、牵头形成三产融合产业园，强化支撑富民兴农良好愿景

如何改变传统农业经济效益不高的现状，有效解决发展现代农业所面临的投资主体匮乏、发展资金不足、产业融合不深、销售渠道单一等问题，是金融服务乡村振兴、实现富民兴农的新课题。

村镇银行可以积极与其余的优质涉农企业共同合作，形成兴农产业振兴联盟。通过联合政府，开创以政府政策为主导，村镇银行进行资源撮合、提供金融支持，联盟成员导入产业链，一二三产融合的产业园模式。具体而言，即三产融合产业园由政府提供用地保障、财政补贴等优惠政策，村镇银行撮合联盟成员间的产业衔接、要素整合，并提供“增减挂钩项目+土地规模化经营+订单农业”的全产业链信贷资金支持，由政府组建的园区运营方将区域内的增减挂钩节余指标收益作为启动资金，投资建设基础设施和标准化厂房、规模化养殖场，为入园企业提供“拎包入住”的良好经营环境，联盟企业在园区内进行土地规模化经营，开展订单农业，发展种养循环产业。

后续引导加工、流通、文旅等企业入驻，打造现代田园综合体等新产业新业态新模式，有效降低入园企业的经营成本，增加产业链间的合作机会，为农村发展提供强有力的产业支撑，实现农民家门口就业和收入增长。村镇银行应持续深化三产融合产业园模式，加大对全产业链的金融支持力度，努力做好富民兴农文章。

三、制订“一圈一链一平台”的行动方案，加大对多经营主体的金融支持力度

村镇银行可以结合自身实际情况，制订“一圈一链一平台”的行动方案，通过撮合、调动各类经济主体的资源，实现线上可运营、模式可复制、商业可持续的规划目标。

进一步来看，“一圈”就是打造乡村振兴的“朋友圈”。将各级政府、农业政策性公司、产业化公司、互联网公司、合作社、农户等各类主体，

通过授信业务、平台链接等方式纳入“朋友圈”，进一步扩大涉农客户群体。“一链”就是打造乡村振兴产业生态链。充分挖掘“朋友圈”内的客户资源和优势，量身打造金融产品和支付工具，撮合一二三产的供应链交易，畅通“朋友圈”客户的采购、销售渠道，稳定产品供应质量，使“朋友圈”的客户快速获得金融支持，减少资金占用成本，形成从种植端到生产端、再到消费端的融合产业链。“一平台”就是指乡村振兴资源撮合平台。在积累了一定客户资源、打造产业链条初见成效的基础上，通过银行信用，将一二三产的客户资源整合起来，形成资金流、信息流、货物流、政策流“四流合一”的乡村振兴资源撮合平台。

在此基础上，村镇银行应关注如何助力农村基础设施的完善，以及满足多方面经营主体的需求。具体而言，一方面，推进农村垃圾治理、“四好农村路”、供水、供电、信息、物流等基础设施加速提档升级，推进美丽乡村建设。另一方面，积极对接以生态旅游、康体为主的综合性度假区域，为辖区内的农家乐、民宿等农村新业态发展提供与其发展相匹配的信贷支持；积极推出更多的金融产品和服务模式，满足农业产业园、龙头企业、专业大户、合作社、家庭农场等新型农业经营主体的多种金融需求，进一步扩大金融支持乡村振兴主阵地。

第五章　村镇银行实现数字化经营的建设路径

第一节　推进银行管理数字化

一、建立健全数据治理机制

建立村镇银行数据规范化管理标准与质量控制机制，明确数据治理的涵盖内容与传递路径。优化数据安全管理体系，引入建模工具，强化数据智能分析。以监管数据治理为切入点，以重点业务、核心客群等关键领域数据治理为突破口，确立清晰合理的数据治理路径。形成独具村镇银行特色的前中后台有效衔接、不同工作条线口径一致的全行数据治理机制。

二、强化数字化转型的硬件保障

强化村镇银行各层级弱电工程、服务器设施、网络通信设施、智慧服务终端的建设与维护，在硬件层面提升金融科技基础治理水平，为后续创新和数字化转型提供保障。同时，前瞻性地做好5G乃至更高层级设施接入、分布式IT架构设置的升级与布置准备，为未来抢占农村金融机构系统数字化与信息科技转型先机奠定基础。

三、建设线上服务生态

村镇银行应利用微信或其他软件平台，整合链接办公自动化平台、员工社区、客户线上服务平台（企业微信、公众号、掌上银行），形成端口集约、

数据集合的综合线上办公服务平台，降低员工和客户的学习成本，提高企业的线上治理效率和服务营销效能。建设营销人员数字化工作的移动互联平台，让员工可以利用移动终端及配套APP实时掌握自己的存量客户动态、总行营销目标、网格潜在客户情况、信息采集及转化任务、客户画像分析情况、贷后管理任务等全方位业务情况与考核目标，实现一人一端即可处理多数营销业务工作，大大解除业务拓展的空间限制，提升员工的业务创新能力。

第二节　推进产品服务数字化

一、积极开发数字化产品，提升村镇银行的服务水准

数字化产品并不等于产品数字化，不能简单地将传统产品放在线上销售，村镇银行要以农户和小微企业的需求为中心，通过金融科技平台和数字技术实时观测产品和服务的反馈，并对产品和服务进行调整和更新，结合特定场景，提供更加匹配顾客需求的金融产品与服务。具体来说：第一，在获客阶段，村镇银行要借助大数据，提高自身对不同客户群体的了解程度，制定相应的运营策略；第二，在用户激活阶段，村镇银行要借助数字技术对客户进行精准化分群，提高激活效果；第三，在用户的资产增值阶段，村镇银行应当利用技术手段和数据模型深度分析客户的产品和渠道偏好，挖掘客户需求，为客户提供差异化的产品。因此，村镇银行的产品数字化应该是从内到外、全方位、全流程的转变，是价值链和商业模式的重塑。

二、提高服务的数字化程度

一方面，村镇银行要改变以线下网点为主的经营方式，依托数字技术更多地开展网点外的营销。例如线上营销，形成线上线下的互联，实现业务渠道的无缝化。简单的渠道无缝化并不能提高客户的黏性和活跃度。大

部分商业银行的渠道数字化只是开发手机APP，但是APP的用户黏性较低，并且维护成本高、同质化严重，客户的活跃程度也远远低于微信、支付宝等移动支付软件的。另一方面，村镇银行要搭建以客户为中心的一站式数字化系统平台。村镇银行要以客户为主体，在实现服务渠道无缝化的同时，也要努力提高客户的黏性和活跃度，搭建村镇银行网点一站式数字化系统平台，将线上购物、智慧党建、VR旅游等社交场景融入线上销售渠道中，满足客户的个性化需求；为客户提供统一的授权和操作平台，减少客户在多个系统间来回切换的工作，便捷客户生活的同时也提高客户黏性和活跃度，推进村镇银行服务的数字化。

第三节　建立科技投入保障机制

一、保障金融科技资金投入

村镇银行应建立科技优先的资金投入保障机制，确保全行的金融科技资金投入不低于营业收入的一定比例，每年用于人工智能、安全可控、区块链等前沿技术的科研经费不低于工程建设经费的一定比例。设置专项资金为线上普惠金融服务生态建设、大数据平台特色产品研发等重大工程提供专门的支持与有力的保障。

二、健全金融科技人才引进及培养支撑机制

采用关键人才引进、普通人才培养的方式，大力引进、培养数据分析管理、软件产品研发、风控模型设计等金融科技专业型、复合型人才，形成稳定可靠的专业金融科技团队。结合村镇银行实际情况，尝试构建“总行+支行”科技人才联合培养，辅以技术提拔、薪资激励与福利保障的村镇银行金融科技人才队伍培养机制，不断壮大科技人才队伍，提高科技人才专业水平，为村镇银行的金融科技工作提供基础支撑。

第六章　村镇银行加强自身能力建设的方法路径

第一节　全方位拓宽市场渠道

一、发挥地缘优势，坚持“支农支小”定位

村镇银行所拥有的“软信息”来源于地缘优势所产生的人际关系，因为我国的部分农村仍然保留着传统社会的某些特征，因此，村镇银行在其经营地区内部以较低成本获得的“软信息”是其优势所在，应当充分利用。例如，湘西长行村镇银行深耕本地，紧紧围绕“湘西人自己的银行”“服务湘西、服务中小、服务三农”的市场定位，致力于打造武陵山片区特色品牌银行和全国标杆村镇银行，不断打造优秀团队、提升管理水平、创新业务产品、树立品牌形象；建立完善全州重点项目营销库，并组建专业团队及时跟进维护；持续推进小微金融业务结构转型，提高小微企业业务占比，扩大小微企业金融服务覆盖面，不盲目扩大经营规模，发挥自身金融产品和服务地域性强的比较优势，使产品更具针对性，更容易为小微企业和农民所接受。

二、调整贷款结构，提高信用贷款比重

第一，村镇银行要加强对客户信息的收集与分析评估能力。在授信过程中，无论是农户，还是小微企业，或是社区居民，缺少有效抵质押物是共性问题，村镇银行“支农支小”的定位，决定了村镇银行全部采用抵押

担保贷款的方式并不可行，发放小额信用贷款才是解决之道。村镇银行应根据当地经济发展水平及贷款申请人生产经营状况、偿债能力和信用状况，在有效做好风险防控的基础上，逐步减少对抵押担保贷款的过度依赖，合理提高信用贷款比重，科学确定小额信用贷款额度。

第二，村镇银行要实施差异化信贷政策。对于多次借贷且信用良好的农户，由村镇银行向其颁发小额信用贷款证，该贷款证能随时满足客户限额内的资金需求。同时，村镇银行要切实加强对县域内中小客户的信贷营销，要真正摸清县域内项目、产业、行业的底子，掌握其基本情况，主动介入，对农业产业化龙头企业及有规模、有资金、有实力、发展前景好的客户，要耐心、细致地做调查，使之成为高价值客户。村镇银行要结合实际情况，细分市场和客户，确定各层次客户的营销名录，突出重点，积极营销有实力、有资源、有发展潜力的客户。对于信用一直保持良好的客户，村镇银行可以采用提升额度和提供优惠利率等方式进行激励。由此形成的检验性贷款有利于形成连续正向激励，贷款农户会积极积累良好的个人信用，争取获得更加优惠的贷款条件。

三、加快产品创新，因地制宜提供服务

一是创新信贷产品。合适的信贷产品服务不仅能提升农户的满意度和忠诚度，还能强化村镇银行和农户之间的长期合作关系。村镇银行要根据自身所处地域的特点、资源特色，紧紧围绕服务“三农”和小微企业的市场定位，以“微贷”业务为核心，寻找突破口，从小商圈、小作坊群起步，持续推进产品研发创新，不断降低准入门槛，简化审批流程，开发适合当地客户需求和经济发展要求的信贷产品。例如，细分客户市场，开发适合不同客户的产品，可以推出“快商贷”“装修贷”“惠农贷”“半夏种植贷”“微型企业主贷”“农机具贷款”等系列产品，在取得良好经营效果的同时，能较好地满足客户的融资需求；还可以创新信贷模式，尝试建立“政府农业信贷担保＋农贷评分模型”和“区域价值链＋农贷评分模型”等业务模式，以“互联网＋大数据”的技术创新推动金融支农模式创新，造福广大农户，

有效地激活当地金融市场的活力，并不断加强内部管理，强化服务意识，完善服务设施，提高服务效率，使自身业务迅速发展，经营业绩不断攀升，综合竞争力日益增强，在支持“三农”、服务小微实体经济和县域经济发展中构建和谐多赢的格局。

二是创新担保方式。村镇银行应根据农户不同的资金需求，积极推出不限制单一生产用途、还款期限多样化、可分期还款的信贷产品，并增设消费贷款等品种，另外，还必须创新融资担保方式，增加农村信贷市场的有效供给。一方面，抵押品不足是农村小微企业以及农户贷款难的主要原因，因此，抵押担保体系的健全与完善至关重要。在法律允许的范围内，要提高现有合格抵押品的抵押率，例如机器设备、原材料等的抵押率，可以扩大担保抵押品、质押品的边界，将宅基地使用权、大棚设施、农户股权、知识产权等纳入抵押品的合格范围内。另一方面，村镇银行面对着农户、小微企业，这些贷款对象信用等级不高，往往需要担保机制的支持。担保机制既可以内含于信贷体系之中，如贷款联保等，也可以由专门的担保机构实现，例如村镇银行可以设立互助担保机构，由小微企业自发组成，必须出资入股并经过董事会的资格审查才能成为会员或股东，然后签订一次性反担保协议，最后才能得到与其出资额和信用状况相对应的担保。互助担保在解决农户和低层级企业的融资约束问题上具有信息优势、监督优势以及交易成本优势，能够有效降低村镇银行的管理成本，还可省去大量调研和信息处理费用，减少审批程序。

三是创新还款方式。村镇银行还应该根据市场的不断变化，建立健全关于借款农户的奖励与惩罚机制，进行还款方式的探索创新，以适应农户的融资需求。一方面，村镇银行应对优质农户给予奖励或向其提供信贷优惠政策，以鼓励守信的农户，具体包括优先贷款权、递增贷款、优惠利率和其他贷款优惠等。对于信用条件良好的优质农户，在贷款清偿以后有后续借款需求的，给予优先考虑，并采取提高下期贷款限额的激励措施；为多年按时还本付息，且经营前景好、短期偿债能力强的农户提供适当的下浮利率；如果农户由于某些原因不能按时还款，在特殊情况下合理延长贷

款期限；还可以设立循环贷款制度，贷款发放一次授信、分次使用、循环贷款，提高服务效率。通过各种还款激励制度，实现村镇银行还款率的提高。另一方面，村镇银行应建立对失信农户的惩罚机制。例如，对于延期还款的农户实行阶梯形罚息制度，对于拖欠贷款的农户进行贷款利率调整，甚至采取停贷威胁，激励农户主动还款，并对失信行为进行公示，增加其违约成本，约束农户的失信行为。另外，村镇银行还可采取内生化的违约惩罚机制，如采取农户小组贷款模式，不仅能使“社会制裁”起到作用，同时也增加了贷款机构与农户之间的博弈次数，加强了还款动态激励措施的作用。

四、提高服务质量，树立良好口碑

村镇银行诞生时间较短，且来自不同的主发起行系统，很难形成统一的、官方的宣传，社会公信力不足。目前，尚有很多居民对村镇银行的认识存在偏差，将村镇银行归于财务公司或者小额贷款公司的类别。因此，一方面，村镇银行应当重点打造农村社区银行品牌，立足本地，深耕县域，彰显“草根银行”的品牌定位。村镇银行实现可持续发展的关键在于获得客户的认可，实现产品与服务的推广，因此对于村镇银行来说，必须将村镇银行品牌融入县域农村社区中。村镇银行打造品牌优势的方式应当是精耕农村社区、“嵌入”居民生活，即深入县域农村社区的实践中。村镇银行应当主动“走出去”，以网点为圆心深入开展“扫街”，通过积极主动的营销挖掘潜在客户，而不是“等客来”。同时，村镇银行要依托自身的地缘优势、体制优势，因地制宜，主动融入民俗文化和乡村文化，开展当地居民喜闻乐见的特色化社区活动，为居民提供一站式“金融＋非金融”服务，从而以“小而美”的形象拓展县域农村的金融市场空间，打造出具有当地特色的品牌，形成良好的品牌效应和规模效应，从而提升社会认知度和客户吸引力。

另一方面，村镇银行需要加大宣传力度，提高社会认可度。在日常经营时，要想提升客户美誉度，创新传播方式，让客户成为村镇银行品牌的代表，就要从“发布观点”向“价值输出”转变，从简单的新闻资讯播报向产品宣介、价值观宣传转变，向社会广泛宣传村镇银行的产品、服务与发展战略，扩大银行的无形资产价值，在市场上树立良好形象，在客户中形成良好口碑，不断增强村镇银行的“品牌感”，不断让村镇银行的品牌形象深层次化和立体化，最终形成有主张、有情感、有血肉的品牌，在各年龄层尤其是年轻潜在客群中提升美誉度。

第二节　进一步深化内部管理

一、完善公司治理保障

一是进一步完善制度建设。全面提升村镇银行治理水平，提升董事会决策效率，强化监事会监督职能，推动董事会、监事会充分履职，完善公司治理机制，确保运作规范，得到监管部门和主发起行的认可。二是主动强化股权管理。建立一套完善的股权管理制度架构，加强对股东穿透、股东信息报送、关联交易等方面的管理，进一步规范股权管理和股东行为。银行高管应定期向大股东以及小股东公开汇报全行的服务工作进展，制订中长期发展规划时，应充分尊重大股东、小股东的意见，严格按照业务流程受理关联客户的信贷需求，并接受大股东与小股东定期或不定期的财务与非财务检查监督。三是主发起行应当指导并帮助村镇银行完善相关的发展规划体系、科技信息系统、人员培训体系等，避免与村镇银行同业经营。四是加强与监管部门的沟通，及时主动地进行信息披露。

二、构建合理的股权结构

村镇银行的主发起行对其绝对控股，但股权过度集中也存在一些不足，例如削弱其他股东的监督效果，降低小投资者入股村镇银行的意愿，不利于银行规模的扩大，影响外部效应的发挥。

在股权比例的设置上，既要避免股权结构单一化，又要保证主发起行对村镇银行的控股地位。因此，村镇银行可以在符合政策规定的条件下，适当开放股权，特别是吸收当地优质的自然人或者法人成为股东，推动村镇银行股权的本地化和社区化。这既有利于完善股权结构和监管体系，又能帮助村镇银行以较低成本获取“软信息”，增强当地居民对村镇银行的信任，进而带来更多的客户。

三、健全人员管理机制

一方面，要健全干部管理机制，践行干部“能上能下”的理念。大力推进人才梯队建设，实施人才储备和培训工作，每年组织推动一次全员岗位竞聘或考评，实施“末位淘汰”制度，构建“能者上、平者让、庸者下”的用人机制，让员工有盼头、有活力、有为有位。另一方面，要科学设置岗位。以岗定级、以绩定薪、人岗匹配、异岗异薪，加强支行业务条线人员的培训和培养，继续固化全员营销意识，通过绩效考核推进管理层适当减员。通过精兵简政减少机关人员，让更多的人力资源到客户中去，到市场中去。

第三节　进一步优化人才队伍

一、多元引进与定向引进相结合

第一，要多渠道招人进人。持续通过社会招聘这一主要进人渠道，以高校毕业生为主体，加大对经济、金融、财务、会计专业人才的招聘，同时要有针对性地根据规划和岗位需求储备法律、计算机、文秘、电子商务、国际贸易、文体等“小专业”人才。第二，要探索校园招聘、专岗招聘等高端人才定向引入模式。引入一批“一专四高”（专业化、高学历、高职称、高能力、高水平）的高级管理、科技人才，加强科技人才队伍建设。同时，要建立村镇银行的人才库，提升村镇银行的管理水平。主发起行应该更好地履行职责，努力将自身经营理念、业务产品、企业文化等高效地输入村镇银行，帮助村镇银行快速成长与稳健发展，打造村镇银行人才库，推荐主发起行的精英骨干到村镇银行中任职，担任董事长、风险总监等高级管理人员，现场实地指导、管理村镇银行，从而快速有效地帮助村镇银行完善管理组织架构，建立动态、高效、独立的管理机制，提升管理水平。第三，有针对性地招聘部分本土人才，解决网点人员不稳定、少数民族地区语言不通等问题。

二、人员培训与考核激励相结合

一方面，建设学习型组织，重点提升员工能力。村镇银行应注重员工的继续教育及新入职员工的业务技能培训，针对村镇银行员工专业知识参差不齐、工作经验不足的情况，通过多渠道、针对性的培训有效帮助村镇银行员工提高自身素养和业务能力，如老员工带新员工等内部培养机制。此外，还可以聘请专业的外部培训机构对村镇银行的业务能手、骨干精英进行专业化培训，将其打造成合格的内训师，再由其对村镇银行内的其他员工进行培训；定期组织村镇银行员工参与行业协会组织的集中式培训，多途径提高员工的职业素养，有效提升员工的业务能力。

另一方面，强化员工激励与约束。村镇银行还可以通过晋升机制、荣誉表彰等多种激励机制激发员工的潜能，并以有效的约束机制，强化员工的行为管理，降低道德风险，推动银行发展。例如，建立内训队伍，采取“岗位集中培训、员工自培自学、同级人才竞赛、部门岗位跟班、多岗操作实践、岗位挂职锻炼”等方式开展定向培养、定期考核，以此作为员工职务晋升、评优评先、内部奖惩的重要依据。设立人才培养专项资金，用于对农村金融人才的培训和再教育，以提高村镇银行员工的整体素质，培育更多具有专业资格认证的农村金融人才，建立后备人才库。

三、文化建设与经营管理相结合

企业的文化建设是长期的过程，完善的企业文化建设制度能够督促企

业文化建设措施的有效执行，推动村镇银行高效、可持续发展。员工对企业文化的认同需经历从认知到认同的过程。首先，编制企业文化建设的长期规划。村镇银行应根据企业文化建设的中长期规划，编制企业文化培训计划并组织实施，领导也应自觉发挥影响力作用，时常向员工灌输企业文化。村镇银行的管理者应该利用会议、报告等，对下属员工进行企业文化理念的灌输。还可以邀请专家进行企业文化的专题讲座，加强员工对企业文化的认识。企业内部管理者可以担负起企业文化传播者的使命，准备培训资料，对企业文化进行宣讲，加深员工对村镇银行企业文化的认知、认同。其次，创造企业文化实施环境，改善基层员工的生活环境，提高员工的归属感、凝聚力和向心力。还可以广泛开展党团活动、职业竞赛、服务评优等活动，以荣誉激励、情感激励、榜样激励、领导行为激励等方式，提高员工工作生活的幸福指数。最后，实施企业文化方面的考核激励。村镇银行可以将企业文化理念作为评选先进的标准，根据文化建设的需要找出符合企业文化气质的先进人物，比如，强调企业文化中的服务理念，可以在员工中搜寻服务优质的员工，宣传他们的工作事迹，赋予他们村镇银行“服务标兵”荣誉称号，并给予适当的物质奖励，激励员工持续践行企业文化。深入推进企业文化建设，进一步明确经营理念、内部管理理念、外部发展理念、外部形象要求，将员工的个人梦想与企业愿景紧密结合，着力构建团结共事、快乐成事、和谐奋进的工作氛围，打造一支有活力、能战斗的专业员工队伍，激发村镇银行的内生动力。

第四节　探索多方式经营策略

一、差异化经营，贴近市场需求

市场定位是村镇银行经营活动的基础，只有明确村镇银行的市场定位，进行差异化经营才符合村镇银行设立的政策目标。村镇银行要在竞争中占得先机，差异化经营是必要手段。我国村镇银行的经营定位应该是：立足城镇，服务“三农”，服务中小企业，吸收城镇闲散资金，支持农户、种养户、涉农企业和农村龙头企业，为当地“三农”提供灵活快捷的金融创新产品和服务。村镇银行要突破传统银行的营销观念，“三农”与小微企业才是村镇银行的重要客户，“做小”“做散”才是村镇银行的出路。村镇银行应根据打造“草根银行”的市场定位，通过市场细分和金融创新，提供个性化产品和服务，与传统农村金融机构展开错位竞争。

首先，村镇银行的服务要贴近客户需求。应根据当地的经济发展情况及农户和小微企业的金融需求状况，细分金融市场，具体问题具体分析，本着弥补市场空白的原则，结合自身优势，大力挖掘与培育自己的优质客户群。

其次，村镇银行要发挥“小法人”的机制优势和“多样化”优势，积极开展农产贷款流程再造，缩短流程，促进农户贷款流程标准化、规范化，切实提高审批效率和服务效率，凸显村镇银行的竞争力。

最后，村镇银行要创新营销手段，例如与社区结对共建、与客户同作同息等，要体现差异化、特色化。

二、渐进式发展，扩大资金来源

银行要保持长期可持续发展，必须扩大资金来源。一方面，村镇银行发展到一定阶段，可以考虑以在科创板上市发行股票的方式来扩大资金来源。村镇银行如果在资本市场上市，就为筹资提供了极大的便利，就能有效扩大资金来源和负债规模，进而优化负债结构。另一方面，村镇银行要注重拓宽资本市场之外的传统融资渠道，提高吸收资金的能力。首先，村镇银行要主动加强与政府的沟通协调，实现双赢合作。村镇银行应积极争取政府在政策方面的支持，实行差别存款利率政策、差别贷款利率政策、差别再贴现率政策、差别再贷款利率政策以及差别监管政策，以增强村镇银行的资金实力，提高信贷资产收益率和回收率，降低村镇银行的融资成本，加快村镇银行的本地化进程，扩大储蓄存款的存量。同时争取县域内的支农、惠农补助款项发放代理行的资格，弥补银行资金供给不足的缺陷，

在方便当地群众的同时，也能获得相对稳定的存款来源。其次，村镇银行可以依托主发起行，实现双赢合作。当村镇银行的资金无法独立支撑一些项目时，要积极寻求主发起行的资金支持与帮助，与主发起行一起共同承担大额贷款或中长期资金融汇业务，实现利益共享。最后，村镇银行要有序推进乡镇网点建设，扩大村镇银行金融覆盖面。通过增加分支机构来扩大服务半径，在有条件的乡镇设立机构网点，在有条件的农村设置ATM，加快农村地区的基础设施建设。将网点设在乡镇，不仅能够为客户提供更便捷的服务，而且有利于信贷人员扎根农村，及时准确地了解客户的一手信息，通过观察客户的生产周期及经营模式寻找闲置资金，并将其引入村镇银行，以扩大资金来源。

第五节　进一步强化风险管控

一、规范内部管理，防范经营风险

安全性是银行经营的第一原则。在日常经营管理中，村镇银行应当注重管控风险，稳健经营。例如，重大关联交易必须经董事会审批；禁止高管人员接受未经批准的贷款，仅能向村镇银行管理层发放约定用途的贷款并实行总额度控制，并且贷款必须立即报告董事会；保证所有关联交易都要公开透明、严格程序、充分披露、接受监督。同时，村镇银行应强化内控制度建设，严格执行内部的审、查、贷分离机制，每笔业务落实到人，确保权责利相统一。建立全面风险管理框架，规范贷前调查、贷款审批及贷款管理程序，全程监控贷款风险。对于贷后审查管理不到位造成的损失，要追究相应信贷人员的责任。

二、完善管理机制，强化监督评价

风险管理机制必须做到全覆盖、零遗漏和全落实。为了实现这一目标，村镇银行需要从以下几个方面做出改变。一是建立起“从严治行”的长效机制与“问题整改”的跟踪机制。二是突出审计监督重点。合理规划三年专项审计项目，力求公司治理、业务经营、风险管理、内控合规等重要事项全覆盖，审计质效双提升。三是促进内控管理能力提质精进。按照三年一覆盖原则，对支行的经营管理进行全面体检和风险评估，发现问题及时进行归纳、总结、提炼，形成专项审计报告，为领导决策提供有价值的参考；同时坚持每年对全行的内控体系建设、内控制度执行情况及执行效果进行调查、测试、分析、评价，督促完善和改进内部控制体系。四是夯实监督评价基础管理工作。要优化非现场监督手段，加强审计技术和手段改革创新，推动内部审计全流程信息化建设；要加强交流反馈，将内部控制理念嵌入业务流程和经营管理的各个环节，减少审计“孤岛”效应，实现管理协同高效；要打造优秀团队，不断加强现有人员培训，努力打造专业高效的审计队伍。

第七章　村镇银行可持续发展的保障措施

第一节　制定村镇银行可持续发展的政策保障

一、激发财政奖励基金活力

村镇银行成立时间较短，为保障其可持续发展，政府应当加大政策的支持力度，出台切实有效的财政优惠政策，减轻村镇银行的经营压力。一方面，应对支持“三农”和小微企业的贷款进行风险补偿，发挥财政政策的杠杆效应，以此来降低村镇银行进行资金借贷的信用风险，促进农村金融快速发展。另一方面，对像湘西长行村镇银行这样设立在落后地区的“支农支小”村镇银行，给予资金上的支持以及政策上的扶持，定期对其扶农业务进行奖励，鼓励其增加营业网点，扩大经营范围，提升竞争力，提高创新研发能力。

二、降低村镇银行费用标准

村镇银行在运营中存在加入各项系统的采购费和入网费等，其收费标准和其他商业银行的几乎一致，较高的入场费增加了村镇银行的经营成本，政府可以鼓励各金融主体适当降低村镇银行的费用标准。一方面，当地中国人民银行可以适当降低村镇银行加入大小额支付系统、支票影像交换系统和“人行通”支付体系的设备采购费用和入网费，降低加入票据交换系统的服务费，降低加入征信系统的设备采购费和调试费等，减少村镇银行的经营成本，提高其服务能力。另一方面，中国银联可以降低村镇银行的入场费，促使其顺利开办银行卡、电子银行等业务，增加村镇银行吸收存款的额度，同时助力村镇银行与其他银行的互联互通，减少村镇银行的资金周转时长，增强村镇银行的竞争力，促进村镇银行可持续健康发展。

三、差异化补贴与税收扶持

村镇银行在农村金融市场竞争中处于相对劣势的地位，建议从补贴与税收方面对村镇银行进行扶持。首先，规范定向费用补贴政策。农村经济属于弱质经济，村镇银行从农村经济中得到获利保障的难度大。服务弱势“三农”以改善社会福利的支农性目标，与追求自身盈利的商业性目标之间不可避免地存在冲突。为保障村镇银行的行业稳定，扶持新生事物有效应对初创及宏观形势的双重压力，建议规范村镇银行定向费用补贴政策，并采取措施有效保障定向费用补贴政策的落实。

其次，将村镇银行列入财政专户准入名单。村镇银行的发展，需要当地政府给予支持，尤其是财政存款方面的支持。近年，在财政部开展的不规范账户清理工作中，地方政府陆续将开立在村镇银行的财政专户撤销了，原因是村镇银行不在财政专户准入名单中。从村镇银行中撤销财政专户，不仅打击村镇银行支持县域经济发展的积极性，也会增加村镇银行的系统性风险。因此，应当将以湘西长行村镇银行为代表的发展前景广阔、经营管理有方的优质村镇银行列入财政专户准入名单，为优质村镇银行的发展提供财政支持。

最后，完善税收减免政策。作为新型农村金融机构，村镇银行面临底子薄、业务市场狭小、同业竞争激烈、适用的财税优惠政策较少、服务“三农”成本高等诸多经营难题。尤其是新冠肺炎疫情的大流行，给村镇银行带来了重大影响，一方面，需要村镇银行承担社会责任，让利于实体经济，给予特定客户免息、延长还款期限、降低利率等支持；另一方面，部分行业可能产生坏账，对村镇银行的资产质量产生较大影响。因此，为了更好

地培植优质税源，提升村镇银行服务地方经济的能力，应当进一步完善对村镇银行的税收优惠政策，可以实行和其他新型农村金融机构相同的15%的企业所得税税率，减轻村镇银行的税收负担。

第二节　创造村镇银行可持续发展的营商环境保障

一、加快推进清算系统建设

一方面，逐步将村镇银行加入银联清算系统，纳入数字化建设体系中。为了使村镇银行降低经营成本，降低放贷风险，进一步提升竞争力以及提高公众的信任度，中国人民银行不仅应该减少对村镇银行的同业拆借限制，同时应该争取开通征信系统并尽快把村镇银行纳入全国支付结算体系中。

另一方面，设计透支功能，有效解决村镇银行资金盘子相对较小，在支付业务上形成的临时头寸问题，也可以解决同一主发起行的多家村镇银行间因头寸此长彼短而发生的相互间拆借业务受额度比例的监管限制问题，促进同一主发起行的多家村镇银行整体水平提高的同时，提升村镇银行的资金流动性，对“支农支小”释放更多的信贷资金。

二、建立完善的信息共享平台

信息不对称始终是银行开展业务较大的阻碍，一个完善的信息共享平台能够帮助银行降低经营成本，提高经营效率。一方面，中国人民银行应加强与第三方信用评定机构的合作，补充完善征信信息，验证征信结果，引入外部数据完善征信评估指标体系，将工资发放、水电费缴交情况等指标纳入征信系统，不断完善农村居民的征信信息。另一方面，村镇银行要与其他农村金融机构实现合理的信息共享，利用互联网大数据分析方法，有效分层归类，建立完善的农村居民征信体系，降低开展业务的难度及风险。

三、构筑良好的银政合作关系

村镇银行应充分发挥作为地方法人金融机构的优势，构筑良好的银政关系，深入开展与当地财税、农业、教育、人社、卫生、妇联等部门的战略合作。一方面，响应政府政策，积极支持地方龙头企业，推动当地经济的发展。将资金用在关键领域，为重点扶贫产业区、带动建档立卡贫困户的企业及组织提供金融支持，促进精准扶贫事业的发展。另一方面，加强与政府重点工程、项目的合作，与其建立良好的合作关系。搭建富有村镇银行特色的政务服务平台，在做好服务的前提下，加强对各系统平台支出账户下游交易对手账户的营销维护和下游个人客群的营销服务工作，积极吸收和引导对公活期存款、财政性活期存款存入湘西长行村镇银行。

第三节　确保村镇银行可持续发展的监管保障

一、开展信贷政策评估

总结出科学有效的风险评估技术体系。村镇银行在稳健经营的基础上，增强信贷活动和经营模式的自主性；同时，对于贷款集中度、存贷比等指标，可根据具体地区具体制定；根据资产和负债的动态性特点，形成一套完备且灵活的信贷评估政策。

二、完善差异考核方式

第一，制定不同于商业银行的流动性风险管理指引，明确流动性管理系统和程序要求，计量、监测和控制流动性风险，建立符合村镇银行自身特点的简单有效的流动性监测指标体系和管理信息系统。监管部门可规定村镇银行可持有的没有阻碍的流动性资产占存款的比例，和单一融资来源集中度比例，设置村镇银行保持正常经营所需的最低流动性缓冲指标，设

计简单适用的村镇银行压力测试方案，并要求村镇银行定期开展压力测试，一些情景参数可根据地区的不同进行调整，使之与村镇银行当地的环境更加适应。加强对村镇银行资金来源稳定性的监测，更多地关注日均存贷比与期末存贷比的变化、每日资金头寸、清算账户余额、存贷款期限错配、大额资金走账、同业资金到期情况等。

第二，依据各个村镇银行主发起行的资质、资本充足水平、资产规模、资产质量、监管评级等因素，将部分准入事项归入自主决定或委托代理业务的序列。建立村镇银行准入事项分级制度，将准入事项明确划分为审批类、报备类、自主决定类等几大类型，明确风险权重或业务比重后，简政放权，增强村镇银行自主经营的灵活性、审慎性。

第三，对于监管评级达到二级以上的村镇银行，支持其开展代理、委托等中间业务，允许其与控股银行合作发行专门的“三农”金融债、大额存单，开展特定的理财及信用卡等业务。

三、完善相应的监管模式

一方面，完善村镇银行涉农贷款统计制度和相关监管指标，加强监测检查。完善村镇银行风险处置机制，强化主发起行的监管，并确保其对村镇银行的实际控制地位，促进各股东理性认股和村镇银行健康发展。

另一方面，要差异化监管力度。监管部门应当采取多元化的监管措施来完善监管。对于湘西长行村镇银行这样设立在偏远地区的村镇银行，适当放松限制，增强其信贷活动和经营模式的自主性。

参考文献

［1］常戈．中国村镇银行可持续发展研究［M］．北京：经济管理出版社，2015.

［2］陈涛．村镇银行与农村金融供给侧改革［J］．中国金融，2020（3）：66–68.

［3］陈新达，马九杰．主发起人设立村镇银行的权衡与选择［J］．农村金融研究，2015（1）：61–66.

［4］程昆，吴倩，储昭东．略论我国村镇银行市场定位及发展［J］．经济问题，2009（2）：97–99.

［5］董翀，孙同全．村镇银行的社区银行特征［J］．中国金融，2018（22）：89–90.

［6］董晓林，程超，龙玲华．主发起人类型、设立取址与村镇银行经营绩效——以江苏为例［J］．财贸研究，2014，25（2）：116–121.

［7］窦佐伟．村镇银行经营的可持续发展［J］．中国金融，2020（3）：103.

［8］杜晓山．中国村镇银行发展报告（2016）［M］．北京：中国社会科学出版社，2016.

［9］杜晓山．中国村镇银行发展报告（2017）——建设智慧型社区微银行［M］．北京：中国社会科学出版社，2017.

［10］高晓光．新型农村金融机构可持续发展研究［J］．当代经济研究，2015（2）：87–91.

［11］高晓光．中国村镇银行风险防范与可持续发展研究［M］．北京：中国社会科学出版社，2019.

［12］高晓燕，孙晓靓．我国村镇银行可持续发展研究［J］．财经问题研究，2011（6）：96–100.

［13］葛永波，赵国庆，王鸿哲．村镇银行经营绩效影响因素研究——基于山东省的调研数据［J］．农业经济问题，2015，36（9）：79–88.

［14］郭晓帅．HT 村镇银行经营模式转型研究［D］．太原：山西大学，2020.

［15］韩景旺，李巧莎，王小彩，等．河北省村镇银行实践与探索发展研究［M］．

北京：经济科学出版社，2019.

［16］何广文．中小商业银行公司治理与绩效研究［M］．北京：中国金融出版社，2017.

［17］洪正．新型农村金融机构改革可行吗？——基于监督效率视角的分析［J］．经济研究，2011，46（2）：44-58.

［18］姜宝泉，曹昱．村镇银行经营分化［J］．中国金融，2015（21）：101.

［19］李广子．优化村镇银行管理模式［J］．中国金融，2015（23）：39-41.

［20］李红玉，熊德平，陆智强．村镇银行主发起行控股：模式选择与发展比较——基于中国899家村镇银行的经验证据［J］．农业经济问题，2017，38（3）：72-79.

［21］李琪琦．村镇银行发展现状及可持续性探析——以四川为例［J］．西南金融，2019（7）：78-86.

［22］李燕，吴敏．乡村治理中的金融路径再认知［J］．中国行政管理，2021（1）：66-72.

［23］梁舒婷．村镇银行资本结构优化研究［D］．长沙：湖南大学，2018.

［24］刘珍，肖诗顺．四川省村镇银行的调查与思考［J］．农村金融研究，2016（1）：58-61.

［25］陆智强，熊德平．金融发展水平、大股东持股比例与村镇银行投入资本［J］．中国农村经济，2015（3）：68-83.

［26］陆智强．基于机构观与功能观融合视角下的村镇银行制度分析——以辽宁省30家村镇银行的调查为例［J］．农业经济问题，2015，36（1）：101-106.

［27］吕勇斌，袁子寒，付宇．村镇银行设立的攀比效应和竞争效应——基于空间probit模型的经验研究［J］．国际金融研究，2020（10）：55-65.

［28］邱寒．金融科技助力银行业数字化转型［J］．甘肃金融，2019（11）：4-7.

［29］邱晖．中国村镇银行可持续发展研究［M］．北京：科学出版社，2018.

［30］阮勇．村镇银行发展的制约因素及改善建议——从村镇银行在农村金融市场中的定位入手［J］．农村经济，2009（1）：55-57.

［31］王吉恒，于岩熙，李芳仪．我国村镇银行发展面临的问题与对策［J］．经济纵横，2014（6）：107-110.

［32］王劲屹，张全红．村镇银行回归服务“三农”路径研究［J］．农村经济，2013（1）：84-88.

［33］王伟．不同形态金融主体的风险控制：对策与趋势 村镇银行发展中的风险及对策［J］．金融发展研究，2015（12）：85-86.

[34] 王晓明. 村镇银行助力乡村振兴实践[J]. 中国金融，2018（18）：65-67.

[35] 王晓明. 强化村镇银行乡村振兴作用[J]. 中国金融，2019（10）：28-30.

[36] 王修华，贺小金，何婧. 村镇银行发展的制度约束及优化设计[J]. 农业经济问题，2010，32（8）：57-62.

[37] 王修华. 乡村振兴战略的金融支撑研究[J]. 中国高校社会科学，2019（3）：35-43.

[38] 王雪，何广文. 县域银行业竞争与普惠金融服务深化——贫困县与非贫困县的分层解析[J]. 中国农村经济，2019（4）：55-72.

[39] 吴本健，罗玲，马雨莲. 数字普惠金融与乡村治理现代化：机制、创新模式与挑战[J]. 农村金融研究，2020（4）：3-9.

[40] 谢绚丽. 商业银行数字化转型的现状、挑战和机遇[EB/OL].（2020-12-28）[2021-10-27].https://www.nsd.pku.edu.cn/sylm/gd/510962.htm.

[41] 谢振山. 村镇银行治理中的关系[J]. 中国金融，2015（4）：45-46.

[42] 星焱. 普惠金融：一个基本理论框架[J]. 国际金融研究，2016（9）：21-37.

[43] 熊德平，陆智强，李红玉. 农村金融供给、主发起行跨区经营与村镇银行网点数量——基于中国865家村镇银行数据的实证分析[J]. 中国农村经济，2017（4）：30-45.

[44] 薛文君，李鲁. 中国村镇银行探索发展之路[M]. 北京：经济管理出版社，2018.

[45] 严定英. 湘西长行村镇银行发展模式研究[D]. 长沙：湖南大学，2017.

[46] 杨竹清，张超林. 村镇银行的扶贫效应：省域视角下的研究[J]. 南方金融，2019（2）：87-97.

[47] 姚宁. 村镇银行可持续发展瓶颈[J]. 中国金融，2018（18）：102.

[48] 于凤芹. 外资村镇银行的信贷模式与文化特色[J]. 金融发展研究，2015（1）：42-46.

[49] 张彼西，肖诗顺. 提升还是下降？论村镇银行支农绩效[J]. 金融发展研究，2015（11）：50-56.

[50] 张吉光. 村镇银行管理模式困境[J]. 中国金融，2015（23）：34-36.

[51] 张晋瑾. 乡村振兴战略下湘西长行村镇银行信贷业务优化研究[D]. 湘潭：湘潭大学，2019.

[52] 赵丙奇，杨丽娜. 村镇银行绩效评价研究——以浙江省长兴联合村镇银行

为例［J］. 农业经济问题，2013，34（8）：56-61.

［53］ 植风寅，贾瑛瑛 . 村镇银行的批量化时代［J］. 中国金融，2012（10）：89-92.

［54］植风寅 . 村镇银行的模式创新——访中国银行副行长许罗德［J］. 中国金融，2015（23）：31-33.

［55］ 植风寅 . 村镇银行十年［J］. 中国金融，2016（22）：94-98.

［56］ 中国人民银行济南分行课题组 . 村镇银行如何实现健康可持续发展？［J］. 金融发展研究，2019（11）：31-35.

［57］ 中国人民银行农村金融服务研究小组 . 中国农村金融服务报告 2016［M］. 北京：中国金融出版社，2017.

［58］ 中国人民银行农村金融服务研究小组 . 中国农村金融服务报告 2018［M］. 北京：中国金融出版社，2019.

［59］中国银行业协会村镇银行工作委员会 . 村镇银行十年发展报告（2006-2016）［M］. 北京：中国金融出版社，2017.

［60］周海燕，陈渝 . 村镇银行发展现状与对策分析［J］. 人民论坛，2016（2）：76-78.

［61］ ADEGBITE O O，MACHETHE C L. Bridging the financial inclusion gender gap in smallholder agriculture in Nigeria：An untapped potential for sustainable development［J］. World Development，2020，127（C）.

［62］ ALHASSAN A，LI L，REDDY K，et al.The impact of formal financial inclusion on informal financial intermediation and cash preference：evidence from Africa［J］. Applied Economics，2019，51（42）：4597-4614.

［63］ ALLEN F，DEMIRGUC-KUNT A，KLAPPER L，et al. The foundations of financial inclusion：Understanding ownership and use of formal accounts［J］. Journal of Financial Intermediation，2016，27：1-30.

［64］ ANARFO E B，ABOR J Y，OSEI K A. Financial regulation and financial inclusion in Sub-Saharan Africa：Does financial stability play a moderating role？［J］. Research in International Business and Finance，2020，51（C）.

［65］ CHATTERJEE A. Financial inclusion，information and communication technology diffusion，and economic growth：a panel data analysis［J］. Information Technology for Development，2020，26（3）：607-635.

［66］ CHENG H. Chinese experience of advancing financial inclusion in light of

Foster's three limiting conditions in institutional change [J]. Journal of Economic Issues, 2020, 54 (2): 480–485.

[67] CHIAPA C, PRINA S, PARKER A. The effects of financial inclusion on children's schooling, and parental aspirations and expectations [J]. Journal of International Development, 2016, 28 (5): 683–696.

[68] CHINODA T. The nexus between financial inclusion, trade and economic growth in Africa? [J]. Transnational Corporations Review, 2020, 12 (3): 266–275.

[69] CHURCHILL S A, MARISETTY V B. Financial inclusion and poverty: a tale of forty-five thousand households [J]. Applied Economics, 2020, 52 (16): 1777–1788.

[70] DAFE F. Ambiguity in international finance and the spread of financial norms: the localization of financial inclusion in Kenya and Nigeria [J]. Review of International Political Economy, 2020, 27 (3): 500–524.

[71] GHOSH S. Biometric identification, financial inclusion and economic growth in India: does mobile penetration matter? [J]. Information Technology for Development, 2019, 25 (4).

[72] HASNAN B. Financial inclusion and FinTech:A comparative study of countries following Islamic finance and conventional finance [J]. Qualitative Research in Financial Markets, 2019, 12 (1): 24 - 42.

[73] HUANG Y X, ZHANG Y. Financial inclusion and urban-rural income inequality: long-run and short-run relationships [J]. Emerging Markets Finance and Trade, 2020, 56 (2): 457–471.

[74] ISSABAYEV M, SAYDALIYEV H, AVSAR V, et al. Remittances, institutions and financial inclusion: new evidence of non-linearity [J]. Global Economy Journal, 2020, 20 (1).

[75] KOOMSON I, VILLANO R A, HADLEY D. Intensifying financial inclusion through the provision of financial literacy training: a gendered perspective [J]. Applied Economics, 2020, 52 (4): 375–387.

[76] LEE C C, WANG C W, HO S J. Financial inclusion, financial innovation, and firms' sales growth [J]. International Review of Economics and Finance, 2020, 66 (C).

[77] LIU T, HE G W, TURVEY C G. Inclusive finance, farm households entrepreneurship, and inclusive rural transformation in rural poverty-stricken areas in China[J]. Emerging Markets Finance and Trade, 2021, 57 (7): 1929–1958.

[78] OKELLO C B G, MUNENE J C. Analyzing the relationship between mobile money adoption and usage and financial inclusion of MSMEs in developing countries: Mediating role of cultural norms in Uganda [J]. Journal of African Business, 2021, 22 (1): 1–20.

[79] OKELLO C B G, MUNENE J C. Financial inclusion of the poor in developing economies in the twenty–first century: Qualitative evidence from rural Uganda [J]. Journal of African Business, 2020, 21 (3): 355–374.

[80] OUMA S A, ODONGO T M, WERE M. Mobile financial services and financial inclusion: Is it a boon for savings mobilization? [J].Review of Development Finance, 2017, 7 (1): 29–35.

[81] OYELAMI L O, OGUNDIPE A A. An empirical investigation of remittances and financial inclusion nexus in Sub–Saharan Africa [J]. Cogent Business & Management, 2020, 7 (1).

[82] POLILLO S. Solving the paradox of mass investment: expertise, financial inclusion and inequality in the politics of credit[J]. Review of Social Economy, 2020, 78(1): 53–76.

[83] PRADHAN R P, SAHOO P P. Are there links between financial inclusion, mobile telephony, and economic growth? Evidence from Indian states [J]. Applied Economics Letters, 2021, 28 (4): 310–314.

[84] QURESHI S. Why data matters for development? Exploring data justice, micro–entrepreneurship, mobile money and financial inclusion [J]. Information Technology for Development, 2020, 26 (2): 201 – 213.

[85] SHEN Y, HUENG C J, HU W X. Using digital technology to improve financial inclusion in China [J]. Applied Economics Letters, 2020, 27 (1): 30–34.

[86] SHI Y F, SWAMY V, PARAMATI S R. Does financial inclusion promote tourism development in advanced and emerging economies? [J]. Applied Economics Letters, 2021, 28 (6): 451–458.

[87] WELLALAGE N H, LOCKE S. Remittance and financial inclusion in refugee migrants: inverse probability of treatment weighting using the propensity score [J]. Applied Economics, 2020, 52 (9): 929–950.

[88] ZHUO Y B, WANG X X, WU Z, et al. Operation mode and effect test of rural revitalization promoted by financial inclusion based on a case study of Yueqing of Zhejiang [J]. RAIRO– Operations Research, 2021, 55: S837–S851.

后　记

党的十九大报告指出，实施乡村振兴战略，农业农村农民问题是关系国计民生的根本性问题，必须始终把解决好“三农”问题作为全党工作重中之重。乡村振兴是党中央着眼于“两个一百年”奋斗目标和农业农村短腿短板问题做出的战略安排，也是未来我国农村金融发展的主旋律。近年来，随着农村金融改革的持续推进，金融机构加大对乡村振兴的信贷支持，涉农贷款的规模有了大幅增长，金融服务能力和金融服务水平显著提升。但需要正视的是，农村金融仍然是我国金融体系的短板，相关体制机制仍不健全，有效的市场化竞争机制依旧缺乏，农村金融基础设施“底子”依然薄弱。因此，面对全面推进乡村振兴战略的更高要求，农村金融机构与从业者们需要坚守“为农服务”的宗旨，建立与“三农”需求相适应、能够跟上农业农村现代化发展步伐的农村金融体系，形成农村金融与“三农”协同发展的良性循环。

在这一伟大使命的感召下，我一直关心着农村金融，关注着村镇银行的发展。全面推进乡村振兴离不开金融的支持，随着村镇银行的发展、壮大，村镇银行必将由新农村建设的先锋队蜕变成推动乡村振兴战略的主力军。湘西长行村镇银行作为我国第一家地市级村镇银行，于 2010 年 12 月 16 日扬帆启航。自那时起，我目睹了广大农村老百姓对金融服务的需求，亲身参与村镇银行发展建设的事务。这段经历使我对农村金融的发展、村镇银行的运营有了更深刻的体会与理解。做好、做精一家村镇银行不容易，作为扎根农村、服务社区的独立法人机构，湘西长行村镇银行以“我们虽然偏居湘西州一隅，但做着中国农村金融最前沿事情”为信念，以“既要帮助一方百姓实现脱贫致富，也要追求自身高质量发展”为使命，以“与

当地经济共生共荣、促进经济金融协同发展”为目标。

离开湘西长行村镇银行后，我先后在长沙银行常德分行以及长沙银行总行资产管理部、总行公司业务管理部、总行营业部等总行部室任职。虽然离开了湘西州这片热土，不再担任村镇银行的任何职务，但我从未停止对如何推动村镇银行发展的思考。一方面是因为在湘西长行村镇银行这段难忘的工作经历让我受益匪浅、感慨良多，另一方面是因为农村金融发展对提升百姓生活水平、激发地方经济活力的意义重大、影响深远。恰逢湘西长行村镇银行成立十一周年之际，其经营现状如何？取得了哪些成果？面临哪些机遇和挑战？未来可以如何发展？我决心将近年来对村镇银行发展的所思、所想进行系统整理，也对从业 18 年来我对商业银行经营管理的感悟进行梳理、总结。

这本书既是我对农村金融发展的思考总结，也是我为湘西长行村镇银行成立十一周年的献礼。在此，特别感谢在本书的编写过程中给予无尽帮助与指导的领导、同事以及专家学者们，每一次同他们的沟通交流都使我获益匪浅；同时，特别感谢我的爱人和孩子，正是有了爱人的支持与鼓励，有了孩子的陪伴与理解，才有了这本书的正式出版。

由于水平有限，书中难免存在错误和遗漏之处，恳请读者批评指正，也期待关注村镇银行发展的各界人士一起为村镇银行的健康、可持续发展出谋划策，贡献自己的一份力量。